Wem gehört die Stadt?

*Armut und Obdachlosigkeit
in den Metropolen*

Herausgegeben von Elisabeth Blum

Mit Beiträgen von
Maria Biel
Elisabeth Blum
Marianne Boilève
Jean-Martin Büttner
Michaela Haas
Klaus Honigschnabel
Bettina Kaps
Ina Krauss
Robert Lopez
Bernhard Matuschak
Kaspar Meuli
Maria Mies
Peter Niggli
Monika Rosenberg
Marcel Schwander
David Graham Shane
Hans Spindler
Res Strehle
Gertrud Vogler
Paul L. Walser

Lenos Verlag

Herausgeberin und Verlag danken der Architekturabteilung der ETH Zürich herzlich für die Unterstützung bei der Realisierung dieses Buches.

Copyright © 1996 by Lenos Verlag, Basel
Copyright der einzelnen Beiträge bei den Autorinnen und Autoren
Alle Rechte vorbehalten
Satz und Gestaltung: Lenos Verlag, Basel
Umschlag: Anne Hoffmann Graphic Design, Basel
Foto: Gertrud Vogler, Zürich
Printed in Germany
ISBN 3 85787 256 X

Inhalt

Vorwort 7

Städtebaupolitik

Gertrud Vogler: Bilder aus Zürich 10
Elisabeth Blum: Wem gehört die Stadt? – Stadt und Städtebau im Umbruch 18
Robert Lopez: Neue soziale Apartheid – Festungsstädte nur für Reiche 51
David Graham Shane: 1988: Homeless-Vehicle-Projekt I – ein Wohnmobil für Obdachlose 60
David Graham Shane: 1995: Homeless-Vehicle-Projekt II – das seltsame Verschwinden der New Yorker Obdachlosen 72

Berichte

Bettina Kaps: Bojen für Obdachlose – ein Wettbewerb, eine Ausstellung und fast keine Folgen 102
Hans Spindler: City Sleepers – Minimalbehausungen für Obdachlose in San Francisco 107
Marcel Schwander: Zwei Eisenbahnwagen für Genfer Obdachlose 112
Maria Biel: Obdachlos in Glanz und Glamour – die Schattenfrauen von Kalifornien 115
Ina Krauss: Wer im Schrott lebt, ist auch Schrott – Alltag in einer Wagenburg 124
Michaela Haas: Die Käfigmenschen von Hongkong – 50'000 alte Menschen hausen wie Tiere 137

Bernhard Matuschak: „Oben bedrohen dich die Menschen,
  hier unten die Ratten" – Tunnelmenschen
  in New York   144
Paul L. Walser: Clochard-Romantik ist Vergangenheit –
  französische Kämpfer gegen Obdachlosigkeit   163
Jean-Martin Büttner: Häuser und Köpfe renovieren –
  Hausbesetzer und Politiker in Genf   172
Bernhard Matuschak: Hunger in New York City –
  die Versorgung Armer mit Nahrungsmitteln   178
Bernhard Matuschak: 3000 Brötchen von der Lufthansa –
  die „Berliner Tafel" beliefert Bedürftige   185
Monika Rosenberg: In den Hinterhöfen des Konsums –
  eine Ladenkette für Arme   190
Marianne Boilève: Kultur als Instrument im Kampf
  gegen Armut und Ausgrenzung   197
Klaus Honigschnabel: Ohne Stütze leben –
  Obdachlosenzeitungen in Europa   203
Kaspar Meuli: In Genf haben Langzeitarbeitslose Anrecht
  auf ein Minimaleinkommen   208

Analysen
Peter Niggli: Krise des Sozialstaats – die Debatte
  um ein garantiertes Grundeinkommen   214
Res Strehle: Der Phantomstaat – wie der Verteilungskampf
  über den Staat geführt wird   234
Maria Mies: Die Krise als Chance – zum Ausstieg
  aus der Akkumulationslogik   247

Anhang
Autorinnen und Autoren   274
Nachweise   277

Vorwort

> Und die auf den Parkbänken übernachten, hören wir, sollen
> Mit ganz unerlaubten Gedanken
> Diese leeren Hochhäuser sehen vor dem Einschlafen.
>
> Bertolt Brecht
> aus: *Verschollener Ruhm der Riesenstadt New York* (1930)

Die Städte beginnen sich zu rüsten, nicht etwa gegen eine fremde äussere Macht, sondern – aus Ohnmacht – gegen Armut und Obdachlosigkeit. Mike Davis nennt in seinem Buch *City of Quartz* die beiden Instrumente im Kampf um den öffentlichen Raum: Architektur und Polizei. Ein ungewöhnliches Paar und eine ungewohnte Art, Architektur heute ins Rampenlicht zu rücken.

Liest man die Veränderungen am städtischen Mobiliar – einem wichtigen Bestandteil der Städtebaukultur – als Symptome für Reaktionen auf die aktuelle Situation, so geht es offensichtlich um die Durchsetzung der Idee von der sauberen Stadt. Einschätzungen neuerer städtebaulicher Massnahmen gegen Armut und Obdachlosigkeit reichen vom Vorwurf der Ignoranz der Behörden bis zu dem der Installierung einer städtebaulichen Apartheid. Die Gegenseite fordert nichts weniger als die Revolutionierung des städtischen Mobiliars in Form neuer Einrichtungen für die Ausgeschlossenen, die in ihrer Auswirkung auf die Stadt dem Aufstellen von Strassenlaternen unter Ludwig XIV. vergleichbar seien.

Es tut sich einiges in den grossen Städten der reichen Welt, bisher fast noch unsichtbar und meist inoffiziell. Gegen Ausgrenzungsstrategien von oben regen sich Initiativen von unten, aus der Not geboren: Neue Institutionen entstehen, die die „Reste von den Tischen der Reichen" umverteilen.

Wem gehört die Stadt? ist ein Lesebuch mit unglaublichen Berichten über Menschen, die ihren Arbeitsplatz verlieren, irgendwann ihre Wohnung aufzugeben gezwungen sind und schliesslich auf der Strasse landen oder in leeren Eisenbahnwagen, Wagenburgen, stillgelegten Tunnels und umgebauten Autos eine vorübergehende Behausung finden, aber auch mit politischen und ökonomischen Analysen, die nach den Ursachen der Verelendung inmitten des Reichtums fragen, darüber hinaus mit Anregungen und Perspektiven für ein Umdenken in den Köpfen und in den Städten.

Zürich, im Juni 1996   *Elisabeth Blum*

Städtebaupolitik

Gertrud Vogler

Bilder aus Zürich

Elisabeth Blum

Wem gehört die Stadt?

Stadt und Städtebau im Umbruch

1. Die Eroberung des öffentlichen Raumes

Wem eigentlich gehört die Stadt? Wem der öffentliche Raum?
– wenn Menschen ohne feste Bleibe nach der neuen „Frankfurter Stadtreinigungspolitik" damit zu rechnen haben, dass sie von der Polizei in Handschellen gelegt, abtransportiert und irgendwo weit ausserhalb der Stadt ausgesetzt werden, „in dunklen Taunuswäldern, mal in der südhessischen Prärie, mal auch mitten auf einer Autobahn, wo eigentlich niemand halten darf", wie es in einem Bericht des „Spiegel" heisst.[1] Etwa 4500 Menschen seien in Frankfurt ohne Obdach, „Tendenz: weiter steigend", und obwohl der Tatbestand Landstreicherei seit zwanzig Jahren aus dem Strafgesetzbuch gestrichen sei, hätten „findige Juristen" schnell erkannt, dass mit dem „Gesetz über die öffentliche Sicherheit und Ordnung", das die Kommunen zu entscheiden berechtigt, welche „Sondernutzung" auf ihren Strassen erlaubt ist und welche nicht, Obdachlose zum Verschwinden gebracht werden können[2];
– wenn, wie Paul L. Walser berichtet[3], mit Beschluss des linksliberalen Bürgermeisters von La Rochelle, Michel Crépeau, Obdachlose aus der Innenstadt entfernt werden können, der Alkoholgenuss auf der Strasse verboten ist und sich diesem Entscheid gleich mehrere andere Stadtpräsidenten rechter und linker Prägung anschliessen;
– wenn sich die Quartierszeitung des Zürcher Kreises 6 nach der Lettenräumung auf der Frontseite mit einem Aufruf zur

Denunziation unter dem Stichwort „Der heisse Draht zur Polizei" an die Bevölkerung wendet, als ob es sich dabei um das Normalste von der Welt handelte;
– wenn in Manhattans „Business Improvement Districts" Sonderzonenbestimmungen den Einsatz privater, von den Anrainern bezahlter Polizeitrupps ermöglichen, die den öffentlichen Raum wie Privatbesitz behandeln, um die Einkaufsstrassen von fliegenden Händlern und Obdachlosen zu säubern, oder finanzkräftigen Unternehmen Steuernachlässe von insgesamt mehreren Hundert Millionen Dollar gewährt werden, auf der anderen Seite jedoch U-Bahn-Preise erhöht, Dienstleistungen gestrichen und Sozialausgaben gekürzt werden (vgl. den Beitrag von David Graham Shane S. 60 ff. in diesem Buch);
– wenn in Erfurt seit dem 1. Dezember 1995 die Frage „Haste mal 'ne Mark?" mit einer Geldstrafe von 100 Mark bestraft wird[4];
– wenn ... von vielen, vielen weiteren Fällen wäre zu berichten.

Die Gewalt, der Arme und Obdachlose ausgesetzt sind, schafft einen Teufelskreis: Ohne festen Wohnsitz ist kaum Arbeit zu finden und ohne Arbeit erst recht keine Wohnung. Lydia Perréal, eine Obdachlose aus Paris, sagt es radikal: „Die Gesellschaft stört, dass wir ihre Opfer sind. Abfallsäcke, die sich auf unerklärliche Weise vermehren und die man nirgends entsorgen kann."[5] Aber der Teufelskreis dreht sich noch weiter: Keine Bleibe zu haben, erfüllt den Tatbestand der Abweichung, was über staatliche und deswegen nicht anklagbare Formen der gewaltsamen Ausschliessung zur Rechtlosigkeit im öffentlichen Raum führt. Der öffentliche Raum wird zunehmend mehr auf Menschen zugeschnitten, die sich „anständig" verhalten; anders gesagt, öffentliches Raum- oder Platzrecht muss mit normiertem Verhalten erkauft werden. Dass diese Art der Verwaltung des städtischen Raumes einer Einschränkung des öffentlichen Lebens überhaupt gleichkommt, wird als Problem gar nicht erst erkannt.

Hannah Arendts Gedanke[6], dass es für eine *menschliche* Existenz unerlässlich sei, an *zweierlei Raum* teilhaben zu können – am privaten, wo im Verborgenen bleiben könne, was im Verborgenen bleiben soll, und am öffentlichen, weil Menschen nur dann wirklich existierten, wenn sie im öffentlichen Raum gehört und gesehen werden können –, macht überdeutlich, dass unsere Gesellschaft Arme und Obdachlose gleich doppelt beraubt.

Die Stadtplanung als Teil der heutigen „therapeutischen Gesellschaft" verkörpert nicht nur die unsichtbare Macht der Normalität, sondern setzt sie unter Tarnnamen wie Fürsorge und Sicherheit über restriktive Massnahmen im öffentlichen Raum brutal durch. Praktiken der Entsolidarisierung – wie das Verbarrikadieren von Bänken auf dem Bahnhofplatz in Zürich oder das inzwischen in allen europäischen Städten anzutreffende Ersetzen der einst grosszügigen Bänke durch Einzelsitze aus Kunststoff oder das Abdrehen der Wasserhähne bei öffentlichen Brunnen, was „anständige" Bürger um so mehr dazu bringt, sich über die „dreckigen Verursacher" zu beklagen – heizen den Krieg in den Köpfen unterschwellig an und führen zu einer Beunruhigung im öffentlichen Raum: Feindseligkeiten werden geschürt, ein Klima der Bedrohung wird beschworen. Unter dem Vorwand von Sicherheit, Hygiene und Ordnung werden Obdachlose und „Normalbürger" in kleinen Schritten gegeneinander aufgehetzt, werden erstere durch kleine, menschenverachtende Eingriffe im städtischen Raum nicht nur hemmungslos ausgegrenzt, sondern durch diese Art der Verunstaltung noch in ihrer Abwesenheit stigmatisiert. Man bringt sie zum Verschwinden und behält sie zugleich in aller Erinnerung.

Wie weit entfernt sind wir von den Hoffnungen des Philosophen Otfried Höffe, der in seinen „Thesen zu einer Sozialethik des 21. Jahrhunderts"[7] von der Pflege der Urbanistik die Pflege eines „zukunftsorientierten Gemeinsinns" erwartet, Gemeinsinn fördernde und behindernde Architektur unterscheidet und auf die Bedeutung von Orten freien Begegnens und Verweilens, wie öffentlichen Parks und Plätzen, hinweist. Die Realität ist eine andere: Parks und Plätze werden immer öfter von menschlichem und anderem „Unrat" gesäubert, entmöbelt und nach bürokratischem Stundenplan geöffnet.

Hinter den geschilderten Massnahmen steckt das gefährliche *Programm einer sauberen Stadt*. Im Gegensatz zur Abschottung des Elends zur Zeit der frühen Industrialisierung, von der Engels nach einem Besuch im irischen Quartier von Manchester, durch das ihn seine Freundin Mary Burns geführt hatte, zynisch schrieb, er habe nie zuvor eine „so systematische Absperrung der Arbeiterklasse von den Hauptstrassen, eine so zartfühlende Verhüllung alles dessen" gefunden, „was das Auge und die Nerven der Bourgeoisie beleidigen könnte", werden heute Vertreibungsstrategien praktiziert, die die Möblierung des städtischen Raumes – wichtiger Teil der urbanen Kultur – unter der Perspektive „Einlass oder Ausschluss" transformiert und den Zugang zu öffentlichen Einrichtungen gestattet oder verweigert. Städtebau*kultur* der neunziger Jahre? Von Städtebau*unkultur* zu reden, wäre spätestens dann nicht mehr übertrieben, wenn grössere Teile der Stadtbevölkerung eine solche Politik befürworteten. Es ist zu befürchten, dass die Aussichten darauf gar nicht so schlecht stehen.

Man stelle sich nur einmal die im Dienste der Stadt tätigen

Entwerfer der Behinderungsmöblierungen – wie beispielsweise der etwa zwei Meter hohen Abschrankungen in Zürich – bei ihrer Arbeit vor, wenn sie mit den ersten Entwürfen zur Begutachtung antreten und dann für ihre „Erfindungen" kritisiert werden, weil eine zu sperrende Fussgängerbrücke schliesslich auch seitlich, überm Wasser hängend, umgangen werden könnte, und die dann beflissen weiterarbeiten, bis sie die seitlichen Überstände erfinden, die, über die Brücke auskragend, nun wirklich jede Art Übersteigen unmöglich machen sollen. „Ob wir durch unsere Tätigkeit bzw. Produktewelt diejenigen Probleme lösen, die wir wirklich haben?" fragt der Zürcher Theologe Hans Ruh in einem Interview mit der Arbeitslosenzeitung „Xtime"[8]. Ich zitiere die Frage ausserhalb des dortigen Zusammenhangs, weil sie für den unsrigen ganz dringend gestellt werden müsste. Viel Energie, viel Ärger, viel zu viel Aufwand, hohe Kosten – ein mieses kleines Meisterwerk für den Städtebau von heute! Genauso wie die am Limmatplatz in Zürich auf den grossen, zur Strasse liegenden Fensterbänken angebrachten Winkelleisten, gespickt mit kleinen metallenen Spitzen, die das Sich-Setzen verhindern. Keine Fläche zu klein, Sitzgefahr zu sein!

Welche Vorstellungen rechtfertigen solche „Installationen"? Begriffe wie „Sicherheit" und „Fürsorge" werden einseitig für die bürokratische Legitimation von Machtpraktiken instrumentalisiert, die auf einen doppelten Übergriff abzielen: direkt auf den öffentlichen Raum durch den Versuch seiner einseitigen Okkupation, indirekt auf den privaten Raum, der kompensatorisch zum Fluchtort wird.

Das aber hat Folgen: Das Abhandenkommen des öffentlichen Raums gefährdet nicht nur die menschliche Freiheit, so Hannah Arendt, sondern das Politische selbst: „Nicht die Sorge um den Menschen steht im Mittelpunkt des Politischen, sondern die Sorge um die Welt zwischen den Menschen"[9]; Welt, das ist der Raum zwischen den Menschen, der öffentliche Raum, der, wenn er erst einmal zerstört ist, die Menschen in Verlassenheit zurücklasse. Freiheit im ursprünglichen Sinne meine „etwas Tatsächliches, nämlich Bewegungsfreiheit". Mit der Zerstörung des Raums der Freiheit würden alle Beziehungen zwischen den Menschen mitzerstört.

Das Bild der Stadt sei ein Spiegel der Praktiken zur Verteidigung der Norm, lesen wir bei Michel Foucault. Welcher Norm? Wenn Foucault sagt, dass der Scharfrichter längst „von einer ganzen Armee von Technikern abgelöst"[10] worden sei, müssten da nicht längst Gegenstimmen diese Techniken der Verwalter des öffentlichen Raums anprangern? Die Rückeroberung des öffentlichen Raums ist eines der dringenden städtebaulichen Probleme unserer Zeit. Die Stadt muss einer ihrer wichtigsten Aufgaben wieder gerecht werden: allen ihren Bürgerinnen und Bürgern den „Raum der Freiheit zwischen den Menschen", ihre Welt und damit ihre Bewegungsfreiheit wiedergeben.

2. Keine Arbeit, kein Lohn, kein Dach über dem Kopf – zum Stand der Dinge

Öffentliche Kultureinrichtungen hatten in den letzten zwei Jahrzehnten Hochkonjunktur. So wurden etwa die achtziger Jahre als Museumsjahrzehnt bezeichnet. Das Wohnproblem hat in der gleichen Zeit niemals oder auch nur annähernd ein so grosses öffentliches Interesse auf sich ziehen können. Die Gelder wurden oft für Prestige-Planungen eingesetzt, und währenddessen hat man die unübersehbaren gesellschaftlichen Veränderungen planungspolitisch verschlafen. Jetzt kehren sich die Verhältnisse allmählich um: Das Versäumte kommt auf Hintertüren in die Städte: Tausende, die auf der

Strasse leben – ein Phänomen, das wir für undenkbar gehalten haben und das aus den Städten nicht mehr wegzudenken ist. 1994 gab es in Frankreich 400'000 Obdachlose, darunter 20'000 Frauen und Mädchen unter 25 Jahren, allein in Paris 2600 ehemals leitende Angestellte. In Paris sind von 2,1 Millionen Einwohnern 40'000 ohne festen Wohnsitz, in ganz Frankreich 3,3 Millionen beziehungsweise 12,5 Prozent ohne Arbeit. In Grossbritannien sind 4 Millionen oder 12,5 Prozent arbeitslos, und von den 4,3 Millionen Einwohnern Londons sind 50'000 obdachlos, 20'000 Squatters, „wilde Siedler". Allein im kleinen Kanton Genf sind 4000 als arbeitslos registriert, und in Berlin haben von den 3,4 Millionen Einwohnern 25'000 keinen festen Wohnsitz. Im vereinigten Deutschland zählt man 4 Millionen Arbeitslose oder 9,5 Prozent der Bevölkerung – in der ehemaligen DDR ein unbekanntes Phänomen.[11]

Dem Dossier „Armut in Frankreich"[12] zufolge handelt es sich bei einem Drittel der Arbeitslosen in Frankreich um Langzeitarbeitslose; eine halbe Million ist obdachlos, 18 Millionen sind in der EU als arbeitslos registriert. Flexibilität als Anstellungskriterium, also Zeitverträge, seien längst die Regel, 1994 seien beispielsweise 70 Prozent der Neueinstellungen in Frankreich zeitlich befristet gewesen; noch 55 Prozent der werktätigen Bevölkerung habe einen festen Arbeitsplatz (1970 waren es noch 76 Prozent); 1993 hätten sich die Teilzeitstellen in den USA den Verhältnissen in der Dritten Welt angenähert: 7,6 Millionen Amerikaner waren in mehreren Jobs zugleich tätig, alle schlecht bezahlt.[13]

Die Arbeitslosenzeitung „Xtime" berichtet von 60'000 Obdachlosen in Paris, die früher oft in möblierten Hotelzimmern untergebracht worden seien, heutzutage aber als Mieter nicht mehr akzeptiert würden. 85 Prozent dieser Hotelzimmer seien zwischen 1962 und 1990 verschwunden; da Sozialwohnungsprogramme Jahre dauerten, seien schnelle Schritte gefragt.[14] Die Obdachlosenstudie „Crise du logement" der Vereinigung DAL – „Droit au logement" (Recht auf Wohnung) behauptet gar, dass die Dunkelziffer der Menschen ohne festen Wohnsitz (sans domicile fixe, SDF) bei 10 Millionen liege und jeder vierte Jugendliche arbeitslos sei. „La banlieue, c'est les autres", sagen die Franzosen mit Blick auf das dortige Wohnelend abfällig; der gängige Ausdruck dafür: „raz le bol" (die Schnauze voll). Die deutsche Bundesarbeitsgemeinschaft Wohnungslosenhilfe (BAG), ein Dachverband aller Obdachloseninitiativen, schätzt, dass derzeit 920'000 Menschen keine Wohnung haben, davon 184'000 Frauen. Zustände wie in der ehemaligen DDR könnten auch im Westen Deutschlands zu einem der dringendsten Probleme werden: Die Mietschulden steigen von Rostock bis Zittau, 60 Millionen Mark bis heute. Die hohen Mietrückstände entsprächen exakt dem Betrag, den die Leipziger Wohnungs- und Baugesellschaft LWB im Etat für notwendige Reparaturen und Modernisierungen vorsehe. Bei der Dresdner Wohnungsbaugesellschaft „Südost" sei ein Viertel der Mieter mit den Zahlungen im Rückstand, die Mietschulden im 300'000 Einwohner zählenden Halle beliefen sich auf 15 Millionen Mark.[15]

„Allein in Europa leben 52 Millionen Arme", schreibt Marianne Boilève in der bereits erwähnten Ausgabe von „Le Monde diplomatique" (vgl. ihren Beitrag im vorliegenden Buch, S. 197 ff.), „die einen Anspruch auf die Verwirklichung der Grundrechte haben, die in den meisten europäischen Verfassungen garantiert sind." Eine Entwicklung, die sich weiter verschärfen könnte, wenn der „Arbeitsplatz auf Lebenszeit" in Zukunft der Vergangenheit angehören sollte, wie Isabel Mühlfenzl in ihrer Einschätzung der aktuellen Veränderungen feststellt: „Am Arbeitsmarkt wird fast nichts so bleiben, wie es war."[16]

Jeremy Rifkin prophezeit, dass 75 Prozent aller Arbeitsplätze in den nächsten Jahrzehnten durch Technik ersetzt würden.[17] Zukünftige Unternehmen seien „virtuell, man kann sie nicht sehen", so der britische Wirtschaftsphilosoph Charles Handy in einem Interview.[18] Eine Zeitung werde in zehn Jahren kein eigenes Gebäude mehr benötigen, „alle Reporter sind unterwegs, und in der Zentrale bleiben nur ein paar Leute, das ist alles". In Grossbritannien liege der Anteil der Teilzeitbeschäftigten bei 25 Prozent, bis zum Jahre 2000 würden es bereits 30 Prozent sein. Da man in Zukunft statt 50 nur noch 25 Jahre in einer Firma sein werde und mit 45 die Pensionierung anstehe, schlägt Handy vor, den rechtzeitigen Ausstieg aus dem Job nicht zu verpassen, um eine Karriere für die zweite Lebenshälfte zu beginnen. Man stelle sich eine Welt vor, in der alle über Fünfundvierzigjährigen Pensionisten sind!

Da die „kurzen Phasen der sogenannten Vollbeschäftigung wohl der Vergangenheit angehören" – im 19. Jahrhundert habe die Arbeitswoche noch 80 bis 85 Stunden gehabt, in den zwanziger Jahren unseres Jahrhunderts Geborene hätten noch 110'000 Stunden ihres Lebens gearbeitet, und 30 Jahre später sei diese Zahl bereits auf die Hälfte gesunken –, fragt Dagmar Deckstein[19], warum „dereinst nicht ein Quantum an Lebensarbeitszeit festgelegt werden" sollte. Warum eigentlich sollte die Verteilung dieses Quantums oder neu definierter Formen von Arbeit nicht von jedem Menschen im Verlaufe seines Lebens nach seinen eigenen Bedürfnissen vorgenommen, die komplett flexible Pensionierung ins Auge gefasst werden können?

Die Revolution der Arbeitsplätze wird noch ganz andere Folgen haben, wie beispielsweise die Entleerung unzähliger

Büroetagen, wenn in Zukunft die Organisation der Büroarbeit dem Konzept der amerikanischen Werbeagentur „Chiat/Day" folgen sollte[20], deren 700 Angestellte sich täglich zum Arbeiten irgendwo mit ihrem Notebook hinsetzen, nur nicht in ihren Büros in Los Angeles, Toronto, London und New York, die aus Kostengründen schlicht und einfach wegrationalisiert worden sind. In einem verschneiten Ferienort sei Jay Chiat die geniale Idee gekommen, diese teuren Kosten einfach abzuschaffen: Aktenschränke, Schreibtische, alles auf den Müll! Warum sollten seine Mitarbeiter nicht genau so flexibel sein wie er, mit Funktelefon und Computer zu Hause, im Café, unterwegs oder, dies allerdings nur noch zum Austausch zwischendurch, in einem auf eine Lounge reduzierten Büro? Zwei Drittel der Raumkosten würden gespart. Der Plan fürs erste vollelektronische, mobile und papierlose Büro war geboren.

Eine ähnliche Meldung erreichte die Presse von IBM Zürich: „Desk Sharing" heisst die neue Losung des „NewOffice"-Konzepts. Teurer Büroplatz würde eingespart, und die – nett ausgedrückt – „so sehr beschworene Flexibilität der Mitarbeiter gefördert".

Wenn diese Veränderungen der Arbeitswelt sich massenhaft durchzusetzen beginnen, wird es immer mehr Menschen geben, die kurzfristig mobilisierbar sein müssen und viel mehr zu Hause sein werden, was sich wiederum auf die Wohnformen auswirken wird, und es werden immer mehr Menschen vorübergehend arbeitslos sein und in – sei es auch temporäre – Armut absinken. Vor diesem Risiko ist auch die sogenannte Mittelschicht nicht mehr gefeit, wie neuere Studien bestätigen. „Armut ist heute überwiegend ein Problem ‚normaler', weder asozialer noch hoffnungslos marginalisierter Menschen", zitiert Barbara Dribbusch die Bremer

Sozialforscher Stephan Leibfried und Lutz Leisering.[21] Nach den Erhebungen des Sozialwissenschaftlers Peter Krause vom Deutschen Institut für Wirtschaftsförderung (DIW) „war von den westdeutschen Befragten in den mittleren Einkommenslagen innerhalb von sieben Jahren [...] jeder sechste einmal vorübergehend unter die Armutsgrenze gefallen"[22].

Bereits 1958 schrieb Hannah Arendt hellsichtig: „Wir wissen bereits, ohne es uns doch recht vorstellen zu können, dass die Fabriken sich in wenigen Jahren [!] von Menschen geleert haben werden und dass die Menschheit der uralten Bande, die sie unmittelbar an die Natur ketten, ledig sein wird, der Last der Arbeit und des Jochs der Notwendigkeit. [...] Die Neuzeit hat im siebzehnten Jahrhundert damit begonnen, theoretisch die Arbeit zu verherrlichen, und sie hat zu Beginn unseres Jahrhunderts damit geendet, die Gesellschaft im Ganzen in eine Arbeitsgesellschaft zu verwandeln. [...] Was uns bevorsteht, ist die Aussicht auf eine Arbeitsgesellschaft, der die Arbeit ausgegangen ist, also die einzige Tätigkeit, auf die sie sich noch versteht. Was könnte verhängnisvoller sein?"[23]

Auf diesen Punkt scheinen wir zuzusteuern, wenn Arbeit weiterhin wie in der Vergangenheit definiert wird. „Ist Arbeit wirklich der Güter höchstes?" fragt Jacques Ittensohn mit Recht.[24] „Wenn Arbeit schlichtweg die Tugend, Musse die von der Strafe Gottes verfolgte Sünde ist [...], muss Arbeitslosigkeit notwendigerweise die Geissel unseres Jahrhunderts sein und bleiben. [...] Es bleibt uns wohl nichts anderes übrig, als das Problem der Arbeitslosigkeit mit einer grundsätzlichen Neubewertung des Begriffes Arbeit anzugehen." Und wenn es uns nicht gelinge, befürchtet Jeremy Rifkin, „die Fähigkeiten und Energien jener Hunderte Millionen arbeitsloser Frauen und Männer in die richtigen Bahnen zu lenken und ihnen eine sinnvolle Aufgabe zu geben, werden Verelendung und Gesetzlosigkeit unsere Gesellschaften erfassen, sie werden zerfallen, und niemand wird sie retten können"[25].

3. Öffentliche Gegeneinrichtungen in den grossen Städten der reichen Welt

Was ist Menschen ohne Arbeit, ohne Lohn, ohne Obdach nicht mehr möglich? Welchen Gefahren sind sie ausgesetzt? Der Diskriminierung (Art. 2), der Beraubung von Freiheit und Sicherheit (Art. 3), der ungleichen Behandlung vor dem Gesetz (Art. 7), des Eingriffs ins Privatleben (Art. 12), der Missachtung des Anspruchs auf Gesundheit und Wohlbefinden, einschliesslich Nahrung, Kleidung, Wohnung, ärztliche Betreuung (Art. 25).

Die Artikel aus der „Allgemeinen Erklärung der Menschenrechte" von 1948 erinnern an Rechte, die – trotz aller netten Sonntagsreden – praktisch ausser Kraft gesetzt sind. Für Menschen ohne feste Bleibe und ohne Geld fehlen ohnehin die Voraussetzungen, sie einzuklagen. Wie sollen sie ihren Anspruch auf Wohnung, Sicherheit, Essen und Trinken, Zusatzausbildung geltend machen? Wie sich wehren gegen die Verbarrikadierungen in den Städten, die ihnen den Aufenthalt im öffentlichen Raum verwehren? Das Gesetz, das Ruhe und Ordnung für seine Bürgerinnen und Bürger verlangt, meint nur diejenigen, die in geregelten Verhältnissen leben, und erklärt Menschen ohne Obdach zur Gefahr für die anderen. Wenn die genannten Rechte wirklich für alle gelten sollten, dann fehlen der heutigen Stadt zentrale Einrichtungen, in denen Arme oder knapp an der Armutsgrenze Lebende zu ihrem Recht kommen. Allein diese Feststellung dürfte denen, die sich längst an die Selbstverständlichkeit ungleicher Zugangsmöglichkeiten zu den Gütern der Gesellschaft gewöhnt haben, unverschämt erscheinen – das Messen mit zwei Ellen ist längst zur Regel geworden.

Dass das so ist, zeigen neuere und ganz neue *Aktionen von unten,* geboren aus der Not. Gegen Ausgrenzungsstrategien von oben regen sich – fast noch unsichtbar – Initiativen von unten. *Gegengesellschaft* könnte die politische Losung von Initiativen und Organisationen heissen, die gesellschaftliche Aufgaben übernehmen oder wieder ins Leben rufen, die der sogenannte schlanke Staat (vgl. die Beiträge von Res Strehle S. 234 ff. und Maria Mies S. 247 ff.) als nicht mehr finanzierbar bezeichnet, ungeachtet der billigend in Kauf genommenen gesellschaftlichen Folgen, so zum Beispiel

– Umverteilungseinrichtungen

Einrichtungen, die den gesellschaftlichen Überfluss umverteilen, wie beispielsweise „City Harvest" in New York, gestartet von einer Angestellten einer Schnellimbisskette, inzwischen ein Riesenunternehmen, das wöchentlich 15 Tonnen Lebensmittel umverteilt, die sonst im Abfall landeten. „City Harvest" löste geradezu einen Schneeballeffekt aus. In Deutschland haben sich inzwischen mehr als dreissig ähnliche Initiativen zu einem Dachverband zusammengeschlossen. Aus mehreren Städten der Schweiz, wo man sich für ähnliche Lösungen interessiert, liegen der „Berliner Tafel" Anfragen nach Informationen vor (vgl. die Beiträge von Bernhard Matuschak S. 178 ff. und S. 185 ff.)

– Andere Konsumeinrichtungen und Zutrittsmöglichkeiten zu kulturellen, sportlichen und anderen Veranstaltungen

Orte, wo man zu Preisen, die der Armut angemessen sind, einkaufen kann, wie etwa die Ladenkette für Bedürftige: eine schweizerische Erfindung, die, wie Monika Rosenberg in ihrem Beitrag vermutet (S. 190 ff.) beste Chancen hat, zum Exportprodukt zu avancieren. Nur folgerichtig, dass Verhandlungen über Beitrittsermässigungen mit kulturellen Einrichtungen im Gange sind.

– Eigene Medien, andere Zugangsmöglichkeiten zu Informationsgütern

Dass Arbeitslose europaweit ihre eigenen Zeitungen produzieren (vgl. den Beitrag von Klaus Hônigschnabel S. 203 ff.), ist ein erster Schritt, sich Gehör zu verschaffen. Für Menschen ohne festen Wohnsitz, die keinen Zugang zur Telekommunikation besitzen, von der „Telesozialität" ausgeschlossen sind und damit dem gesellschaftlichen Untergang geweiht wären, forderten der französische Architekt und Philosoph Paul Virilio und der Architekt Chilpéric de Boiscuillé in dem von ihnen initiierten Wettbewerb urbane Bojen oder „balises urbaines" (vgl. den Beitrag von Bettina Kaps S. 102 ff.), Einrichtungen, mit denen die Stadt Obdachlosen Zutritt zur medialen Welt verschaffen müsse; das „städtische Mobiliar" müsse revolutioniert werden.

– Andere Universitäten

Die Idee zu einer von zahlreichen Künstlern, Schauspielern und Intellektuellen unterstützten Volksuniversität wurde in der berühmt gewordenen Rue Dragon Nr. 7 in Paris geboren, in einem von Abbé Pierre im Dezember 1994 besetzten Haus, das zum Zentrum der aus dem Verein DAL – „Droit au logement" (Recht auf Wohnung) hervorgegangenen Bewegung „Droits devant!" werden sollte (vgl. die Beiträge von Paul L. Walser S. 163 ff. und Marianne Boilève S. 197 ff.)

– Andere medizinische Versorgungseinrichtungen

Andere jedenfalls als etwa die Notfallstation des Zürcher Kantonsspitals, wo an einem Anschlagbrett die Mitteilung zu lesen ist, Obdachlose würden nur unter der Bedingung behandelt, dass sie ein Depot von 200 Schweizer Franken hinterlegten. Andere auch als solche, die nur unter der Bedingung heute üblicher und für Menschen an der Armutsgrenze unbezahlbar hoher Versicherungsprämien zu Leistungen bereit sind. Einrichtungen wie das medizinische Zentrum für die Aufnahme von Obdachlosen in Nanterre bei Paris, dessen Leiter, der Obdachlosenarzt und Mitbegründer der MSF („Médecins Sans Frontières"), Xavier Emmanuelli, seit 1995 französischer „Obdachlosenminister", gemeinsam mit der Stadt Paris einen neuen Sozialdienst mit 200 Fachkräften auf die Beine gestellt hat.[26]

– *Andere Nutzung von leerstehenden Bauten*
wie durch die französische Initiative DAL, die dem international geltenden und von Frankreich am 31. Mai 1990 gesetzlich verankerten Recht auf Wohnung für die Ärmsten Geltung zu verschaffen versucht, oder durch die im südenglischen Seebad Brighton ins Leben gerufene erste Immobilienagentur für Hausbesetzer, „Justice?", die sich der – Ferienhäuser nicht mitgerechnet – mehr als tausend leerstehenden Häuser in Brighton anzunehmen begonnen hat.[27]

4. Existenzhotels

Eine wichtige Einrichtung jedoch fehlt der Stadt von heute. Mit ihr könnte das Armenhaus der Geschichte eine Wiedergeburt in neuer Form erleben.

In den Regierungen heutiger europäischer Städte gibt es Figuren wie den Kanzler des Herzogs von Burgund, Nicolas Rolin, nicht mehr, der nach vierzig Jahren Herrschaft gemeinsam mit seiner Frau Guigone de Salins – Gottes Urteil über seine Amtszeit vor Augen – beschloss, einen Palast für die Armen zu bauen, der schöner sein sollte als die Paläste der Fürsten, da er ja für diejenigen gedacht war, die Gott am nächsten standen und mehr zählten als die Höflinge eines Königs. Aufgrund seiner Initiative kam die Stadt Beaune im

Jahre 1443 zu einem ihrer schönsten Gebäude und der Städtebau zu einem Prachtexemplar diesen Typs öffentlicher Institution.

Heutige Strategien laufen, bis jetzt wenigstens, in umgekehrter Richtung, wahrscheinlich jedoch mit immer erfolgloseren Aussichten. Noch setzt man auf das Rezept kleiner und kleinster Schritte: Notschlafstellen, die in Not Geratenen mit menschenunwürdigen Aufenthaltsbedingungen möglichst den Garaus machen sollen. Doch auf diese Weise ist Armut und zunehmender Obdachlosigkeit nicht beizukommen. Erfindungsgeist ist gefragt.

Architektur und Städtebau kehren am Ende des Jahrtausends zu einer ihrer Wurzeln zurück: der menschlichen Behausung. Neue Wohnformen werden über die Zukunft der Stadt mitentscheiden. Dass in den Bundesämtern für Statistik in Deutschland und der Schweiz – und infolgedessen in den entsprechenden Statistischen Jahrbüchern – die Kategorie Obdachlosigkeit im Stichwortregister gar nicht erst auftaucht, zeigt, dass das Problem bis heute nicht erkannt oder verdrängt ist. Für die Wohnbaupolitik scheint die Zahl der Obdachlosen irrelevant zu sein. Dies aber ist nur Spiegel der anderen Tatsache, dass es zwischen sozialem Wohnungsbau und Obdachlosenheimen keine anderen Wohnmöglichkeiten gibt. Da klafft ein Loch – zuallererst an Ideen! Die dringendste Frage ist die nach dem Wohn-Existenzminimum. Nennen wir *eine* mögliche Lösung dieses Problems *Existenzhotel*.

Wie könnten Existenzhotels aussehen, von wem geführt werden? Existenzhotels könnten diejenigen Institutionen sein, die Lebensformen möglich machen, in denen vorübergehend in Armut Geratene eine Unterkunft finden. Was brauchen Menschen in dieser Situation an minimalem privatem Raum, um menschenwürdig zu überleben? Bestimmt kann angesichts der wachsenden Zahl von Armen der „Soziale Wohnungsbau" nicht Massstab sein. Vorbilder müssen anderswo gesucht werden. Der Architekt Le Corbusier hat mögliche Wege gewiesen. Seine Ideen fürs Existenzminimum orientierten sich an der Klosterzelle, der Kartäuserhütte und an der Schiffskabine. Auch ein Hotelzimmer wäre ein brauchbares Vorbild. Existenzhotels könnten von allen Interessierten, von Ämtern, Privaten, Unternehmern, Arbeitslosen geführt werden. In die teuren Lücken des städtischen Raumes zögen vorübergehend diejenigen ein, die keine Wohnung haben: Arbeitslose, Obdachlose, aber auch arme Familien, alte Leute, Lehrlinge und Studenten, Kleinstverdiener, nicht betuchte stadtfremde Hotelgäste – der Segregation könnte auf diese Weise entgegengewirkt werden – gehörten zu den wechselnden Bewohnern. Sie könnten die städtischen oder privaten Existenzhotels kurzfristig beziehen und dort sogar vorübergehend Arbeit in Verwaltung und Betrieb finden. Warum eigentlich sollte, was sogar in guten Schweizer Hotels in Krisenzeiten möglich ist – „Die derzeitige Krise in der Schweizer Hotellerie hat offenbar auch ihre guten Seiten. [...] Wer sein Bett selber bezieht, spart [...] Geld", ebenso, wer „das ganze Zimmer auf Vordermann bringt [...]. Und wenn der Gast 90 Minuten im Hotel mitarbeitet, werden ihm gar dreissig Franken gutgeschrieben"[28] –, nicht genauso zum Modell für Existenzhotels taugen und sich sogar ausbauen lassen?

Wo in der Stadt wären Existenzhotels zu finden? Stellen Sie sich vor, Sie kommen am Bahnhof oder am Flughafen an. Was tun Sie zuerst, falls Sie nicht im voraus ein Zimmer reserviert haben? Sie gehen zum grossen Stadtplan, der mit Leuchtpunkten übersät ist und Ihnen auf Knopfdruck Lage und Preis der in der Stadt verstreuten Hotels bekannt gibt. Wie für Zahlungskräftige, so sollte es auch für nicht Zahlungsfähige, genauer, für die am Rande des Existenzminimums lebenden Einwohner oder Gäste, für die, die ihre bisherigen Wohnungen nicht mehr zu bezahlen imstande sind, Leuchtpläne geben, die sie schnellstens über die Standorte von Existenzhotels informieren. Solche Hotels könnten mit der Umnutzung leerstehender Gebäude – vor allem wird es sich um vorübergehend unvermietete oder langfristig nicht mehr vermietbare Bürogeschosse handeln, aber auch um temporär leerstehende Wohnungen, Häuser oder Fabrikations- und Lagerhallen – ihren Ort in der Stadt häufiger wechseln. Architekten in den Bauämtern der Städte, aber auch Selbständige und Unternehmer, würden den schnellen Transport und die jeweiligen Adaptationsarbeiten der erforderlichen Ein- und Ausbausysteme organisieren. Auch Wettbewerbe könnten ausgeschrieben werden.

Der Gedanke der Kurzfristigkeit – der Bezug eines Hotels für einen Tag oder eine Woche, einen Monat, ein Jahr – muss für das Wohnen ins Auge gefasst werden. Man reist mit dem Koffer an, und sei er noch so schäbig, und bleibt, bis eine andere Form der Existenz möglich geworden ist. Wenn „verbindliche Leistungs-Schwerpunkte definiert" werden sollen und das Soziale „keine Restgrösse" ist, wie die Zürcher Stadträtin Monika Stocker in der „Sozialberichterstattung '95"[29] schreibt, dann wäre bei der Frage der Behausung zu beginnen. Dem Vorwurf, dass solche Wohnformen wiederum einer Ghettoisierung gleichkämen, ist entgegenzuhalten: Erstens ist niemand freiwillig arm, niemand freiwillig auf der Strasse, und zweitens müssen diejenigen, die es freiwillig sein sollten, es auch weiterhin sein dürfen. Der Wiedereingliederungszwang ist unmenschlich. Die Idee des Existenzhotels hat mit ihm nichts zu tun.

Bei Existenzsicherung denkt niemand an Architektur und Stadt. Wir Architekten und Städtebauer reden wie selbstverständlich von öffentlichen Gebäudetypen und Institutionen, ohne uns zu fragen, ob unser heutiges Repertoire ausreicht, oder ob „heisse Stellen" im Stadtalltag auf die Notwendigkeit neuer Gebäudetypen hinweisen oder nach Reformulierungen älterer, vergessener Typen, wie etwa des Armenhauses, verlangen. Immer öfter ist von gesellschaftlichem Umbau die Rede, das hautnahe Problem des Umbaus leerstehender Bauten aber kommt in diesem Zusammenhang gar nicht erst in den Blick.

Die Grundsicherung der menschlichen Existenz beginnt aber bei einem für immer mehr Menschen verschwundenen Ort: bei der Behausung. Ohne ein minimales Zuhause fällt alles andere zum Leben Notwendige wie von selbst den zunehmend unwirtlicher werdenden Verhältnissen zum Opfer – denn nichts, aber auch gar nichts wiegt so schwer, als keinen Ort mehr zu haben, der minimalste Privatheit garantiert und minimalsten Schutz bietet. Ein noch so kleines privates Dach über dem Kopf könnte als erste „Säule" der Existenzsicherung verstanden werden.

Wenn heute das Modell des Mindesteinkommens wieder aufgegriffen und zum Teil realisiert wird (vgl. dazu die Beiträge von Peter Niggli S. 214 ff. und Kaspar Meuli S. 208 ff.), dann sollten solche Vorstellungen künftig im Zusammenhang mit neuen Formen des Wohnminimums entwickelt werden. Ein Teil der Existenzsicherung könnte, im Austausch von Leistungen, als Anrecht auf Wohnraumnutzung betrachtet werden, oder das Mindesteinkommen müsste so bemessen sein, dass das Wohnen im Existenzhotel mit einem Teil davon beglichen werden könnte.

Nach Artikel 25 der „Allgemeinen Erklärung der Menschenrechte" hat jeder Mensch „Anspruch auf eine Lebenshaltung, die seine und seiner Familie Gesundheit und Wohlbefinden einschliesslich Nahrung, Kleidung, Wohnung, ärztlicher Betreuung und der notwendigen Leistungen der sozialen Fürsorge gewährleistet; er hat das Recht auf Sicherheit im Falle von Arbeitslosigkeit, Krankheit, Invalidität, Verwitwung, Alter oder von anderweitigem Verlust seiner Unterhaltsmittel durch unverschuldete Umstände".

Dieser Abschnitt der Menschenrechtserklärung eignete sich hervorragend als Ausgangsmaterial für eine Revision sozialer und städtebaulicher Richtlinien. Der erste Satz gibt Hinweise auf fehlende städtische Einrichtungen für Menschen, die unterhalb der Armutsgrenze zu leben gezwungen sind, der anschliessende verweist auf Umstände, die zu Obdachlosigkeit führen können. Michel Foucault spricht von „Abweichungsheterotypien"[30] und zählt zu ihnen all jene Orte – Erholungsheime, psychiatrische Kliniken, Gefängnisse, Altersheime –, in die man diejenigen steckt, deren Verhalten von der Norm abweicht. Heute wären viele jener Orte dazuzurechnen, die für Obdachlose vorgesehen sind, seien es die „dunklen Taunuswälder" der Frankfurter Rigorosität oder die städtischen Einrichtungen für Obdachlose, aus denen die Menschen früh morgens rausgeschmissen werden und dann den Tag immer wieder aufs neue mit der Suche nach einem Bett verbringen müssen. Ein Bericht über das Frauenleben in einem Leipziger Obdachlosenheim schildert, was zur Armut gehört: sich nicht mehr selbst was machen zu können, Zutritt weder zur Küche noch zur Waschmaschine zu haben, um acht Uhr in der Früh auf die Strasse gesetzt und erst ab vier Uhr nachmittags wieder reingelassen zu werden.[31] Franziska Wanner Müller berichtet von ähnlichen Zuständen: „Für eine Dusche läuft Lydia durch die ganze Stadt. Stundenlang wartet sie in den Notunterkünften, bis eine Waschmaschine frei wird, die sie mit zusammengebettelten Münzen füttert."[32] Der Kampf gegen die Armut hat sich zum Kampf gegen die Armen gewandelt. Das ist skandalös und geschieht so allmählich, dass aus Untaten Gewohnheiten und sogar Gesetze werden. Der tiefste Punkt ist erreicht: Das Unrecht wird unangreifbar.

Das Recht auf eine „Wohlbefinden" garantierende Lebenshaltung ist nichts als ein Fetzen Papier, in der sozialen Wirklichkeit ohne Bedeutung. Der Anspruch auf die Verwirklichung der Menschenrechte aber bleibt bestehen. Versucht man von ihnen aus städtebauliche Programme zu entwickeln, dann zeigt sich, dass neue Vorstellungen über die Mindestbehausung zu den dringenden architektonisch-städtebaulichen Aufgaben gehören. Jede nicht (klein-)bürgerliche Wohnform ist bis heute mit dem Makel möglichen Scheiterns behaftet. Aber die eingeschränkte Perspektive, die die Kleinfamilie zum fast ausschliesslichen Massstab des Wohnens macht und den Ausschluss anderer Existenzformen zementiert, muss der Vergangenheit angehören. Nicht dass es die Kleinfamilie in Zukunft nicht genauso geben wird. Aber es wird immer mehr Menschen geben, die herkömmliche Wohnungen in Zeiten der Verarmung nicht mehr bezahlen können oder sie nicht längerfristig benötigen.

Ein Dach über dem Kopf zu haben, bedeutet – nochmals Hannah Arendt – einen Ort zu haben, an dem, was verborgen bleiben soll, auch verborgen bleiben kann. Welche Bedeutung hat Artikel 12 der „Allgemeinen Erklärung der Menschenrechte" – „Niemand darf willkürlichen Eingriffen in sein Privatleben, seine Familie, sein Heim [...] ausgesetzt werden" – dort, wo nicht einmal die Möglichkeit der Verletzung gegeben ist? Alle Initiativen, aus dem Elend herauszukommen, werden a priori dadurch behindert, dass sie aus der „Gosse" erfolgen sollen. Niemandem ist unter dem existentiellen Druck, sich – mit seinen Habseligkeiten in der Hand und Hunger im Bauch – täglich neu um ein Dach überm Kopf kümmern zu müssen, zuzumuten, sich unter diesen Bedingungen um Arbeit und Unterhalt zu sorgen, schon gar nicht, wenn Müdigkeit und angeschlagene Gesundheit plagen. Einen einigermassen gesicherten eigenen Ort zu haben, ist der erste Schritt in der Hilfe zur Selbsthilfe, ein erster Schritt, die oft zitierte Maxime in die Tat umzusetzen.

Jeder Umbau von Wirklichkeit beginnt im Kopf: mit der Revision der uns beherrschenden Bilder. In Zürich beispielsweise sind 50 Prozent aller Haushalte Einpersonen-Haushalte.[33] Man kennt natürlich die Reden über die Einsamkeit und all die unbezahlbaren Allerweltskurse gegen sie. Nur kommt man auf diese Weise dem Grundübel nicht auf die Spur. Der blinde Fleck oder die geheime Repression hat ihre Wurzeln anderswo: in der fast absolut zu nennenden Gültigkeit überkommener Bilder des Wohnens.

„Bilder sind Fallen", heisst es bei Wolfgang Welsch.[34] Die kulturellen Grundbilder, die unser Verständnis von Wirklichkeit prägen, seien „schmerzlich relevant", weil sie undurchschaubar seien und uns ein Leben lang nach ihrer Pfeife tanzen liessen. Gerade weil sie als unbezweifelte unbewusst Zwang ausübten, sei es so unendlich schwierig, ihnen zu entkommen. Die heute gültigen Bilder des Wohnens sind zu Störbildern geworden. Sie gefährden die Menschen nicht nur in ihrem physischen und psychischen Wohlbefinden, sie behindern auch andere Möglichkeiten des Zusammenlebens. Gefangen in den engen Vorstellungen dessen, was sie als normal ausweist – und davon ist nun einmal ein Grossteil direkt abhängig –, bleiben die Menschen in ihren privaten Gefängnissen stecken und gehen so, Rückseite der Medaille, möglicherweise gleich auch noch in die Falle all der Kompensationsangebote und -geschäfte, die sie mit ihrer Situation auszusöhnen suchen.

Erst dem Umbau der Bilder im Kopf könnte der buchstäbliche Umbau der Stadt folgen, ihres öffentlichen Raumes, ihrer Institutionen und ihrer Lebensmöglichkeiten. Den geltenden Bildern des Wohnens müssen andere Bilder zur Seite gestellt werden, sei es durch historische Rückgriffe oder Analogien – die Mönchszelle des Klosters oder die Schiffskabine – oder durch neue Entwürfe. Das Wohnen in der Stadt muss andere Lebensformen und -stile ermöglichen.

Exkurs: Umbauprojekte für die Stadt. Ein möglicher Fall zukünftiger Partnerschaften
Vorab ein ungewöhnlicher Fall. Die Zukunft eines der berühmtesten und berüchtigsten Quartiere der Welt hat begonnen. Wohnquartier Wall Street? Fast schon ein Tabubruch, die düstere Welt, in der abends lange Kolonnen schwarzer Limousinen die Führungskräfte der Bankenbunker sicher nach Hause bringen, mit dem bunt gemischten Leben zu bedrohen. Doch Not bringt selbst Ikonen einer Weltstadt ins Wanken. Einem Bericht der „Neuen Zürcher Zeitung"[35] zufolge standen in New York im Herbst 1995 über zwei Millionen Quadratmeter Bürofläche leer, die sich trotz Wirtschaftsaufschwung kaum vermieten liessen. Der Abriss wertvoller alter Bausubstanz sei wirtschaftlich und ökologisch nicht zu vertreten, und computergerechte Büros in Neubauten seien schon deswegen eine Fehlinvestition, weil diese in naher Zukunft, sollten sich die neuesten Tendenzen – flexibles Büro, Heimbüro, Satellitenbüro und Multiflexbüro, so die Unterscheidungen des schwedischen Fernmeldekonzerns Ericcson – durchsetzen, schnell heillos veraltet sein könnten. Also suche man neue Inhalte für alte Bauten. In New Yorks Bankendistrikt tritt

Wohnungsbau als Alternative an die Stelle der erfolgversprechenden Kultureinbauten der siebziger Jahre in anderen Quartieren, teurer, schicker Wohnungsbau allerdings, dazu die Wiederbelebung der Strasse: Mischnutzung anstelle von Monokultur. Selbst Bettler und Obdachlose sollen, anders als sonst Sitte der Stadt, nicht vertrieben werden. Einsichten und Schritte, von denen man bei uns, bislang wenigstens, nichts hört.

Was Manhattans Wall-Street-District blüht, ereilt auch die europäischen Metropolen. Immer öfter und aufdringlicher ist auch in den hiesigen Städten, sei es in der neuen Berliner Prachtstrasse, der Friedrichstrasse, sei es entlang der Autobahneinfahrt Bern/Basel in Zürich und an vielen anderen Orten, in grossen Lettern „Büros zu vermieten" zu lesen. Überall werden die Überschussprodukte der optimistischen Planungsvergangenheit feilgeboten. Der Büromarkt kollabiere, so „Der Spiegel"[36]. 1991 seien ärmliche Büros in Plattenbauten in Berlin-Mitte noch für 100 Mark pro Quadratmeter monatlich zu vermieten gewesen, inzwischen seien aber in den besten Lagen nicht einmal mehr 50 Mark zu bekommen. Demselben Bericht zufolge schätzt der Chef der grössten deutschen Maklerfirma, Willi Bendzko, dass eine gute Million Quadratmeter Bürofläche allein in Berlin auf Mieter warte, und dies erst noch ohne bessere Aussichten für die Zukunft; bis 1997 würden noch einmal über 800'000 Quadratmeter pro Jahr dazukommen. Allein entlang der Berliner Friedrichstrasse sei eine halbe Million im Bau oder in Planung. Aufgrund falscher Erwartungen sei ein Bedarf von 12 Millionen Quadratmetern Bürofläche bis zum Jahre 2000 prognostiziert worden: „Für den Pleitegeier gebaut." In einem Interview[37] sagt der Investor Roland Ernst, man habe sich auf die Flaute mit kurzfristigen Mietverträgen eingestellt und rechne in zwei bis drei Jahren mit den einst kalkulierten Preisen. Investoren würden jetzt mit der Miete bis zur Schmerzgrenze hinuntergehen, um wenigstens einen Deckungsbeitrag für die Kosten zu haben.

Im Kanton Zürich[38] stehen Büros, Werkstätten, Fabrikhallen und Verkaufsräume in einer Grössenordnung von 920'000 Quadratmetern leer; viel Raum bleibe in den Industrie- und Gewerbezonen der Stadt Zürich (Leerstandsquote bis 15 Prozent) ungenutzt, weil die Bau- und Zonenordnung Dienstleistungsbetriebe nicht erlaube – und, wie hinzuzufügen wäre, erst recht keine Wohnungen. Allein durch 410'000 Quadratmeter leerstehender Büros und Praxen gingen den Eigentümern jährlich 107 Millionen Franken verloren; rund 39 Prozent der 1992 erstellten Liegenschaften und rund 65 Prozent der im selben Jahr errichteten Büros stünden leer, die Preise seien zwischen 1993 und 1995 um 30 Prozent zurückgegangen.

Wäre nicht zu überlegen, diese Tatbestände zum Ausgangspunkt für neue Investitionsmöglichkeiten oder Partnerschaften zu machen? Könnten nicht Arbeits-, Sozial- und Bauämter in Sachen Stadt-Umbau zu Partnern der Immobiliers werden?

Über die Umnutzung leerstehender Bürobauten in Wohnungen wird bereits nachgedacht – allerdings erst vereinzelt und sehr zögerlich. Wieder einmal wird es der ökonomische Zwang sein, der „Wunder" zu vollbringen imstande sein könnte. Allerdings wird sich in den Köpfen der europäischen Stadtplaner aller Wahrscheinlichkeit nach vorerst auch nur der New Yorker Trend – luxuriöse Wohnungen in der teuren Stadtmitte – durchsetzen. Wenn die beschriebenen Entwicklungen aber anhalten, wäre es da nicht kurzsichtig, bei Umbauprojekten solcher Art nur an schnelle Rentabilität zu denken? Wäre es nicht geboten, dass die Stadtplanungspolitiker Strategien überlegten, wie diese Flächen gesellschaftlichen Nutzungen – unter anderem der vorübergehenden Unterbringung von Armen und Obdachlosen – zugeführt werden könnten?

5. Nachtrag: Von drohenden oder befreienden Perspektiven

Es braucht nicht unbedingt den „britischen Humor" oder besser: den „schwarzen Ernst" von Charles Handy[39], der den Reichen eine ungewöhnlich begründete Grosszügigkeit in deren eigenem Interesse empfiehlt, um zu begreifen, was auf dem Spiel steht. Im neuen Kapitalismus, in dem Intelligenz die Quelle des Wachstums sei, wie Handy seine Strategie zur Rettung des zu zerbrechen drohenden gesellschaftlichen Gleichgewichts formuliert, würden die Reichen reicher, in dem sie zuerst die Armen reicher machten. Sie müssten deshalb davon überzeugt werden, in Menschen zu investieren – vor allem in deren Bildung –, die sie gar nicht kennten: in die Armen.

Der Gedanke hat noch eine andere Dimension, die des Raumes. Wenn Armen und Obdachlosen beide Arten von Raum – privater und öffentlicher – abhanden kommen, wird sich das Leben in den Städten radikal polarisieren. Robert Lopez beobachtet weltweit die Entwicklung einer „städtebaulichen Apartheid". Er berichtet von „Festungsstädten nur für Reiche" (vgl. seinen Beitrag in diesem Buch S. 51 ff.), die durch private Polizei, hohe Zäune, bewachte Eingänge und Plastikkarten vom Rest der Welt abgeschottet sind. Diese Abschottung gehe in einzelnen Fällen so weit, dass Kontakte zu Behörden abgebrochen werden, die „Stadt in der Stadt" sich als unabhängig erklärt und darüber klagt, dass sie weiterhin Steuern bezahlen soll, da die Probleme „draussen" sie doch nichts mehr angingen. Zynisch gemahnt Roger Monnerat[40] an Jeremy Rifkin, der „auf die gesellschaftliche Einsicht" setzt, „dass es billiger kommt, den Habenichtsen ein wenig Geld zu geben, als die Habenden vor Raub und Diebstahl zu schützen".

Es ist an der Zeit, dieser sich abzeichnenden Zweiteilung des städtischen Raums ins Auge zu sehen. Das bedeutet, den öffentlichen Raum der Stadt mit Qualitäten zu versehen, die den im Berufsleben verloren gegangenen gesellschaftlichen Kontaktraum wiederzugewinnen erlauben, und andere Lebensformen für die Stadt und ihre „neuen" Bewohner zu erfinden, die die existentiellen Unsicherheiten abzufedern vermögen; das Verhältnis zwischen privatem und öffentlichem Raum muss neu überdacht, beide müssen auf vielfältigste Weise entworfen werden, nicht mehr mit Sicherungsstrategien, sondern mit Blick auf Öffnung, Reichhaltigkeit, Zugänglichkeit. Sonst könnte sich bewahrheiten, schreibt Monnerat im bereits erwähnten Beitrag, dass immer mehr Ausgeschlossene sich in Banden organisieren, deren Gewalt und Verzweiflungstaten „von privaten Polizeitruppen eingedämmt und/oder von faschistischen Bewegungen organisiert" würden. Mit Jeremy Rifkin zu sprechen: „Am Ausgang der modernen Welt erwartet uns eine neue Barbarei."

Der von der britischen Architektengruppe „Archigram" vor dreissig Jahren in Architektur und Städtebau wiedereingeführte und neu interpretierte Begriff „Nomade" ist out. Optimistisch und technikeuphorisch verkündete „Archigram" damals in höchst erstaunlichen Variationen die Idee der „Living-City" als lebender, atmender, wachsender, schrumpfender, ja, verschwindender Stadt. Die Architekten verstanden den Menschen als Nomaden des elektronisch-medialen Zeitalters und gönnten ihm eine Stadt beziehungsweise eine Existenz in der Stadt, die ihn nicht für alle Zeit in der immer gleichen Art und Weise fesselte. Das Verhältnis von Haus und Stadt, von privatem und öffentlichem Raum, wurde radikal neu formuliert: „Das Haus ist ein Gerät, das man mit sich herumträgt, die Stadt eine Maschine, um sich einzustöpseln!" Eine Neuformulierung des Existenzminimums in Form einer minimalen Behausung mit Verankerungsmöglichkeiten in der extra dafür hergerichteten Stadt war geboren.

Dreissig Jahre nach „Archigram" taucht der Begriff Nomadismus wieder häufiger auf, so etwa im bereits erwähnten Pariser Wettbewerb „balises urbaines", den Virilio und de Boiscuillé im Auftrag des „Haut Comité pour le logement" veranstalteten. Zynisch? So ist er nicht gemeint. Man greift auf ihn zurück, um neuere gesellschaftliche Phänomene zu beschreiben, für die es noch keinen anderen Namen gibt. Ist der Begriff „städtische Nomaden" noch brauchbar? Im übertragenen Sinne für diejenigen, die mit ihrer Habe gezwungenermassen ein unstetes, unruhiges Leben führen – in Zukunft wird es je länger, desto weniger möglich sein, mit 16 oder 26 einen Berufs- oder Studienabschluss zu erwerben und damit zu einer „lebenslänglichen" Berufsausübung berechtigt zu sein.

Der Gegenbegriff – Sesshaftigkeit – ist im momentanen gesellschaftlich fixierten Verständnis erstarrt, in der Sackgasse der Unbeweglichkeit deshalb, weil er die alleingültige Norm zu verkörpern beansprucht, aber doch nützlich, weil eingeführt, erprobt und den labilen Gleichgewichtszustand bestehender Ordnungen stützend; der Begriff Nomadismus dagegen ist aufgebrochen, entleert, durchlöchert, ein Begriff aber auch, der sich inhaltlich wieder verdichten könnte, wenn veränderte gesellschaftliche Verhältnisse und das Denken darüber sich in ein neues, labiles Gleichgewicht gefügt haben werden.

Ist es geschickt, zwei durch Gebrauch über lange Zeit und in diversen Wissensgebieten verschlissene Begriffe wieder einzuführen, weil sie sich gleich noch einmal dazu eignen könnten, zwei unterschiedliche Existenz- und Wohnformen, die eine fest verankert, die andere vorläufig nur durch Ohnmacht geduldet, zu bezeichnen? Ja – wenn die neue Art des Gebrauchs in Anlehnung an und in Abgrenzung von historischen Gebrauchsweisen so gut es geht, das heisst vorläufig, umrissen wird. Trotz der Nachteile unscharfer Grenzen haben die Begriffe eine deutliche Spur im Gedächtnis hinterlassen, vielleicht weil sie zwei anthropologische Konstanten zu bezeichnen scheinen, die Erinnerung an zwei Arten des In-der-Welt-Seins, vielleicht aber auch, weil man zugunsten der einen die andere beinahe zum Verschwinden gebracht hat. Eine Spur von Unwohlsein?

Wenn sie als Arbeitsbegriffe Sinn machen sollen, müssen sie in ihren möglichen gesellschaftlichen Dimensionen als potentielle neue „Leitplanken" untersucht werden. Dies hätte jedenfalls nichts Geringeres zur Folge, als sich mit den Kategorien Einschluss und Ausschluss zu beschäftigen: zwei Vorstellungsräume zu Begriffen, die die Sichtbarkeit von Versteinerungen an den Tag bringen und neue Möglichkeiten der Wahl eröffnen.

Solange die Gesellschaft Sesshaftigkeit als einzig denkbare Grundlage ihres Funktionierens begreift, erscheinen die Neuen Armen nur als ordnungsgefährdend, als Schmarotzer, als das unerträglich Andere. Wie kommt es, dass vom „Ort der Sesshaftigkeit" ein so entschieden einseitiger Einspruch gegen „Nomadismus" ergeht? Stillschweigender Konsens in einseitiger Richtung? Würde dieses Einspruchsrecht aufgeklärt, welches Verhaftetsein des Blicks käme zum Vorschein? Die Gründe für die einseitige Verurteilung liegen auf der Hand: Gefährdet sind die noch bestehenden, wenn auch labilen Bedingungen für alle Arten gesellschaftlicher Ordnungen, von deren Aufrechterhaltung unser Gefühl von Sicherheit und Wohlbefinden abhängt.

Da jedoch die – sichtbare und unsichtbare – Realität in den Städten auf dem besten Weg ist, diese Bedingungen immer mehr und heftiger, offen und versteckt anzugreifen und ins Wanken zu bringen, scheint es – unter herrschenden Mustern von Abwehr-Reaktionen bei Gefahr – verständlich und ist trotzdem nicht einzusehen, warum die einzige Antwort auf sich verändernde gesellschaftliche Verhältnisse die um so verbissenere Verteidigung des bislang Gültigen sein soll.

Schon jetzt ist Realität, dass Biographien sich radikal und abrupt verändern, Berufe innerhalb der Lebenszeit verschwinden und neue auftauchen, dass Anstellungen immer öfter kurzfristige sind oder in Teilzeitjobs umgewandelt werden, dass selbst überlebende Berufe sich so sehr verändern, dass ständige Weiterbildung oder Umbildung unerlässlich sein wird. Ebenso, dass schwankende Einkommen, sich verändernde Familienbeziehungen, andere Zusammensetzungen von Arbeit, Ausbildung und Freizeit das Leben mehrfach neu ausrichten werden. Tatsache ist auch, dass eine nun nicht mehr wie bislang in den Ländern der Dritten Welt verortete Masse von Armen und Ausgeschlossenen entsteht, eine zunehmende Zahl von Menschen, die auch hier vorübergehend oder für immer aus dem gesellschaftlichen Leben herausgeworfen werden, die sich – Ergebnis der so funktionierenden Gesellschaft – weder durch Abschiebestrategien und gewalttätige Inszenierungen noch durch Resozialisierungstherapien oder -zwänge noch durch das Warten auf bessere

Zeiten oder „Wunder" von selbst zum Verschwinden bringen lassen.

Die Bedingungen gesellschaftlicher Ordnungen müssten anders formuliert werden. Was als Gefährdungspotential erscheint, muss als gesellschaftliches Potential gesehen, Teil einer umzuschreibenden Idee von Ordnung und deren Funktionieren als Lebensform werden. „Nicht in jedem Augenblick", sagt Otfried Höffe in den erwähnten „Thesen", „aber auf Dauer darf sich die Gesellschaft nicht bloss kollektiv, sie muss sich distributiv: für jeden einzelnen, lohnen."[41]

Dass der durch die gesellschaftliche Realität erzwungene Wechsel der Lebensformen unsere künftige Existenz charakterisieren wird, ist abzusehen. Ist es unter diesen Umständen nicht vernünftig, sich eine andere mögliche Stadt, andere Lebensstile auszudenken? Eine lebende und lebendige Stadt, die den Menschen ihrer existentiellen Situation entsprechend unterschiedlichste Formen des „Sich-Einstöpselns" bieten kann? Die sich zur Aufgabe macht, das Verhältnis von privatem und öffentlichem Raum weit gefächert und differenziert neu zu entwerfen?

„Die Zeit der Utopien ist vergangen – zugleich scheint damit unsere soziale Phantasie erschöpft. Dabei wäre nichts dringender als ein Nachdenken darüber, wie eine Gesellschaft der Zukunft aussehen kann, deren Wertekern nicht die traditionelle Erwerbsarbeit ist. Lebensläufe zeichnen sich ab, in denen Perioden der Beschäftigung mit gleich langen Zeiten der Musse sich abwechseln; vielleicht werden wir in Zukunft den Willen zum Nichtstun ebenso hoch prämieren müssen wie die Bereitschaft zur Arbeit."[42]

Anmerkungen

[1] Der Spiegel 48/1995

[2] So sei das „Niederlassen zum Verzehr alkoholischer Getränke ausserhalb zugelassener Freischankflächen" einfach zur unerlaubten Sondernutzung erklärt und deren Durchsetzung mit dem sogenannten Verbringungsgewahrsam ermöglicht worden. Das Abschieben von Menschen in die Unsichtbarkeit und das Programm „Saubere Stadt" gehen auf diese Weise Hand in Hand. Die Frankfurter „Lobby für Wohnsitzlose und Arme" habe der Oberbürgermeisterin, Petra Roth (CDU), den Vorwurf der permanenten „Freiheitsberaubung" gemacht, ohne dass darauf irgendeine Reaktion erfolgt sei.

[3] Tages-Anzeiger, 18. August 1995

[4] die tageszeitung, 19. Dezember 1995

[5] Das Magazin, Nr. 49/1995

[6] Arendt, Hannah, Vita activa oder Vom tätigen Leben, 1958/1981

[7] Neue Zürcher Zeitung, 20./21. Mai 1995

[8] Xtime, Nr. 2, Juni 1995

[9] Nordmann, Ingeborg, Hannah Arendt, Frankfurt am Main/New York 1994

[10] Foucault, Michel, Überwachen und Strafen, Frankfurt am Main 1976

[11] Die in Francesca Molos Film „Obdachlos in europäischen Metropolen", aus dem die genannten Zahlen von 1994 stammen, geschilderten Einzelschicksale zeigen eindringlich, dass das Allerschlimmste in dieser Situation ist, keinen privaten Ort zu haben, und sei er noch so primitiv, klein oder unbequem. Selbst einen langen Eisenbahnwagensitz den Winter über sein eigen nennen zu können, bedeutet einem ehemaligen Pariser Programmierer Überleben, physisch, wichtiger aber noch, psychisch.

[12] Le Monde diplomatique, Nr. 6, Oktober 1995

[13] Vgl. dazu auch das in Le Monde, 28. Juni 1995, erschienene Manifest „Chômage: appel au débat"

[14] Xtime, Nr. 2, Juni 1995

[15] die tageszeitung, 12. Dezember 1995

[16] Madame, Juni 1995

[17] Rifkin, Jeremy, Das Ende der Arbeit und ihre Zukunft, Frankfurt am Main/New York 1995
[18] Der Spiegel 42/1995
[19] Süddeutsche Zeitung, Nr. 155, 1995
[20] Das Büro der Zukunft: That's it, Tages-Anzeiger, 7. Dezember 1995
[21] die tageszeitung, 8. August 1995
[22] Ebda.
[23] Vgl. Anm. 6
[24] Neue Zürcher Zeitung, 15./16. Juli 1995
[25] Vgl. Anm. 17
[26] Tages-Anzeiger, 3. Mai 1995
[27] Bauwelt, Nr. 14, 1996
[28] Tagblatt der Stadt Zürich, 3. August 1995
[29] Neue Armut – Strategien und Massnahmen, Sozialberichterstattung '95, hrsg. vom Sozialamt der Stadt Zürich, Zürich 1995
[30] Foucault, Michel, Andere Räume, in: Aisthesis. Wahrnehmung heute oder Perspektiven einer anderen Ästhetik, Leipzig 1990
[31] Sanfte Räumung nicht ausgeschlossen, in: die tageszeitung, 12. Dezember 1995
[32] Lydia Perréal, Obdachlose, in: Das Magazin, 49/1995
[33] Vgl. Anm. 29
[34] Welsch, Wolfgang, Ästhetisches Denken, Stuttgart 1990
[35] Beilage „Planen, Bauen, Wohnen", 3. November 1995
[36] Der Spiegel 40/1995
[37] die tageszeitung, 19. Oktober 1995
[38] Tages-Anzeiger, 4. April 1996
[39] Der Spiegel 42/1995
[40] Die WochenZeitung (WoZ), Nr. 40, 1995
[41] Vgl. Anm. 7
[42] Lepenies, Wolf, zitiert nach Jacques Ittensohns Beitrag „Ist Arbeit wirklich der Güter höchstes?", in: Neue Zürcher Zeitung, 15./16. Juli 1995

Robert Lopez

Neue soziale Apartheid

Festungsstädte nur für Reiche

In aller Stille und gut geschützt vor indiskreten Blicken, beginnt sich weltweit ein neues Modell städtebaulicher Apartheid durchzusetzen. Im Norden wie im Süden, von Los Angeles bis Johannesburg, von Rio de Janeiro bis Lagos, wachsen in sicherem Abstand zu ungelösten gesellschaftlichen Konflikten neue Städte oder Stadtteile heran, die von Reichen bewohnt und von bewaffneten Milizen bewacht werden. In diesen „privatisierten" Bezirken, die eine Welt für sich bilden und zu denen Unbefugte keinen Zutritt haben, gehen Millionen von Privilegierten ihren Geschäften nach – abgeschirmt von der Gewalt, dem Elend und der Not, die jenseits ihrer hohen Mauern zum alltäglichen Leben der Menschen gehören.

Wie will man eine glaubwürdige Diskussion über soziale Spannungen und den Kampf gegen die soziale Ungleichheit führen, wenn durch diese Teilung der urbanen Landschaft das Bestehen antagonistischer Gruppen, die einander fürchten, beargwöhnen und ignorieren, ein für allemal festgeschrieben wird?

In Waterford Crest, unweit von Los Angeles, schwärmen die Einwohner von ihrem Blick auf die Berge, den niemand ihnen wird verbauen können, und von ihren vorbildlich gepflegten Golfplätzen. Ihre grosszügig angelegten Häuser mit Swimmingpool und einer Garage, in die bequem drei Autos passen, verkörpern den Traum fast jedes Amerikaners. Was die Einwohner aber vor allem schätzen, sind die Wächter und die Schranken an den Zufahrtsstrassen, die sie vor der Aussenwelt schützen.

Denn ein Fremder wird es kaum wagen, die Alleen dieser kleinen Stadt in der Stadt zu betreten. Hier ist alles streng privat, und die uniformierten Sicherheitskräfte, die das ganze Viertel mit Videokameras überwachen und ständig über Walkie-Talkies miteinander quatschen, würden den Eindringling sofort einer Leibesvisitation unterziehen.

Fast vier Millionen Amerikaner, hauptsächlich weisser Hautfarbe und konservativer Gesinnung, leben bereits in solchen geschlossenen Wohnwelten, in denen drakonische Vorschriften herrschen. Die Strassen sind privat, die Schulen sind privat, die Polizei ist privat, die Kanalisation ist auch privat.

Und während in Washington vor allem die Republikaner alle Reglementierungen abschaffen wollen, die der Freiheit des Individuums hinderlich sein könnten, wuchert in diesen Enklaven, die den öffentlichen Raum aushöhlen, ein Dschungel von Vorschriften über alles und jedes: die Farbe der Hauswände, die Schnitthöhe des Rasens, das Verbot von Fahnenstangen und Wäscheleinen, die Bepflanzung der Vorgärten.

Solche künstlichen „communities" finden sich allmählich überall in den Vereinigten Staaten, im Umland von Seattle und Los Angeles wie in den Vororten von Dallas, Phoenix, Washington und Miami.[1] Sie werden von Eigentümergemeinschaften verwaltet, die de facto auf ihrem Gebiet Regierungsgewalt ausüben und Steuern erheben, mit denen die Sicherheitsvorkehrungen und Grünanlagen finanziert werden. Besonders zahlreich sind diese Gemeinden bislang in Kalifornien und Florida, aber selbst Minnesota – der einzige Staat, der

1984 nicht für den wiedergewählten Präsidenten Reagan stimmte – hat mittlerweile seine Festungsstadt. Ein deutliches Zeichen dafür, dass sich in den USA eine Apartheid der Wohnverteilung ausbreitet.[2]

Waterford Crest hat das Versprechen seiner Marketingkampagne eingelöst: „eine perfektere Welt". Die Privatstadt liegt in der reichen Region des Orange County, einer Hochburg der republikanischen Rechten und Wiege des Reaganismus. Sie ist eine der siebzehn privaten Kommunen von Dove Canyon – Refugium in einer Region, in der die Angst vor dem Verbrechen hysterische Ausmasse angenommen hat.[3] Ein Drittel aller Wohnkomplexe, die in den letzten fünf Jahren in Südkalifornien gebaut wurden, ist eingezäunt und wird privat verwaltet. Nach Bruce Sternberg, einem Mitglied des US-amerikanischen Architektenverbands, „ist die Militarisierung des Raumes nirgends so weit fortgeschritten wie in Los Angeles und Umgebung. Das ist eine der entscheidenden Entwicklungen der letzten Zeit."

Viele Stadtplaner verweisen auf die negativen sozialen Folgen dieser Privatisierung des städtischen Umfeldes in einer Zeit, da die Staaten und Gemeinden kaum noch die Unterhaltskosten für öffentliche Anlagen und Gebäude aufbringen können. Die neu entstehenden Enklaven trennen Besitzende von Besitzlosen und verschärfen so die Balkanisierung eines Landes, das ohnehin unter ethnischer und sozialer Zerrissenheit leidet. Mike Davis, Autor eines Standardwerks über die urbane Umstrukturierung und die Festungsbezirke[4], fürchtet überdies, dass „die Demokratie des öffentlichen Raums zerstört wird: So fängt es an, und in absehbarer Zeit hört die Stadt auf, als Stadt zu existieren."[5]

An der Verfassung vorbei, die jede Form von Diskriminierung verbietet, fördern die privaten „communities" die Entstehung ethnisch und sozial homogener Wohnbezirke.[6] Die bestehenden und in Planung befindlichen „Zaunstädte" führen zu ständigen Konflikten zwischen öffentlichen und privaten Stadtbezirken, oft auch zu kostspieligen Prozessen, in denen die Legalität dieser Entwicklung angefochten wird.

Luxus der Sicherheit

Doch viele Hausbesitzer ziehen – aus Angst vor Kriminalität und weil sie dem Schutz des Staates nicht vertrauen – in einen Wohnkomplex wie Waterford Crest. Die Maklerin Kim Cavin strahlt: „Ständig kommen neue Kunden. Die Zahl der Verkaufsabschlüsse steigt rapide."

Vor kurzem wurden 65 Gruppen potentieller Käufer an einem einzigen Nachmittag durch Waterford Crest geschleust, um Wohnungen zu besichtigen, die zwischen 221'000 und 266'000 Dollar kosten. Was sie sahen, ähnelt kaum mehr den Pensionärsreservaten in Arizona oder Florida: Die meisten Eigentümer sind unter fünfzig und im allgemeinen mittlere oder höhere Angestellte, die über 60'000 Dollar pro Jahr verdienen. Oft geben die Kaufinteressenten zu, dass sie durch die Werbekampagne von Waterford Crest angelockt wurden, in der die komfortable Ausstattung, die Sicherheitspatrouillen und die ländliche Umgebung angepriesen werden.

Darlene Matthey, eine knapp sechzigjährige Hausfrau, lebt seit mehr als dreissig Jahren in Anaheim, bekannt durch das dort gelegene Disneyland. Sie hat sich Waterford Crest angesehen: Sie und ihr Mann wollen Anaheim verlassen, das sich für ihren Geschmack zu sehr verändert hat, seit in den letzten zehn Jahren zahlreiche lateinamerikanische Einwanderer zugezogen sind, die jetzt das Stadtbild prägen. Auch die Kriminalitätsrate ist gestiegen, und die Zahl der Gangs hat sich vervielfacht.

Jeremy Toller, Leiter einer Bank, lebt seit einem Jahr in Waterford Crest. Auch wenn er jetzt mehr Zeit auf den verstopften Autobahnen zubringen muss, um zur Arbeit zu kommen, bedauert er keineswegs, dass er umgezogen ist. Der Blick auf die Berge, die ruhigen Strassen und das Gefühl der Sicherheit entschädigen ihn für die längere Fahrtzeit: „Hier können meine Kinder aufwachsen, ohne dass ich mir über Verbrechen oder Drogen den Kopf zerbrechen müsste." Insgesamt leben fast 2000 Menschen in den 1350 Wohneinheiten von Waterford Crest.

Wie die sechzehn anderen privaten Enklaven von Dove Canyon wurde Waterford Crest auf dem Reissbrett entworfen und von einem Firmenkonsortium hochgezogen. Durch seine Anlage unterscheidet es sich grundlegend von den meisten anderen US-amerikanischen Städten. Hier gibt es kein buntes Durcheinander von Wohnvierteln, Einkaufszonen, Parks und Gemeinschaftseinrichtungen, die notdürftig durch ein Strassen- und Verkehrsnetz verknüpft sind, sondern fast alles wurde von Stadtplanern minutiös vorausberechnet. Die Privatstädte sind kompakte, einheitliche Blöcke, gut zu verteidigen wie mittelalterliche Festungen, zugleich aber modern wie ein High-Tech-Zentrum.

Den Einwohnern von Waterford Crest stehen eine Schwimmhalle mit Sauna und Whirlpool zur Verfügung, ein Fest- beziehungsweise Versammlungssaal, dazu zwei Wegsysteme rund um den ganzen Komplex, von denen eines für Spaziergänger und Jogger und das andere für Reiter gedacht ist. Das Sicherheitssystem ist in allen siebzehn Kommunen von Dove Canyon dasselbe: ein bewachtes Eingangsportal und ein imposanter Stahlzaun, der das etwa zehn Quadratkilometer grosse Gelände schützt.

„Es gibt nur einen Weg, um rein oder raus zu kommen", erklärt uns stolz einer der Vertriebsagenten von Waterford

Crest. Nach dem Kauf erhalten die neuen Eigentümer und ihre Familienmitglieder eine Plastikkarte, auf der ihr Computercode gespeichert ist. Wenn sie diese Karte in den Automaten am Eingang stecken, öffnet sich das Gitter. Eine Vignette, die hinter die Windschutzscheibe geklebt wird, erlaubt es den Bewohnern, ihr Auto in Waterford Crest zu parken, ohne dass es sofort von den Sicherheitskräften abgeschleppt wird.

Kommt ein Besucher, notieren sich die Wächter, die rund um die Uhr im Einsatz sind, seinen Namen und seine Autonummer. Danach erkundigen sie sich telefonisch, ob der Besucher auch tatsächlich erwartet wird. Die Sicherheitspatrouillen innerhalb des Geländes stehen mit den Posten am Eingang in ständigem Kontakt. Notfalls wird auch die örtliche Polizei hinzugerufen.

Dove Canyon wird von einer Eigentümergemeinschaft verwaltet. Sie achtet darauf, dass die Vorschriften eingehalten werden, die zum Beispiel verlangen, dass man sich mit den zuständigen Architekten abspricht, ehe man sein Haus neu streicht oder neue Bäume im Garten pflanzt. In Waterford Crest zahlt jeder Eigentümer monatlich 149 Dollar, um die Gemeinschaftseinrichtungen in Schuss zu halten. Die Wahl des Verwaltungsrats kommt so zustande: Jede der siebzehn Kommunen von Dove Canyon wählt einen Delegierten, und diese wählen ihrerseits, für die Dauer von zwei Jahren, die fünf Mitglieder des Rats. Und nicht selten klagen die Bewohner dieser Enklaven darüber, dass sie noch Steuern an einen Staat oder ein County entrichten müssen, deren Probleme – und Ausgaben – sie nichts mehr angehen.

Einige private Kommunen haben den Kontakt zu den örtlichen Behörden abgebrochen und sich für unabhängig erklärt. Das gilt etwa für Canyon Lake, das in der Nähe von Palm Springs in Südkalifornien liegt. Mit seinen 13'000 Einwohnern ist Canyon Lake eine der grössten Privatstädte des Landes. Nur die Bewohner und ihre Gäste haben hier Zugang zu den Strassen, zum Park und zum See.

Und doch steht keineswegs fest, dass die abgeschirmten Kommunen sicherer sind als die anderen. Deborah Murphy, die Leiterin der Stadtentwicklungskommission des US-amerikanischen Architektenverbands, betont, dass es „die Bewohner sind, die für die Sicherheit sorgen, nicht die Zäune. Statt neue zu errichten, sollten wir lieber versuchen, die soziale Kommunikation zu verbessern." Die Jugendkriminalität etwa setzt sich mühelos über die Stahlzäune hinweg: Dieser Feind lässt sich nicht ausgrenzen.

Vor ein paar Jahren ging folgender Fall durch die Presse: Die Besitzer herrschaftlicher Häuser auf den Höhen Hollywoods sperrten – mit Zustimmung des Stadtrats von Los Angeles – ihr Luxusviertel Whitley Heights ab, um mögliche Eindringlinge fernzuhalten und den herrlichen Blick auf Los Angeles ungestört zu geniessen. Aber die Bewohner der Nachbarviertel, die jetzt einige öffentliche Strassen nicht mehr benutzen konnten, zogen gegen die Separatisten juristisch zu Felde. 1994 entschied ein Berufungsgericht zugunsten der Kläger; es sprach von einer „Rückkehr zum Feudalismus" und verpflichtete die Eigentümer der Villen von Whitley Heights, die Sperren zu entfernen und die Prozesskosten zu tragen.[7]

Ein ähnlicher Rechtsstreit spaltet die Einwohner der reichen Gemeinde Laguna Nigel an der kalifornischen Küste in zwei Lager. 250 Besitzer von Hügelgrundstücken wollen ihr Viertel einzäunen und Streifenposten einstellen. Sie weisen darauf hin, dass der Wert ihrer Häuser (zwischen 350'000 und 555'000 Dollar) mit der Einrichtung dieses Schutzsystems merklich steigen würde. So argumentiert jedenfalls Gary

Moorhead, Anwalt und Mitglied ihrer Interessenvereinigung: „Auf dem Immobilienmarkt müssen sie mit geschützten Vierteln konkurrieren, die ganz in der Nähe liegen; die Preise dort sind sehr viel höher, und das liegt vor allem an den Zäunen."[8]

Was den Sicherheitsfanatikern Probleme macht, ist ein kleiner Park, in dem sich ein Kinderspielplatz befindet. Da dieser Park dem County gehört, haben die Bewohner des Nachbarviertels gerichtlich gegen die geplante Sicherheitszone geklagt, die auf eine Beschlagnahme öffentlichen Eigentums hinauslaufe. Sie können sich nicht mit dem Gedanken abfinden, dass „eine private Wachmannschaft die Benutzung einer öffentlichen Einrichtung kontrolliert: Jedem steht es frei, sein Eigentum zu schützen, doch es geht nicht an, dass der Zugang zu einer öffentlichen Einrichtung blockiert wird." Die Sache ist noch nicht endgültig entschieden.

Amerikanische Stadtplaner sagen voraus, dass die Zahl der privaten Kommunen sprunghaft ansteigen wird. So will Disney in Florida die grösste Privatstadt der USA errichten, mit 8000 Wohneinheiten für fast 20'000 Bewohner.[9] Die Stadt, nicht weit von Disneyworld gelegen, soll „Celebration" heissen.

Anmerkungen

[1] Vgl. Egan, Timothy, The Serene Fortress, in: The New York Times, 3. September 1995

[2] Vgl. Halimi, Serge, L'université de Chicago, un petit coin de paradis bien protégé, in: Le Monde diplomatique, April 1994; und Massey, Douglas, Regards sur l'apartheid américain, Le Monde diplomatique, Februar 1995

[3] Siehe Lopez, Robert, Délires d'autodéfense à Los Angeles, in: Le Monde diplomatique, Mai 1994

[4] Davis, Mike, City of Quartz. Ausgrabungen der Zukunft in Los Angeles und neuere Aufsätze, Berlin 1994
[5] Los Angeles Times, 2. Februar 1995
[6] The New York Times, 3. September 1995
[7] Los Angeles Times, 6. April 1995
[8] Los Angeles Times, 29. September 1995
[9] Time, 4. Dezember 1995

David Graham Shane

1988: Homeless-Vehicle-Projekt I

Ein Wohnmobil für Obdachlose in New York

Den Fremden erschreckt die grosse Zahl von Bettlern und Obdachlosen in den Strassen New Yorks. Man schätzt, dass 1988 etwa 70'000 Menschen (die Einwohnerzahl einer kleineren amerikanischen Stadt) den Winter über auf der Strasse lebten. Temperaturen unter Null lichten in dieser harten Jahreszeit die Reihen der Obdachlosen und treiben sie aus ihren Hütten auf leeren Grundstücken in die U-Bahn-Stationen. Sonntag morgens, wenn Pendler und Polizei zu Hause bleiben und man ausschlafen kann, sind die Böden der U-Bahn-Zugänge und -Hallen oft vollständig mit schlafenden Menschen bedeckt (die „Metropolitan Transit Authority" ändert ihre Betriebsvorschriften, um diese zweckentfremdete Nutzung von U-Bahn-Anlagen zu unterbinden). Ein Ausschuss des Kongresses hat nachgewiesen, dass das „Department of Housing and Urban Development" in den achtziger Jahren Millionen von Dollar, die für den Bau subventionierter Wohnungen bestimmt waren, in private Spekulationsobjekte gesteckt und dafür von Leuten mit einflussreichen Verwandten, so etwa von einem New Yorker Parlamentarier und seiner Familie, Schmiergelder kassiert hat.

Der Anblick auf der Strasse lebender Menschen lässt uns an die Länder der Dritten Welt, an Kalkutta oder Bombay denken, und nicht an eine der höchstentwickelten kapitalistischen Nationen, eine Weltmacht im Bereich der Technologie, eine führende Nation im Wettlauf um die Eroberung des Weltraums. Es fällt Europäern aus Ländern mit effizientem Sozialwesen schwer, sich die Realität des New Yorker Strassenlebens vorzustellen. Dabei verfügt New York aus seiner liberalen Zeit über einen grösseren Bestand an Sozialwohnungen als irgendeine Stadt in den Vereinigten Staaten, und dies bei stagnierender Einwohnerzahl. Und in akademischen Kreisen wurden Untersuchungen über günstigen Wohnraum für die einkommensschwachen Bevölkerungsschichten und über Flachbausiedlungen mit hoher Wohndichte angestellt[1]. Doch das Sozialwesen, das für die Umsetzung dieser Arbeiten nötig wäre, ist im Laufe der achtziger Jahre beinahe vollständig ausgehöhlt worden. Luxuswohnungen hatten in dieser Zeit eindeutig Vorrang. Internationale Investitionen, Steuererleichterungen und investitionsfördernde Bauzonenpläne haben dazu geführt, dass heute in der Innenstadt ein massives Überangebot an luxuriösen Ein-Zimmer-Hochhaus-Appartements zu Preisen um 200'000 Dollar besteht, während obdachlose Menschen in Kartonschachteln auf der Strasse übernachten.

Das Wohnmobil für Obdachlose von Wodiczko und Luria ist auf die Bedürfnisse vagabundierender Obdachloser zugeschnitten, die vom Pfand gesammelter Büchsen und Flaschen leben. Inspiriert von den improvisierten Einkaufswagen, Kinderwagen und kleinen Postwagen der Pfandjäger, entwickelten die Initianten des Projekts mit deren Hilfe und Rat den Prototyp eines Wohnmobils. Wodiczko behandelte die Obdachlosen als Zielpublikum für sein Produkt und parodierte damit die Arbeit der Marktforschungsinstitute. Er und seine Mitarbeiter versuchten, die Bedürfnisse der Obdachlosen auf eine Art darzustellen, die dem Denken der Konsumgesellschaft entspricht.

Das Gefährt verfügt über grosse Abteile zum Lagern wiederverwertbarer Büchsen und Flaschen, die wegen ihres Pfand-

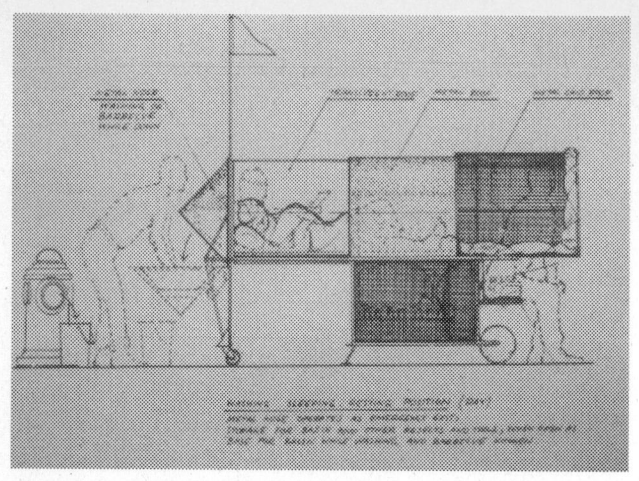

Skizze des Wohnmobils für Obdachlose von Wodiczko und Luria: neue Perspektiven für die Zukunft der Innenstadt

werts gesammelt werden. Es kann auch als Schlafplatz dienen. Sein Verdeck ist durchsichtig, was den Schläfer davor schützen soll, mitsamt seinem Karren im Müllwagen zu landen (ein Schicksal, das von Obdachlosen, die oft zwischen Mülleimern auf der Strasse übernachten, gefürchtet wird). Ein an einer langen Stange befestigter Wimpel soll die Sichtbarkeit im Verkehr erhöhen. Zudem verfügt das Gefährt über eine ausklappbare Sitzgelegenheit zum Ausruhen und über ein kleines herunterklappbares Waschbecken für die tägliche Hygiene. Es besteht auch die Möglichkeit, das Gefährt mit einer chemischen Toilette auszurüsten und mit Vorhängen zu versehen, um den Bewohner vor neugierigen Blicken zu schützen. Das Mobil wird über eine Steckdose am Fuss einer Strassenlampe mit Strom versorgt. Mit einem Blinklicht kann so nachts seine Position auf dem Trottoir signalisiert werden.

Man kann sich natürlich auch andere, einfachere Projekte vorstellen, mit denen Obdachlosen geholfen werden könnte. Dank der Arbeit wohltätiger Stiftungen, Kirchen und Synagogen gibt es heute in Manhattan 3000 Suppenküchen, während es in der Zeit vor Reagan nur 300 gab. Zum Teil werden auch Nahrungsmittel aus staatlichen Vorräten ausgegeben. Einige der privaten Wohlfahrtsgesellschaften unterhalten zudem Notunterkünfte. In Cincinnati wurde den Obdachlosen Lagerraum für ihre Habe sowie ein Badehaus zur Verfügung gestellt. Im Badehaus richtete man ein Postlager ein, damit Leute ohne festen Wohnsitz Post und damit auch ihre Wahlunterlagen empfangen können. Dies erlaubt ihnen, ihre Rechte als Staatsbürger wahrzunehmen, sowie die ihnen zustehende Sozialhilfe zu beziehen. In Atlanta konstruierten die „Madhousers", eine Gruppe von Künstlern, Schreinern und Bauarbeitern, Hütten in Modulbauweise, die sie auf Lieferwagen luden und nachts als Notbehausungen unter Highway-Kreuzungen und auf leeren Grundstücken zusammenbauten. Ein Architekt in San Francisco entwarf ein kistengrosses Hausbau-Set für Obdachlose, das seriengemäss hergestellt werden könnte (vgl. den Beitrag von Hans Spindler, S. 107 ff).

Hintergründe des Projekts

Das Homeless-Vehicle-Projekt entstand im Umfeld jener Gruppe von Künstlern, die am „Homeless-Vacant-Lots"-Wettbewerb und am „Homeless"-Projekt beteiligt waren. In einer von Glenn Weiss und der „Storefront"-Galerie 1985 in New York organisierten Aktion besprayten 120 Künstlerinnen und Künstler überall in New York die Trottoirs mit Bildern von Obdachlosen. Das Projekt bewirkte, dass die Medien sich erstmals mit dem Obdachlosenproblem auseinandersetzten. In der Galerie wurde zudem eine Ausstellung veranstaltet. Die vorgestellten Arbeiten reichten von riesigen utopischen Siedlungsprojekten über Projekte zum Bau von Notunterkünften auf leerstehenden Grundstücken in der City bis zu den Arbeiten von Conrad Levenson. Es wurden auch frühere Entwürfe des Homeless Vehicle gezeigt. Die Fachpresse berichtete über die Ausstellung, und das „National Endowment for the Arts" stellte Geld für ein Buch über die Ausstellung zur Verfügung. Ein Projekt von Peter Phau und Wesley Jones befasste sich mit der Möglichkeit, in einem Metallrahmen gestapelte Autokarosserien als Notunterkünfte zu nutzen, was einer gängigen Praxis entspricht, hausen Obdachlose doch häufig in herrenlosen Autos in den Strassen New Yorks. Im Fernsehen wurde sogar ein Bericht über weisse obdachlose Familien aus dem Mittelstand gezeigt, die nach dem Zerfall der Ölpreise in Texas in ihren auf Autobahnauffahrten abgestellten Autos lebten.

Das Wohnmobil für Obdachlose entstand im Rahmen einer schillernden Vielfalt von Veranstaltungen, die vom Strassentheater über Theatervorstellungen und Werbekampagnen bis hin zu Bauprojekten und Ausstellungen reichten. Hauptziel dieser Aktionen war es, eine neue Art von Strassenleben zu propagieren und damit gegen die Tyrannisierung der Obdachlosen durch den Verwaltungsapparat zu protestieren. Weiss' Arbeit für die Obdachlosen – darunter auch seine Vision von einem besseren Strassenleben, die er als Theatervorführung mit dem Titel „Home Street Home" inszenierte – fand 1989 beim „Young Architects Forum" der „New York Architectural League" Beachtung. Auch das Homeless-Vehicle-Projekt entwarf ein Bild von einer anderen Form von Strassenleben. Das Konzept sah auch die Unterstützung der Strassenbewohner durch die Bereitstellung einer entsprechenden Infrastruktur für sie und ihre Wohnmobile vor: eine Hilfe bis zur wirksamen Bekämpfung der eigentlichen Ursachen ihrer Notlage.

Wie schon Mike Webbs „Cushicle" oder die „Suitaloon"-Projekte von „Archigram"[2] in den späten sechziger Jahren basiert auch das Projekt von Wodiczko auf einem Konzept der menschlichen Behausung, dessen wichtigste Merkmale Mobilität und Beschränkung auf das Wesentliche sind. Im Weltdorf des Informationszeitalters reduziert sich das Heim auf ein paar geliebte Habseligkeiten. Webbs „Cushicle" erinnert an Raumfahrtkapseln, Wodiczkos Wohnmobil an die Mondfahrzeuge der Astronauten; beide sind in einem gewissen Sinne Nebenprodukte des menschlichen Strebens nach Eroberung des Weltraums. Im Low-Tech-Strassenleben der Obdachlosen gewinnt das modische Konzept einer wurzellosen Informationsgesellschaft erschreckende Dimensionen. Die Menschen auf der Strasse leben am Rande einer Zukunft, die uns allen bevorsteht. Es fällt nicht allzu schwer, sich den arbeitslosen Beamten der Zukunft vorzustellen. Seines Büros, Einfamilienhauses und Wagens beraubt, verwandelt er das Obdachlosenmobil in ein perfektes Strassenbüro mit Cocktailbar, TV, portablem Fax und Mobiltelefon – alles aus einer ausgedienten Firmenlimousine ausgebaut.

Doch Wodiczkos Projekt macht hier noch nicht halt. Es beruht auf der Erkenntnis, dass die Situation der Obdachlosen in New York nicht zuletzt auch eine Folge eben dieser Mobilität ist. Dass es trotzdem auf Mobilität setzt, ist ein Zugeständnis an die Macht des Automobils. Seit dem Zweiten Weltkrieg ist ein Drittel der amerikanischen Bevölkerung im Rahmen eines grossangelegten staatlichen Siedlungsprogramms in Vorstadthäuschen umgesiedelt worden. Mit den Menschen sind auch die Arbeitsplätze aus der Innenstadt verschwunden, staatlich subventionierte Highways ebnen den Weg in die

Vororte. Amerikanische Vorstadtfamilien sind ans Umziehen gewöhnt. Sie wechseln im Schnitt alle sieben Jahre den Wohnort, folgen den Arbeitsplätzen und Karrieremöglichkeiten von Vorort zu Vorort und von Region zu Region. Zwei Drittel aller Amerikaner leben auf dem Land, in einer Kleinstadt oder in einer Vorortsiedlung. Damit wird das verbleibende Drittel der Stadtbewohner zu einer vernachlässigten nationalen Minderheit in bezug auf Arbeitsmöglichkeiten, Wohnen, Politik und Berichterstattung in den Medien. Diese Minderheit besteht zudem weitgehend aus ohnehin diskriminierten ethnischen Gruppen und Armen.

Stadtbehörde und Vagabondage

Die Haltung der Stadtbehörde gegenüber der nomadischen Lebensform und der ungleichmässigen Verteilung von Besitz muss als repressiv bezeichnet werden. Die Stadtregierung würde es vorziehen, wenn die „Problemfälle" sesshaft würden und damit entweder verschwänden oder besteuert werden könnten. (Die Stadt besteuert jeden, der in New York arbeitet, unabhängig davon, wo er zu Hause ist.) Der Bürgermeister rät seinen Bürgerinnen und Bürgern ausdrücklich davon ab, den Obdachlosen Geld zu geben. Er meint, sie sollten besser ihre Sozialhilfe beziehen. Er reagierte auch verärgert, als Obdachlose vor dem Rathaus eine Barackensiedlung aufbauten und die Medien zu einer Informationsveranstaltung einluden. Als die Polizei ein Hüttendorf auf dem Thompson Square in der Lower East Side abreissen wollte, leisteten die Bewohnerinnen und Bewohner Widerstand. Das brutale Vorgehen der Polizei wurde von einem Medienschaffenden gefilmt, von dessen Wohnung aus man den Platz sehen konnte.

Vor kurzem verlor die Stadt einen Prozess gegen eine obdachlose alte Dame (ehemals Bewohnerin eines infolge staatlicher Kürzungen geschlossenen Sozialheimes), die man für geisteskrank erklären wollte, weil sie trotz des kalten Wetters die Strasse dem städtischen Obdachlosenheim vorgezogen hatte. Die Frau gab an, die Heime aus Furcht vor Gewalt, Verwahrlosung und Diebstahl gemieden zu haben. In einem anderen Fall liess sich das Gericht durch das Plädoyer eines Offizialverteidigers davon überzeugen, dass auch Obdachlose ein Recht auf Anwendung der ortsüblichen Mieterschutzbestimmungen hätten. Man hatte seinen Mandanten, der lange in einem kirchlichen Obdachlosenheim in Brooklyn gewohnt hatte, auf die Strasse setzen wollen. Solche Prozesse machen Mieteranwälte weder bei den Unternehmern noch beim organisierten Verbrechen besonders beliebt. Obdachlose können nicht mehr ohne plausible Gründe und ordentliches Gerichtsverfahren auf die Strasse gesetzt werden. Dies erschwert ihre Unterbringung zusätzlich und hat auch zur Schliessung von Notunterkünften beigetragen. Viele der über die ganze Stadt verteilten Billigpensionen, einst klassische Armenrefugien und oft in erbärmlichem Zustand, wurden auf Initiative der Stadt ebenfalls geschlossen.

Als Reaktion auf die Kampagne der Künstler im Jahre 1985 startete die City eine Gegenkampagne. 1988 stellte sie auf dem Papier 5,1 Milliarden Dollar zur Verfügung, die in einem Zehnjahreskapitalplan für den Bau von 84'000 neuen Wohneinheiten und die Sanierung von 160'000 stadteigenen Wohneinheiten eingesetzt werden sollten. Zudem wurde ein Gesetz erlassen, nach dem Unternehmen, die Luxushochhäuser erstellen, fortan einen gewissen Prozentsatz an Billigwohnungen in der City bereitstellen müssen. Mit dem Erlös aus dem Verkauf von Land für Einfamilienhaussiedlungen in Coney Island hat die Stadt einen umfangreichen Fonds für den Bau von Billigwohnungen eingerichtet. Sie hat zudem Immobilienobligationen herausgegeben, die durch das Einkommen aus „Battery Park City"[3] garantiert werden. Auf diese Weise sollen hier nationale und bundesstaatliche Gelder und Steuererleichterungen für kostengünstigen Wohnraum, die auf legale Weise zur Subventionierung einer Luxus-Enklave missbraucht worden waren, nun indirekt doch noch den Armen zugute kommen.[4]

Ursprünglich sollten diese immensen neuen Geldquellen dazu eingesetzt werden, die Obdachlosen in über die ganze Stadt verteilten Heimen unterzubringen. Doch der Entwurf eines solchen Heimes durch die Architekten Skidmore, Owings und Merrill mit Zellen und Aufsehern überzeugte nicht, und als dann noch Einsprachen aus der Bevölkerung wegen der geplanten Standorte dazukamen, wurde das Projekt aufgegeben. Nun bringt die Stadt Obdachlose, die ihre Billigpensionen und Notunterkünfte verlassen müssen, in sanierten Siedlungen in den Randgebieten der Stadt unter. Ein Beispiel dafür wäre etwa „Crotona Park" in der berüchtigten South Bronx. Hier hat Bürgermeister Koch kurz vor den Vorwahlen 1989 unter viel Medienapplaus eine Siedlung mit 563 Wohnungen für obdachlose und einkommensschwache Familien eröffnet.

Obdachlose in der Armutsfalle

Die Häuser von „Crotona Park" wurden von ihren ehemaligen Besitzern im Zuge der allgemeinen Abwanderung in neue Vorortsiedlungen verlassen. Sie wurden dann von der Stadt als Pfand für ausstehende Grundstückssteuern beschlagnahmt und mit den Geldern aus „Battery Park City" saniert. Hier, in völliger Isolation, inmitten der Trümmer der South Bronx, gibt es ganze Strassenzüge mit provisorisch untergebrachten Obdachlosen. Es mangelt an öffentlichen Verkehrsmitteln, Arbeitsplätzen und Einkaufsmöglichkeiten, die Kinderkrippen sind überfüllt, die Schulen schlecht, Spitäler gibt es keine, andere Dienstleistungen auch kaum, von Erholungsraum ganz zu schweigen. In einem Stadtteil, in dem das durchschnittliche Jahreseinkommen 7200 Dollar beträgt und mehr als die Hälfte der Familien aus alleinerziehenden Müttern und ihren Kindern besteht, lässt der Zuzug von Obdachlosen die durch Abwanderung entstandene klassische Armutsfalle der Innenstadt noch gnadenloser werden, als sie es ohnehin schon war.

Das Risiko, im Gefängnis zu landen oder eines gewaltsamen Todes zu sterben, ist für einen in New York lebenden jungen Schwarzen statistisch gesehen höher als in Südafrika. Bandenkriege, Gewalt, Drogen, Prostitution und Krankheiten wie Aids haben die Angst der Vorstadtbevölkerung vor den Bewohnern der Innenstadt geschürt. Unzählige TV-Shows und Polizeifilme haben aus dieser Angst Kapital geschlagen. Die Medien versäumen es jeweils zu erwähnen, dass diese von Gewalt geprägte Strassenkultur und ihre schillernden Nebenprodukte nicht zuletzt auch dazu dienen, die Bedürfnisse vieler gutbürgerlicher Weisser (des Fernsehpublikums) zu befriedigen, die in den Strassen der Innenstadt die Abwechslung suchen, die ihnen zu Hause und im Büro versagt bleibt.

Das Projekt als Medienphänomen

Die Reaktion der Stadt auf die Aktionen der Künstler bestand in einer repressiven Gegenkampagne. In der Öffentlichkeitsarbeit eingesetzte Bilder können Realität verfälschen oder konstruieren. Sie können sich im Bereich dessen bewegen, was Umberto Eco das „Hyperreale" nennt, ohne die Realität wirklich einzubeziehen. Bei den Strategien und Vorzeigeprojekten der Stadtbehörde ging es, wie auch beim Gefährt selbst, in erster Linie darum, das Medienpublikum anzusprechen, und nicht etwa um echte Lösungen für die Probleme der

Armen (Mangel an Mobilität, Arbeitsplätzen, Ausbildungsmöglichkeiten und Sozialhilfe). In den späten sechziger Jahren, nachdem die Watts-Aufstände in Los Angeles eine landesweite Welle von Ghettoaufständen ausgelöst hatten, organisierte der Stadtrat von Los Angeles einen subventionierten Bus- und Taxidienst, um es den Armen von Watts zu ermöglichen, in den Vororten zur Arbeit zu gehen. Mobilität wurde eingesetzt, um das Problem der Armutsfalle zu entschärfen, das durch Abwanderung in periphere Autostädte entstanden war. In New York gibt es keine derartigen Pläne.

Das Verdienst des Homeless-Vehicle-Projekts besteht vor allem darin, auf die aussichtslose Lage der Obdachlosen in der New Yorker City aufmerksam gemacht zu haben. Durch die Spannung zwischen realem menschlichen Elend und publikumswirksamer Vermittlung gewinnt das Projekt an Dynamik. Dabei stellt Wodiczko die Abscheulichkeit der gegenwärtigen Situation keineswegs in Frage. Vielmehr soll das Projekt „noch deutlicher machen, dass es so etwas nicht geben dürfte". Das Projekt möchte auf ein positiveres Image der Besitz- und Obdachlosen hinwirken und sich damit der Flut von negativen Informationen in den Medien sowie der hysterischen Angst vor dem gewalttätigen Klima in der Innenstadt entgegenstellen.

Die Obdachlosen und ihre vierrädrigen Begleiter sind auf der Flucht: nicht nur vor der gewalttätigen Strassen„kultur" des organisierten Verbrechens, sondern mindestens ebenso sehr vor dem Zusammenbrechen des städtischen Sozialwesens und der medienorientierten Vorstadtgesellschaft, von der sie ausgeschlossen bleiben. Das Gefährt zeigt eine Lösung innerhalb eines örtlich begrenzten, zu Fuss zu bewältigenden Gebietes und stellt das Monopol des Autos als einzige Basis von Mobilität in Frage. Mit diesem Projekt haben die Initianten einen trotz der verzweifelten Lage positiven und optimistischen Ansatz gezeigt. Dem Publikum wurde eine Vision einer neuen Form von Strassenleben vorgestellt, in der die Obdachlosen und ihre Anliegen wahrgenommen und in die Planung einbezogen werden. Wahrhaft neue Perspektiven für die Zukunft der Innenstadt.

Aus dem Amerikanischen von Verena Müdespacher

Anmerkungen

[1] So etwa die vom „New York State Council for the Arts" in *Reweaving the Urban Fabric* veröffentlichten Arbeiten von Ghislaine Hermanuz, Richard Plunz und Martha Gutman (Princeton Architectural Press 1988), die im Herbst 1989 an der Columbia University ausgestellten Arbeiten von Jim Tice oder der von der „Architectural League" finanzierte „Vacant-Lots-Wettbewerb".

[2] Londoner Architektengruppe, 1961–1974 (Anm. d. Hrsg.)

[3] Neueres Quartier in Manhattan (Anm. d. Hrsg.)

[4] Zusammen mit dem Homeless-Vehicle-Projekt von Rosalyn Deutsche ausführlich dokumentiert in „October 47"

David Graham Shane

1995: Homeless-Vehicle-Projekt II
Das seltsame Verschwinden der New Yorker Obdachlosen

Krzysztof Wodiczko, inzwischen Leiter des Bostoner Medienlabors des „Massachusetts Institute of Technology" (MIT), betont die Notwendigkeit, an der Regel zu rütteln, derzufolge nur die „Geschichte der Sieger" in öffentlichen Bauten festgehalten wird. Sein jüngstes Projekt: ein mobiles „Homeless Protection Center" für Obdachlose. Diese eigenartige kegelförmige Kapsel mit einer Vielzahl von Blinklichtern ist so konstruiert, dass sie einen obdachlosen Menschen beherbergen kann. Die Kapseln sollen für Aufmerksamkeit sorgen und Hilfe herbeirufen, wenn Obdachlose auf der Strasse gewalttätigen Angriffen ausgesetzt sind. Mehrere solcher Kapseln sollen miteinander in Verbindung stehen und so ein Sicherheitsnetz für die Obdachlosen auf der Strasse bilden. Wenn irgendwo Hilfe gebraucht wird, könnte der Ruf über Funk von Kapsel zu Kapsel weitergegeben werden. Auf diese Weise würden gegenseitige Hilfe und Selbstverantwortung die Strasse für ihre Bewohner sicherer machen, ohne dass die Polizei einbezogen werden müsste.

Anhand dieses Projekts, das sang- und klanglos wieder von der Bildfläche verschwand, sollen die veränderten Lebensbedingungen der Obdachlosen in den neunziger Jahren – vor allem in New York – betrachtet werden. Warum hat Wodiczko den Schwerpunkt seiner Arbeit auf den Schutz und die Sicherheit der Obdachlosen auf der Strasse verlegt? Warum wollte sein Projekt ohne die Hilfe der Polizei auskommen? Warum

Wodiczkos „Homeless Protection Center" (Poliscar, 1991):
mehr Schutz und Sicherheit für Obdachlose

verschwinden immer mehr Obdachlose aus dem Strassenbild, und wie sollen die Strassen genutzt werden, wenn die Obdachlosen vertrieben sind? Warum war Wodiczkos zweitem Projekt nicht derselbe Erfolg beschieden wie seinem ersten? Welche Rolle spielten die Medien bei dieser neuen Entwicklung?

Stadtpolitik gegen Obdachlose

Zwar hat die Stadt das Ziel von 1988 nicht erreicht, aber sie hat eines der grössten Projekte im staatlich geförderten Wohnungsbau der USA initiiert, und das in einer Zeit Reaganscher Sparmassnahmen (Reaganomics) und empfindlicher Etatkürzungen im gesamten sozialen Bereich. Das 1990 verabschiedete staatliche Wohnungsbaugesetz sah zur Finanzierung neuer subventionierter Bauprogramme lediglich 1,5 Milliarden Dollar vor, von denen – als Folge des erwähnten Skandals im Ministerium für Wohnungsbau und Städteplanung – 15 Prozent kommunalen Wohnungsbaugesellschaften vorbehalten waren. Aufgrund der Steuergesetzgebung konnten grosse Unternehmen Steuervergünstigungen erzielen, indem sie öffentliche Anleihen für den Siedlungsbau in Vierteln wie der South Bronx finanzierten. Ausserdem konnten sich Bauträger von Hochbauobjekten unterhalb der 96. Strasse mit Siedlungsbaugesellschaften zusammentun und die Vorschrift, Ersatz für Sozialwohnungen auf ihrem Grund und Boden zu schaffen, dadurch erfüllen, dass sie die Neuerrichtung oder Sanierung billiger Wohneinheiten oberhalb der 96. Strasse finanzierten. Kochs Stadtverwaltung klopfte bei den verschiedensten Wählerkreisen, privaten Bauunternehmern, gemeinnützigen Hausverwaltungen, kirchlichen Gruppen und Vereinigungen sowie staatlichen Stiftungen an. Diesen Partnern bot die Stadt unbewohnbare oder durch Zwangsvollstreckung in ihren Besitz gelangte Häuser an und stellte ihnen kostengünstige staatliche Baukredite, städtische Subventionen und Unterstützung bei der Beschaffung privater Bankkredite in Aussicht. In einem anderen Programm verkaufte die Stadt Gebäuderuinen für *einen* Dollar an private Bauunternehmer und zahlte 65'000 Dollar für jede wiederhergestellte Wohnung.

E. Perry Winston beschrieb die Aktivitäten im Umfeld dieser Wohnungsbaupolitik in seinem „New York's Infill Housing" überschriebenen Artikel.[1] Darin erläuterte er ausführlich die New Yorker Siedlungsbauprojekte, angefangen bei den streng reglementierten „Nehemiah Houses" der afrikanisch-amerikanischen Kirche (die mit lokalen Baufirmen auf unbebautem städtischen Gelände 1600 Einfamilienhäuser errichtet und verkauft hatte) bis hin zu den Aktivitäten von A.C.O.R.N. in East New York, einer Selbsthilfegruppe von

Hausbesetzern, die die Stadt vor dem Hintergrund einer positiven Presseberichterstattung dazu zwangen, ihren Status als „Heimstättenbesitzer" anzuerkennen und ihnen günstige Kredite zur Verfügung zu stellen, während das „Pratt Center für Umwelt und kommunale Entwicklung" in technischen Fragen Hilfe leistete. Winston beschrieb auch den innovativen Einsatz von Fertighäusern, die bei einem Erstellungspreis von 55 Dollar pro Quadratmeter in einem gewerkschaftseigenen Betrieb auf dem Gelände des Marinehafens in Brooklyn produziert wurden. Die „Brooklyn Villas" setzten sich aus 117 Vier- bis Fünf-Zimmer-Einheiten zusammen, produziert von der Firma „New York Modular", deren in Modulbauweise hergestellte Stahlrahmenkonstruktionen als ganze transportiert und bis zu drei Geschosse übereinandergestellt werden können, wobei Backsteinbrandmauern mit Aussenaufgängen das Gebäude stützen. Die Gewinne aus dem Verkauf der „Villas" wurden dazu verwendet, 105 Gewerkschaftswohnungen in 35 ebenfalls in Modulbauweise errichteten Häusern in den „Southside Homes" von Williamsburg zu schaffen. Hier wechselten neue, fabrikgefertigte Wohneinheiten der Firma „Deluxe Homes of Pennsylvania" mit bestehenden Sandsteinbauten ab, die vom „Los Sures United Housing Development Fund" saniert wurden. Die Häuser waren zur Hälfte Familien mit niedrigem Einkommen vorbehalten, das Erdgeschoss war behindertengerecht ausgebaut.

Im April 1995 berichtete Alan Finder von der „New York Times", dass die Stadt 4,2 Milliarden Dollar ausgegeben und damit 50'000 neue Wohneinheiten geschaffen hatte. 3000 Wohnblocks mit insgesamt 39'000 Wohneinheiten waren saniert worden, und anstelle der unbewohnbaren Ruinen, die zuvor die Lücken zwischen den Wohnblocks der Bronx, von Brooklyn oder Harlem ausgefüllt hatten, waren 12'000 neue

Drei- bis Vier-Zimmer-Häuser entstanden. Zwar unterliefen der Stadt anfangs ein paar kostspielige Fehler (bei einem Projekt in Harlem entstanden Kosten von 140'000 Dollar pro Wohneinheit), aber im Durchschnitt lagen die Kosten pro Wohnung bei 65'000 Dollar. Unter dem Druck der betroffenen Gemeinden sah sich die Stadtverwaltung gezwungen, nicht mehr alle Obdachlosen in diesen neuen Wohnhäusern einzuquartieren, und gegen Ende 1989 wurde nur noch die Hälfte aller im Rahmen des Programms geschaffenen Wohnungen mit Obdachlosen belegt. Unter Bürgermeister Giuliani verfügte die Stadtverwaltung 1995 über ein verbliebenes Potential kleiner, unbewohnbarer Häuser mit 12'000 möglichen Wohnheinheiten (die sie an gemeinnützige Vereine oder Mietervereinigungen zu verkaufen plant) sowie über weitere 38'000 Einheiten in heruntergekommenen, renovierungsbedürftigen Gebäuden (einige der neuen Wohnhäuser in der South Bronx sind bereits wieder mit Brettern zugenagelt). 75 Prozent dieser neuen Wohnungen befinden sich in Häusern mit bis zu zehn Parteien, und die meisten Bewohner gehören zu den Ärmsten mit einem Jahreseinkommen von weniger als 7000 Dollar, also der Hälfte des Durchschnittseinkommens von Sozialmietern. Die Stadtverwaltung bietet einen Zuschuss von 40'000 Dollar pro Wohneinheit an, ein Drittel weniger als zuvor. Zur Weiterführung des Koch-Dinkins-Plans hat Giuliani einen Etat von 341 Millionen Dollar angesetzt (eine Senkung um 29 Millionen Dollar oder 8 Prozent) und die Zukunft des Programms von der Stabilität des angeschlagenen New Yorker Haushalts abhängig gemacht. Im übrigen verzichtet die Stadtverwaltung gegenwärtig auf die Zwangsvollstreckung von Häusern bei Steuerschulden und hat im Rahmen von Sparmassnahmen die Zahl der Bauaufsichtsbeamten reduziert (beim Einsturz eines Mietshauses in Harlem kamen im April 1995 vier Bewohner ums Leben, was deutlich macht, wie unzulänglich die Überwachung und Durchsetzung der Bauvorschriften ist).

Engagement von Künstlern und Architekten
Zahlreiche Architekten haben sich an der Kampagne zur Unterbringung der Obdachlosen beteiligt, und in dieser Hinsicht wurde das Problem zu einem Thema mit breiter Resonanz in den Medien, mit dem sich auch „Progressive Architecture"[2] beschäftigte. Diese Zeitschrift schrieb 1992 sogar einen Wettbewerb für den Entwurf einer Minimalbehausung aus. Die Stadt hat die Unterbringung von alleinstehenden Wohnsitzlosen in Obdachlosenheimen, Gemeindeunterkünften und Einrichtungen von Hilfsorganisationen wie „The Volunteers of America" subventioniert. Das Appartementhotel für Alleinstehende wurde im Laufe dieser Aktivitäten buchstäblich neu erfunden. Im besten Falle haben diese Organisationen, wie am Beispiel des in der 42. Strasse eröffneten „Williams" zu sehen, die alten Hotels und Appartementhäuser saniert und bieten damit ein effizientes und hervorragend ausgestattetes soziales und medizinisches Versorgungssystem, einen Sicherheitsdienst rund um die Uhr und ein traditionell gutes Verhältnis zur Nachbarschaft, in der sie angesiedelt sind. Jonathan Kirchenfield von „Architrope" entwarf ein beispielhaftes kleines Appartementhotel dieser Art für das Bushwick-Viertel am Rand von Brooklyn. Das Gebäude, das sich nahtlos in die benachbarte Bebauung einfügt, vereinigt alle erforderlichen Dienstleistungen unter einem Dach und bietet im Erdgeschoss ausserdem kommunalen Freizeiteinrichtungen Platz (einschliesslich einer Grünanlage auf der Rückseite des Gebäudes).

Unterdessen fährt die Galerie „Storefront Art and Architecture", wo das Wohnmobil für Obdachlose 1985 erstmals vorgestellt worden war, unermüdlich fort, mit den minimalen Mitteln, die ihr in den schwierigen Zeiten empfindlicher staatlicher Etatkürzungen im künstlerischen Bereich zur Verfügung stehen, Ausstellungen und Aktionen zu finanzieren. Die Themen, mit denen sich die Galerie befasst, sind sowohl pazifistischer als auch sozialer Art: gegen die Militärindustrie, für die Opfer von Armut und Kriegen. Komar und Melamid feierten das Ende des Kalten Krieges mit ihrer sozialistisch-realistischen Satire „Yalta Conference Memorials" und ihrem „Entwurf für ein UN-Projekt". Das schreckliche Schicksal umkämpfter Städte im kalten Frieden fand beredten Ausdruck in der Ausstellung „Warchitecture-Sarajevo; a Wounded City" und in der von Camillo Vergara und Richard Plunz von der Columbia University veranstalteten Performance „Detroit is Everywhere". In seiner Ausstellung „Suburbs of Utopia" zeigte der Architekt Michael Sorkin Entwürfe zur Umwandlung des nicht ausgelasteten Brooklyner Marinehafens in ein neues, über Schnellstrassenanschlüsse bequem erreichbares Uferviertel, die optimistische Vision eines gemischten Wohn- und Arbeitsgebietes mit neuen Wohnhäusern, Kleingewerbebetrieben und grosszügigen Grünanlagen, geprägt von ovaler Formgebung und allgegenwärtigen Lagunenparks.

Die „Storefront"-Galerie experimentiert mutig mit der Veränderung ihrer Räume, um auf die Strasse auszugreifen. Ihre Strassenfassade ist mit zahlreichen Öffnungen versehen. Zu einer bestimmten Installation gehörten Toilettencontainer für Obdachlose, die in die Fassade eingefügt und über Treppen zu erreichen waren. Der jüngste Umbau durch die Architekten Stephen Holl und Vito Acconci hat einen aussergewöhnlichen Raum geschaffen, der an Sommerabenden problemlos auf den Gehsteig hinaus erweitert werden kann. Wer im Sommer vorübergeht oder -fährt, hat einen direkten Einblick in die

Toiletten-Container für Obdachlose an der Strassenfassade der „Storefront"-Galerie

Innenräume, da sich die Wände um ihre senkrechte oder horizontale Achse drehen und so bewegliche Ausstellungsflächen bilden. Wie die Obdachlosen kämpft die Galerie um ihren Platz auf der Strasse. Die Hauptausstellungsfläche im Innern der Galerie ist nach wie vor die rückwärtige Brandmauer zum angrenzenden Gebäude, die sehr rasch bis zum spitzen Winkel des bugförmigen Scheitelpunktes zurückweicht. Etliche Säulen nehmen die Mitte des Raumes ein, und die bewegliche Wand bildet im Winter eine weitere langgezogene Fläche für Ausstellungsobjekte, die die Verbindungen der beweglichen Ausstellungspaneele nicht berühren dürfen. In seiner Ausstellung in den Räumen des „Museum of Modern Art" versuchte Rem Koolhaas 1994 einen ähnlichen Bezug zur Strasse herzustellen, indem er städtische Haltestellenwartehäuschen in der Galerie im Obergeschoss aufstellen liess

Die sozial engagierte „Storefront"-Galerie experimentiert mit ihren Räumen. Architekten: Stephen Holl, Vito Aconci

und Begleittexte wie Werbesprüche an Mauern und U-Bahn-Wänden auftauchten (ironischerweise waren die Texte Lobeshymnen auf das allgemeine städtische und vorstädtische Lebensgefühl). Die „Storefront"-Galerie besitzt den eindeutigen Vorteil, dass sie zu ebener Erde liegt, dass sie viel chaotischer und als Fürsprecher der sozial Benachteiligten wesentlich direkter ist.

Während die „Storefront"-Galerie als Anwältin der sozial Schwachen mit winzigem Etat die Stellung hält, haben Fotografen das Verschwinden der Obdachlosen dokumentiert. Die Nichtsesshaften sind immer noch allgegenwärtig in der Stadt, als flüchtige Erscheinungen sammeln sie Dosen und Flaschen, um das Pfand einzulösen, schlafen auf Parkbänken und in Hauseingängen. Margaret Morton, Lehrbeauftragte an der „Cooper Union", hat die Geschichte der Obdachlosen in

Erzählungen der Betroffenen zusammengetragen und dokumentiert. Mit unaufdringlicher Anteilnahme hat sie auf die unendliche Anstrengung hingewiesen, die es Obdachlose kostet, auch nur die elementarste menschliche Behausung für sich zu schaffen, indem sie um ein winziges Stück öffentlichen Raums kämpfen, kleine Gemeinden bilden und sich sogar mit einem gartenähnlichen Ambiente umgeben. In ihrem in gemeinsamer Arbeit mit Diana Balmori entstandenen Buch[3] finden sich Bilder städtischer Bulldozer, die unzählige liebevoll angelegte Behausungen, Gärten und kleine Hüttensiedlungen an den East River Piers, im Tompkins Square Park und unter den Hochbrücken des East River Drive Highway in der Lower East Side dem Erdboden gleich machen.

Ein weiteres, über viele Jahre verfolgtes Projekt dokumentierte Margaret Morton in ihrem Buch *The Tunnel,* das sich mit den Obdachlosengruppen befasst, die sich in den unterirdischen Gängen und Nischen des U-Bahn-Netzes eingerichtet hatten. Noch vor dem Erscheinen des Buches hatte ein Feuer im Tunnelsystem zur Folge, dass die Stadtverwaltung Spezialeinheiten der Polizei mit dem Auftrag ins unterirdische System schickte, alle dortigen Bewohner systematisch zu vertreiben. Ein Brand im Tunnel der „Amtrak"-Fernzugstrecke unter dem in der West Side gelegenen Riverside Park führte zur selben Konsequenz. Die Stadt musste wiederum Feuerwehrleute unter die Erde schicken und zwang die Bahnverwaltung per gerichtlicher Verfügung, Obdachlose aus Quartieren zu vertreiben, die sie zum Teil schon seit mehr als zwanzig Jahren bewohnt hatten; ihre plastikgedeckten Holzhütten waren komplett ausgestattet mit Stromversorgung und Fernsehempfang. Auch wenn Morton hier in gewisser Hinsicht die Elite der Obdachlosen vorführte, diejenigen, die über die Fertigkeiten und die Willenskraft verfügten, sich ein eigenes, wenn auch schäbiges Dach über dem Kopf zu errichten, steht die Zerstörung dieser zerbrechlichen Behausungen sinnbildlich für die allgemein herrschende Situation. Einmal mehr wird von den Obdachlosen erwartet, dass sie sich unsichtbar machen.

Repressives Vorgehen der Polizei
Wodiczkos Sorge um die Sicherheit auf der Strasse hatte mit einer radikalen Umstellung im Verhalten der Polizei zu tun, deren Vorgehen das Strassenbild in New York grundlegend verändert hat. Dieselben Polizisten, die unter der Führung des liberaldemokratischen Bürgermeisters Dinkin im Rahmen einer kommunalen Polizeipolitik ihre Streifenwagen stehengelassen und zu Fuss oder mit dem Fahrrad die Strassen überwacht hatten, säubern diese nun unter Giuliani von unerwünschten Personen. Die Zahl der Straftaten ist dramatisch gesunken, was einer nationalen Tendenz entspricht, die im allgemeinen darauf zurückgeführt wird, dass die Crack- und Kokainkriege der Dealergangs aufgehört haben und die landesweite Demographie weniger männliche Jugendliche als in den Jahren zuvor auf den Strassen dokumentiert. Trotz der anhaltenden – teilweise durch die horrende Verschuldung aus den achtziger Jahren verursachte – Finanzkrise der Stadt war die Polizeiverwaltung die einzige staatliche Behörde, die keine empfindlichen Mittelkürzungen zu verzeichnen hatte. Der Bildungsbereich, die Parkverwaltung, die U-Bahn-Betriebe, sie alle mussten Etatkürzungen von bis zu einem Drittel hinnehmen, die finanzielle Ausstattung von Polizei und Feuerwehr hingegen blieb in unveränderter Höhe erhalten. Diese Politik hat dazu geführt, dass die Zahl der Inhaftierten in den USA in rasantem Tempo auf mehr als 5 Millionen Menschen angestiegen ist. 33 Prozent der jungen männlichen Afro-

Amerikaner (1980 waren es noch 25 Prozent) lebten 1995 auf Bewährung, sassen im Gefängnis oder waren nur bedingt aus der Haft entlassen – ein wesentlich höherer Prozentsatz als in jeder anderen Bevölkerungsgruppe, höher sogar als in Südafrika zu Zeiten der Apartheid. Zum ersten Mal haben die Ausgaben für die Gefängnisverwaltung im Staate New York den Etat für den Bildungssektor überholt. Es heisst, dass in Kalifornien aufgrund der Kosten für die völlig überfüllten Gefängnisse und aufgrund der neuen Gesetzgebung, die für Verbrechen dritten Grades automatisch eine lebenslängliche Haftstrafe vorschreibt, der Staatsbankrott droht.

In New York wie überall in den Vereinigten Staaten sind die Obdachlosen mit einem Schlag fast unsichtbar geworden. Der frühere Generalstaatsanwalt und heutige New Yorker Bürgermeister Giuliani versprach im Zuge seiner Medienkampagne vor der Wahl ein hartes Durchgreifen gegen die Obdachlosen, die morgens und abends an den Brücken- und Tunnelzufahrten zur Stadt Stellung bezogen, um die Windschutzscheiben der Pendler zu reinigen. Nach seiner Wahl wurden diese erfindungsreichen Jungunternehmer mit Polizeigewalt vertrieben. Kaum im Amt, drohte der neue Bürgermeister auch den „aggressiven Bettlern", die die Fussgänger auf den Gehsteigen und in der U-Bahn belästigten, mit Verfolgungsmassnahmen. Ordnungsbeamte wurden trotz des Proteststurms zahlreicher Bürgerrechtsgruppen durch die Behörde autorisiert, beliebige Personen auf der Strasse als Drogendealer zu bezeichnen und unter fadenscheinigen Vorwänden nach Waffen zu durchsuchen. Sie waren überdies befugt, jeden Jugendlichen auf der Strasse unter dem Verdacht, dass er die Schule schwänze, mitzunehmen. Dies galt insbesondere für das innerstädtische Gebiet um die 42. Strasse. Immer wieder wurden jugendlich aussehende afro-amerikanische Berufstätige stundenlang auf irgendwelchen Polizeirevieren festgehalten, bis sie von Arbeitgebern, Freunden oder Verwandten ausgelöst wurden.

Bürgerrechtsanwälte äusserten sich empört über die eklatante Missachtung verfassungsmässig garantierter Rechte. Darüber erzürnt, kürzte Giuliani in der Folge den Etat der Rechtsmittelhilfe für Pflichtverteidiger und verhinderte die angestrebte Bildung eines staatlichen Prüfungsausschusses zum Schutz gegen brutale Polizeieinsätze. Auch der lautstarke Protest aus den Gemeinden konnte nichts an der Entschlossenheit ändern, mit der Giuliani die Strassenhändler ohne Gewerbeerlaubnis, meist afrikanischer Herkunft, von der 125. Strasse auf ein leerstehendes, in Kirchenbesitz befindliches Gelände an der 116. Strasse vertrieb – weitab von allen Touristen und ihren Bussen. In einer weiteren Aktion schickte der Bürgermeister Polizeieinheiten mit Wasserwerfern und gepanzerten Einsatzfahrzeugen zur Lower East Side, wo sie mit Gewalt Hausbesetzer aus stadteigenen Gebäuden vertrieben, in denen sie bereits seit fünfzehn Jahren wohnten. (Dieser Präventivschlag wurde später per Gerichtsbeschluss zunichte gemacht, und die Hausbesetzer wurden in ihrem Status als rechtmässige Mieter bestätigt.)

Die Bemühungen, die Strassen von fliegenden Händlern und Obdachlosen zu säubern, wurde durch Sonderzonenbestimmungen untermauert, die im Zusammenhang mit den „Business Improvement Districts" (BID, Förderung der Attraktivität bestimmter Geschäftsbezirke) entwickelt wurden. Die Kategorisierung solcher Sonderzonen ermöglicht den Erlass von Bestimmungen, mit deren Hilfe das äussere Erscheinungsbild kleiner, exakt begrenzter lokaler Stadtbereiche festgeschrieben werden kann. In manchen Fällen ist die Einhaltung dieser Bestimmungen mit Steuererleichterungen verbunden. Die „Business Improvement Districts" stellen private Polizeitrupps, die auf Geschäftsstrassen patrouillieren, deren Anrainer eine bestimmte Gebühr zahlen, damit der öffentliche Raum vor ihren Läden von der Stadtverwaltung wie Privatgelände behandelt wird. Diese kontrollierten Enklaven haben bei Geschäftsleuten und Ladenbesitzern grosse Beliebtheit gewonnen. Die BID-Interessengemeinschaft „Grand Central Station" schaffte es, erst den Bahnhof selbst und dann auch die Strassen der Umgebung von Obdachlosen zu befreien. Sie sagte zwar zu, Mittlerdienste zu den Sozialbehörden zu unterhalten, muss sich aber gegenwärtig vor Gericht gegen den Vorwurf verteidigen, „Schlägertrupps" angeheuert zu haben, die die Obdachlosen mit Prügeln zwingen sollten, in andere Viertel abzuziehen. In diesem brutalen Vorgehen spiegelt sich eine landesweite Tendenz: Selbst ehemals liberale Städte und Staaten wie San Francisco, Seattle und Wisconsin drängen zu einer strengen rechtlichen Handhabe gegen Obdachlose. Angesichts dieser Situation kann es nicht verwundern, dass Wodiczko sein Augenmerk auf die Bemühung richtete, den Obdachlosen auf der Strasse ein Gefühl der Sicherheit zu vermitteln, das nicht auf die Hilfe der Polizei baut.

Die Soziologie der Obdachlosen, der Stadtteile und der neuen amerikanischen Ghettos

Zahlreiche Theorien wurden darüber entwickelt, woher die Obdachlosen kommen und inwieweit Versäumnisse der Stadt-, Staats- und US-Behörden für diese menschliche Tragödie verantwortlich zu machen sind. In einem Beitrag[4] verzeichnete der Soziologe Christopher Jencks in einer vorsichtigen Schätzung einen Anstieg der Obdachlosenzahlen in den USA von 100'000 im Jahre 1980 auf 200'000 im Jahre 1984 und 400'000 im Jahre 1988. Ende der achtziger Jahre, so schloss er, betrug die Zahl der Obdachlosen insgesamt etwa 1,2 Millionen (für New York allein wird eine Zahl von 70'000 genannt). Die meisten Obdachlosen, darunter viele, oft kinderreiche Familien, hatten laut Jencks zumindest gelegentlich ein Dach über dem Kopf, indem sie zwischen Strasse, Billigunterkünften und Obdachlosenheimen pendelten. Von langfristiger Obdachlosigkeit betroffen seien vor allem berufslose Afro-Amerikaner mit instabilem familiärem Hintergrund, die unter Drogen- oder Alkoholabhängigkeit und/oder psychischen Störungen leiden. Demgegenüber blieben Männer und Frauen mit sozialen Fähigkeiten und beruflicher Qualifikation, die zudem keine Geschichte des Drogen- oder Alkoholmissbrauchs hinter sich haben, im allgemeinen nicht lange auf der Strasse.

Für die merkliche Zunahme der Obdachlosigkeit in den achtziger Jahren sind laut Jencks mehrere Faktoren verantwortlich. Eine der Hauptursachen sieht er in der Abschaffung des Gesetzes zur Zwangseinweisung psychisch Kranker. Im Staat New York drängten die Liberalen auf eine solche „Entinstitutionalisierung", während die Konservativen gleichzeitig die Mittel für die geplanten Betreuungszentren in den Stadtteilen kürzten, die die Aufgabe der Krankenhäuser hätten übernehmen sollen. Jencks geht davon aus, dass, obwohl nur 25 Prozent der Obdachlosen schon einmal in einer psychiatrischen Einrichtung behandelt wurden, mindestens ein Drittel von ihnen unter schweren Wahnvorstellungen leidet und vermutlich in früheren Zeiten eingewiesen worden wäre. In New York machen zahlreiche Geschichten wie die vom „Rasenden Mann von der 96. Strasse West" die Runde, über den der „Manhattan Spirit" in einer seiner Ausgaben berichtete.[5] Dieser Mann war abwechselnd in psychiatrischen Kliniken und in Freiheit und terrorisierte jahrelang ein bestimmtes Stadtviertel. Solange er im Krankenhaus seine Medikamente einnahm, war er ein Musterpatient, aber allein auf der Strasse, ohne seine Medikamente und ohne angemessene Betreuung, warf er mit Steinen nach Autos, tobte und randalierte, belästigte Frauen und Kinder auf den Gehwegen und stürzte sich mit dem Geld aus seiner Versehrtenrente in wüste Crack-Orgien. (Er war im Vietnam-Krieg verwundet worden. Schätzungsweise sind ein Drittel aller männlichen Obdachlosen Vietnam-Veteranen!) Eine weitere wichtige Ursache für die zunehmende Obdachlosigkeit sieht Jencks in der epidemieartigen Ausbreitung des Missbrauchs der Billigdroge Crack in den achtziger Jahren. Er bezieht sich dabei auf eine Studie, derzufolge ein Drittel aller Obdachlosen in New York Crack nimmt. In einer anderen Studie wird diese Zahl mit zehn Prozent angegeben, wieder andere Studien kommen zu dem Ergebnis, dass ein Drittel der Nichtsesshaften alkoholabhängig ist.

David Moberg[6] wies darauf hin, dass Jencks in seiner ansonsten hervorragenden Studie den Faktor der immer rarer werdenden Unterschlupfmöglichkeiten unterbewertet habe. Er nannte als eine der Mitursachen des Obdachlosenproblems das Verschwinden der Strassenzüge mit Billigstpensionen – der Vergnügungsviertel alter Saufbrüdertage. Diese schäbigen Hotels, Kneipen und Pensionen fielen aufgrund ihrer zentralen Lage entweder den städtischen Sanierungsmassnahmen im Rahmen der urbanen Neugestaltung zum Opfer oder wurden von einer eleganteren Klientel verdrängt. Die klassische Absturzmeile in New York, die Bowery in der Lower East Side, ist die Heimat der Kunstgalerien, Nachtclubs und Cafés geworden, wie Janet Abu-Lughod in ihrem Buch *From Urban Village to East Village* beschreibt. Darüber hinaus unternahm die Stadt ganz bewusst Anstrengungen, die Appartementhotels für Alleinstehende, die über alle Stadtteile verstreut waren, wieder zu schliessen. In diesen Häusern wohnten sehr viele Arme, und sie waren die erste Anlaufstelle für Entlassene aus den psychiatrischen Kliniken. Die Stadtverwaltung nannte als Grund für die Schliessungen die schlechten Wohnbedingungen, Verstösse gegen die Bauvorschriften und die Verwahrlosung der Häuser. Den meisten Bewohnern blieb als Alternative nur die Strasse.

Ebenfalls unerwähnt bleibt bei Jencks, dass es durch Änderungen der Steuergesetzgebung, hohe Zinssätze und gestiegene Energiekosten (bei veralteten Versorgungsanlagen) für kleinere Vermieter schwieriger wurde, mit der Vermietung von Zimmern und Wohnungen einen Gewinn zu erzielen. Ende der siebziger/Anfang der achtziger Jahre brach der Markt für billige Wohnungen in New York zusammen. 65 Prozent der Bebauung von Harlem, ein Grossteil der Häuser in der Lower East Side und zahlreiche Gebäude in Brooklyn und der Bronx wurden wegen der Versicherungssumme niedergebrannt, von ihren Eigentümern aufgegeben oder gelangten auf dem Wege der Zwangseintreibung von Steuerschulden in die Hände der Stadt, die dadurch zum grössten Immobilienbesitzer im Staate New York wurde. (Nach Giulianis Amtsantritt verzichtete die Stadt auf die Übernahme von Gebäuden als Gegenleistung für Steuerschulden mit dem Argument, dass sie es sich nicht leisten könne, als Vermieterin der letzten Instanz einzuspringen.)

Die Berkeley-Professorin Loic Wacquant hat für die Konzentration der Sozialhilfeempfänger und ehemaligen Obdachlosen auf engstem Raum die Bezeichnung „Hyper-Ghetto" eingeführt. Sie beklagt die „Dequalifizierung", „Entdifferenzierung" und „Entpolitisierung" in den „klassischen" Ghettos, in denen früher aufgrund der Rassentrennung eine Mischung aus armen und reichen Afro-Amerikanern oder Immigranten lebte. Das Bürgerrechtsgesetz ermöglichte es der afro-amerikanischen Mittelklasse mit qualifizierter Berufsausbildung, in die Vororte umzusiedeln, wo heute ein Drittel dieser Bevölkerungsgruppe lebt. Die innerstädtischen Enklaven bestehen aus ein paar wohlhabenden Fleckchen wie der Strivers Row in Harlem, ein paar Mittelklasseblocks und weiten Flächen, die von den Ärmsten der Armen, meist auf die eine oder andere Art von staatlicher Unterstützung Abhängigen, bewohnt werden. Unterdessen bietet die Stadt nur noch wenige Sozialdienste an, die öffentliche Gesundheitsfürsorge und das Bildungswesen werden vernachlässigt. Der Verlust staatlicher Kontrolle liefert diese Viertel der Willkür der Geschäftemacher aus Drogenhandel, Strassenprostitution und Hehlerei aus, was zur Folge hat, dass hier Banden und Kriminelle die Oberhand haben. In die jüngsten Polizeiskandale in New York waren nachgewiesenermassen Beamte aus den ärmsten Bezirken verwickelt, wie Harlem (wo sich Polizisten rege am Drogenhandel beteiligten) und Motthaven, einem der brutalsten Drogenterrains der South Bronx (wo Polizei und Banden Hand in Hand arbeiteten).

Die in Washington beschlossenen Haushaltskürzungen werden zwangsläufig die Probleme der „Hyper-Gettos" weiter verschärfen, da die Kürzungen vor allem Hilfsprogramme für Benachteiligte und kinderreiche Familien, Sozialversicherungen und Gesundheitsfürsorge betreffen. Während die staatlichen Ausgaben für den Militärbereich gleich geblieben und diejenigen für die Gefängnisverwaltung gestiegen sind, werden erfolgreiche Programme zur Bekämpfung der Armut, die in den dreissiger, vierziger und fünfziger Jahren entwickelt worden waren, bis zur Unkenntlichkeit zusammengekürzt (der Erfolg des Krieges gegen die Armut lässt sich statistisch belegen: 1992 lebten weniger als zwölf Prozent der gesamten US-Bevölkerung unterhalb der offiziellen Armutsgrenze). Die Stadt New York führt gegenwärtig 100 Milliarden Dollar mehr an die Staatsregierung ab, als sie von dieser aus dem Staatshaushalt zurückerhält, und doch hat der Sprecher des Repräsentantenhauses in einer Rede New York als Schmarotzer der Nation hingestellt. Zugleich sollen die früheren Steuererleichterungen für Unternehmen, die Projekte im Wohnungsbauprogramm finanzieren, vom Kongress abgeschafft werden, der all diejenigen Mittel streicht, die den Armen und den Städten zugute kommen würden, und überdies die Gesetzgebung zum Schutz der Umwelt wieder demontiert. Betroffen von den Sparmassnahmen sind vor allem die Kinder armer Familien und die Alten, sowie die Suppenküchen und die freiwilligen Organisationen, die bisher Nahrungsmittel verteilten, die in der Landwirtschaft, gefördert durch die nunmehr ebenfalls gestrichenen Subventionsprogramme des Landwirtschaftsministeriums, zuviel produziert worden waren. Angesichts der Tatsache, dass in den vergangenen zehn Jahren jeweils mehr als eine Million Immigrantinnen und Immigranten in die Städte New York und Los Angeles geströmt sind, wird sich das Problem hier besonders verschärfen.

Der Fotograf Camillo Vergara hat darauf hingewiesen, dass ein Grossteil der neuen Obdachlosenunterkünfte und Wohnanlagen in den Gebieten liegt, die er als „neue amerikanische Ghettos" bezeichnet. Wie er in einer Beitragsserie für „The Nation" zeigt, hat die Stadt durch ihren Umgang mit zwangsweise erworbenen Liegenschaften eine neue Konzentration der ganz Armen in diesen Gebieten geschaffen, aus denen die Bewohner zuvor wegen der hohen Kriminalitätsrate, der Drogenprobleme und der Strassenprostitution abgewandert waren. Er wies darauf hin, dass die Besiedlung dieser Viertel mit alleinerziehenden Frauen und ihren Kindern sowie mit sozialen Aussenseitern und ehemaligen Psychiatriepatienten die Katastrophe geradezu heraufbeschwöre, vor allem auch weil öffentliche Verkehrsmittel weitgehend fehlen und es weder Arbeits- noch Ausbildungsplätze in der Nähe gibt. Mit Bildern von stacheldrahtumzäunten Leihbüchereien, schwer befestigten Postämtern, Schulen und Behördengebäuden in der South Bronx dokumentiert Vergara das Verschwinden öffentlicher Dienstleistungsangebote.

In einigen heruntergekommenen Vierteln wurden die Sanierungs- und Neubauvorhaben begrüsst, in anderen stiessen sie auf Widerstand. Als das von der Kirche gesponserte „Nehemiah-Housing-Program" für den Abriss eines gesamten Blocks und die Errichtung kostengünstiger Reihenhäuser sorgte, stiess das auf den Protest der Menschen, die dafür ihre Mietwohnungen hatten räumen müssen. Im schlimmsten Fall zahlte die Stadt an die Hausbesitzer in den Slums horrende Summen dafür, dass diese die Ärmsten ihrer Bürger in entsetzlichen Unterkünften, den berüchtigten „Wohlfahrtshotels", einquartierten – die wiederum den erbitterten Zorn der übrigen Anwohner auf sich zogen. Das führte, sogar im liberalen Upper-West-Side-Viertel, zu Medienkampagnen, wie beispielsweise 1991 zu NIMBY („Not-In-My-Back-Yard"). Mit dieser Kampagne protestierten die gutbürgerlichen Anwohner des Viertels zwischen der 96. und der 110. Strasse West lautstark dagegen, dass in zwei örtlichen Hotels einhundert obdachlose Familien einquartiert werden sollten. Sie begründeten ihren Widerstand damit, dass es, auf die Seitenstrassen ihres Viertels und den Broadway verteilt, bereits mehr als siebzig Obdachlosenunterkünfte, Drogenrehabilitationszentren, Wohnheime für alleinerziehende Mütter, Aidshäuser und Ähnliches gebe, während wohlhabendere Stadtviertel nur über wenige solcher Einrichtungen verfügten. Eine im Januar 1992 von der „New York Times" in Auftrag gegebene statistische Erhebung bestätigte im wesentlichen die Behauptung, dass es einen Zusammenhang gebe zwischen dem Einkommen der Bewohner eines Viertels und der Zahl der dort eingerichteten Sozialunterkünfte; sie zeigte aber auch, dass es in manchen anderen Stadtvierteln eine noch grössere Konzentration solcher Einrichtungen gab.

Wie die Stadt für Touristen sicher gemacht wird

Die Bemühung, das Image der Stadt New York zu verbessern, liefert eine einleuchtende Erklärung für die Vertreibung der Obdachlosen von ihren angestammten Plätzen auf den Strassen in der City in ärmere Viertel der Stadt. In *Variations on a Theme Park*[7] beschreibt Christine Boyer die neue nostalgische Gestaltung des Strassenbildes in Bereichen wie South Street Seaport und Battery Park. Die Schaffung solcher Enklaven des Tourismus, des Luxus und des selbstgefälligen Konsums hat sich zum Planungsziel entwickelt, dessen Verwirklichung die Stadt mit Hilfe von „Business Improvement Districts"- und Stadtbezirksbestimmungen durchsetzt.

Finanzkräftige Unternehmen wurden mit Steuernachlässen geködert, ihren Standort in der Stadt zu behalten; so durfte sich beispielsweise die Firma „C.S. First Boston", die 1993 mit Makler- und Investitionsgeschäften 26,6 Milliarden Dollar erwirtschaftete, im selben Jahr über ein Steuergeschenk in Höhe von 50 Millionen Dollar freuen. Weitere Millionenbeträge verschenkt die Stadt in Form von Steuervergünstigungen an grosse Konzerne, um sie in Enklaven wie dem Rockefeller Center oder Battery Park City zu halten. Es zeugt von einem katastrophalen Scheitern der städtischen Politik, dass beide Überbauungen infolge des Immobiliencrashs im Jahre 1987, über dessen Hintergründe Robert Fitch in seinem Buch *The Assassination of New York* ausführlich berichtet hat, vom Bankrott bedroht oder in Bankrottverfahren verwickelt waren. „Olympia" und „York", die Eigentümer des Battery-Park-Komplexes, schulden der Stadt und dem Staat Steuern in Höhe von 27 Millionen Dollar und stehen vor der Zwangsvollstreckung. Das Rockefeller Center steht nach dem Rückzug von Mitsubishi in Verhandlungen mit seinen Hypothekengläubigern, um einen drohenden Bankrott abzuwehren.

James Bradley[8] benennt diejenigen Firmen aus der Liste der fünfhundert reichsten Unternehmen der Vereinigten Staaten, wie beispielsweise General Motors oder American Airlines, denen die Stadt immense Steuervergünstigungen gewährte, um ihr Image als Geschäftszentrum aufzupolieren, während zur selben Zeit Staats- und Stadtregierung darüber stritten, ob sie jeweils 100 Millionen Dollar zur Unterstützung des Zonenentwicklungsplanes für Harlem aufbringen konnten. So erhielt die Chase Manhattan Bank, die sich im Besitz der Familie Rockefeller befindet, 1989 234 Millionen Dollar, und „Citicorp", die grösste Bank der Vereinigten Staaten, wurde im selben Jahr mit 90 Millionen beschenkt. Giulianis Verwaltungsapparat hat die Politik, der Stadt ihre Finanzgrundlage aus der Besteuerung von Wirtschaftsunternehmen zu entziehen, mit weiteren Steuervergünstigungen in Höhe von 353 Millionen an Grosskonzerne fortgeführt, während zugleich wegen gesunkener Steuereinnahmen die U-Bahn-Fahrpreise angehoben und Dienstleistungen gestrichen wurden. Derzeit befürwortet Giuliani ein Paket von 234 Millionen Dollar in Form von Subventionen und Steuervergünstigungen mit dem Ziel, die leerstehenden Bürotürme im Finanzviertel der City zu füllen, besonders in der historischen Enklave an der Broad

Street, wo die Gebäude bis zu neunzig Prozent unbelegt sind. Dem Konzern „New York Mercantile Exchange" wurden 184 Millionen Dollar in Aussicht gestellt, falls er seinen Geschäftssitz in der Innenstadt belässt – ein Zuschuss von 22'700 Dollar für jeden Arbeitsplatz, der in der City erhalten wird. Auch Medienunternehmen sind in den Genuss derartiger Subventionen gekommen, wie beispielsweise der NBC-Konzern, der gedroht hatte, aus dem inzwischen bankrotten Rockefeller Center auszuziehen. „Capital Cities/ABC" wurden mit Millionenzuwendungen bewegt, ihre Geschäftsräume in der West Side beizubehalten, ebenso verhielt es sich mit der „New York Times" an der 42. Strasse und dem Medienriesen Bertelsmann am Times Square.

Die Entwicklungen am Times Square und in der 42. Strasse illustrieren die Bestrebungen der Stadt, ihr Image zu verbessern, deutlich in allen ihren Aspekten. Hier setzte die Vertreibung der Obdachlosen und Bettler durch die Polizei den Schlusspunkt, nachdem die Stadt zahlreiche Gebäude durch Enteignung in ihren Besitz gebracht und ganze Blocks mit Theatern und Hotels aufgekauft hatte, die zuvor aufgrund irgendwelcher Verstösse oder anderer Vorwürfe im Zusammenhang mit dem Sexgewerbe geschlossen worden waren. Das Vorgehen der Staats- und Stadtbehörden hat zur Folge, dass Bezirke wie die 42. Strasse, die Fifth Avenue und die 57. Strasse im Zentrum ein sicheres Mekka für Besucher aus den Vororten und aus anderen Bundesstaaten werden, die sich danach sehnen, einmal das Flair der Stadt zu erleben. All das wird durch die Einordnung als Sonderzone, durch „Business Improvement Districts"-Bestimmungen und den Namen des „Disney-Themenpark-Management" garantiert. Die „State's Urban Development Corporation" hat viele der Immobilienkäufe durch Anleihen finanziert und Absprachen mit Versicherungsgesellschaften wie der Prudential getroffen, um das zur Starthilfe notwendige Kapital zu erlangen. Diese Entwicklung, die dazu geführt hat, dass alles Leben aus der 42. Strasse verschwunden ist, kam im Entwurf des Architekten Philip Johnson zum Ausdruck, dessen aufgeblähtes Gebilde aus drei gigantischen Türmen wegen des Zusammenbruchs des Immobilienmarkts unrealisiert blieb. Während mit Hilfe von Steueranreizen und Subventionen rund um den Times Square neue Firmensitze entstanden, von denen einige nach dem Zusammenbruch von 1987 leergestanden hatten, wurden die Gebäude an der 42. Strasse vernagelt.

Künstlerinnen und Künstler wurden aufgefordert, die Leerräume zu füllen, die zuvor vom Nachtleben und den Geschäften des Vergnügungsgewerbes beherrscht waren. Jenny Holtzer, die Architekten Diller und Scofidio, Barbara Kruger und andere beleuchteten die Eingangsmarkisen, nahmen alte Reklametafeln wieder in Betrieb und montierten in unbenutzten Eingangshallen Installationen für die Vorübergehenden. Robert A.M. Stern wurde vom „Business Improvement District" der 42. Strasse beauftragt, ein neues Image für ihre Strasse und den Times Square zu schaffen, dessen Zonenplan riesige elektronische Reklametafeln am Fusse der Hochhaustürme vorsah. Stern schlug ein sehr einfaches, nostalgisches und zugleich futuristisches Bild der Strasse um die Zeit des D-Day 1944 vor, als die Strassen hier in hellen Lichterglanz getaucht waren und verhältnismässig harmlose Unterhaltung wie die altmodischen Variétéveranstaltungen geboten wurde (ein erster Vorschlag Sterns sah eine Strassenbahnverbindung quer durch die Stadt zum UNO-Gebäude vor). In seiner elektronischen Variante des nostalgischen Strassenlebens wurden die alten Hotels, Theater und Reklametafeln aufpoliert, und Plattenläden, MTV-Studios, Fitnessclubs und ähnliches sollten

Robert Sterns Projekt für die 42. Strasse: nostalgisch und futuristisch

darin ihren Standort finden. Als Direktoriumsmitglied der „Disney Corporation" fiel es Stern nicht schwer, den Konzern von seiner Idee zu überzeugen, in Zusammenarbeit mit Madame Tussauds Wachsfigurenkabinett, das sich im Besitz des Mediengiganten „Pearson PLC" befindet, in ein zweites grosses Ausstellungstheater zu investieren – ein Projekt, das vom Staat und von der Stadt mit Darlehen, Steuergeschenken und ähnlichen Vergünstigungen kräftig unterstützt wurde. Zudem gingen „Disney" und „Architectonia" als Sieger aus der Ausschreibung für die Gestaltung des staatseigenen UDC-Blocks an der Kreuzung 8th Avenue und 52. Strasse hervor: mit einem protzigen Hotelhochhaus, an dessen einer Seite sich ein Lichtermeteor befindet, mit Time-Share-Apartments, medienorientierten Läden und Themenrestaurants. Der umfassende Dienst am Touristen verlangte auch, dass das Sexgewerbe einen neuen Standort erhielt, und Giulianis Behörde konnte den Stadtrat überzeugen, dass sich die am Stadtrand gelegenen Industriegebiete mit ihren gigantischen Verbrauchermärkten am besten dazu eigneten. Unbetroffen davon blieben lediglich ein paar etablierte Ecken des Schwulenstrichs sowie eine Handvoll Edeletablissements in Midtown. Wie die Obdachlosen waren die Prostituierten damit aus den Augen, aus dem Sinn und konnten den Besucherinnen und Besuchern nun nicht mehr den Spass beim Familienausflug verderben.

Die Medien, die Obdachlosen und die Stadt

Wodiczkos und Lurias Homeless-Vehicle-Projekt, das sich 1988 der Medien und der Aussagekraft ihrer Bilder bediente, um die öffentliche Wahrnehmung eines brennenden sozialen Problems in den Innenstädten zu beeinflussen, war als Medienaktion ein spektakulärer Erfolg gewesen. Es schlug eine Bresche in die gewohnte Debatte um die Entwicklung der Städte und bewirkte eine grundlegende Änderung der Argumentation. Das Projekt machte sich den Einfluss der Medien zunutze, um die Wählerinnen und Wähler, die sich normalerweise von ihren Familien- und Krimiserien einlullen liessen, mit einem eindrucksvollen Bild zu konfrontieren. In der Folge musste die Stadtregierung ihre Wohnungspolitik ändern. Die „Verlierer" machten nun vorübergehend Geschichte im umkämpften öffentlichen Raum der Stadt, und sie waren in grosser Zahl im traditionellen öffentlichen Raum – auf den Strassen der Stadt – gegenwärtig. Die Doppelnatur des Projekts, seine Intervention als Medienspektakel und als Strassenobjekt, war für seinen Erfolg und seine enorme Öffentlichkeitswirkung entscheidend.

In den vergangenen Jahren hat es nur wenige vergleichbare Projekte mit einer ähnlich aufrüttelnden Doppelpräsenz gegeben. Mit Ernüchterung müssen wir feststellen, dass das Äquivalent zu Wodiczkos und Lurias Homeless-Vehicle-Projekt Sterns Pläne zur Neugestaltung der 42. Strasse sind. So wie Wodiczko und Luria ein paar sorgfältig überlegte Bilder und Strassenaktionen produzierten, so repräsentieren zwei genau durchdachte Bilder und die Verheissung einer Disneywelt auf der Strasse Sterns Vision. Wie die Obdachlosen zuvor, sind jetzt die grossen Medienkonzerne und Immobilienfirmen rund um den Times Square in der Lage, Macht über die Entwicklung der Stadt zu gewinnen. Aber im Gegensatz zum Homeless-Vehicle-Projekt, das 1985 den Status quo in seinen Grundfesten erschüttert hatte, kündigt die Disney-Verheissung von 1995 die staatlich finanzierte Rückkehr zum Status quo ante, die Wiederherstellung des unsanft gestörten Traumes, an. Eine solche Verwendung öffentlicher Mittel mag empören, entspricht jedoch längst den allgemeinen Gepflogenheiten in einer Zeit, in der Architekten und Baugesellschaften routinemässig Werbeagenturen damit beauftragen, ihre Imagekampagnen in öffentlichen Foren und dem „Urban Land Use Review Process" zu leiten. Tatsächlich sind die Medien der Stadt fest in der Hand von Eigentümern und Investoren, deren Werbekampagnen zugunsten ihrer Projekte beispielhaft belegen, wie sich die Stadt zu einem leicht konsumierbaren Luxusartikel wandelt, einem pittoresken, harmlosen Bild sowohl in den Medien als auch auf den Strassen selbst.

Die Manipulation der Sehnsucht nach dem Stadtleben durch die Medien hat die urbane Szenerie in ein Schauspiel verwandelt, ein Konsumgut für jeden, der es sich leisten kann. Vielleicht sind wir in eine neue barocke Phase öffentlicher Machtdemonstration eingetreten, die inzwischen in elektronischer und medialer Verpackung auf der Basis der Bezahlung pro Blick geboten wird. In den Vereinigten Staaten leben die meisten Menschen heute in Vorstadtvierteln, und das Leben der Innenstadt hebt sich exotisch und fremdartig von ihrem Alltag ab. Sie sehnen sich nach der Gesellschaft und der Nähe, die die Innenstadt bietet – immer wieder dienen Stadtszenen als Hintergrund für Werbespots, in denen Luxus- oder Modeartikel angepriesen werden –, aber als Vorstadtbewohner fühlen sie sich zugleich ausserordentlich verletzbar in den Strassen der City. Die Medienpräsenz der Stadt hat enorme Auswirkungen, die sich in einer Vielzahl urbaner Scheinbilder in den Einkaufspassagen und Geschäftsvierteln niederschlägt. Zwar gibt es immer noch Millionen von Pendlerinnen und Pendlern, die zur Arbeit in ihre Innenstadtbüros fahren, aber die meisten neuen Arbeitsplätze wurden in den Vierteln am Rande der City geschaffen. Überall in den Vereinigten Staaten ist die Situation der Innenstädte, die sich allmählich zu Erholungszentren und Themenparks wandeln, äusserst kritisch (Detroit hat einem in der Nähe ansässigen Indianerstamm ein verlassenes innerstädtisches Geschäftsviertel zum Rückkauf angeboten, damit er dort legale Spielcasinos eröffnen kann).

Der Drang nach Sicherheit, Sauberkeit und Ordnung, der die Obdachlosen aus dem Blickfeld vertrieben hat, ist als Teil der allgemeinen Verschiebung im Wirtschaftsgefüge zu begreifen, in einer Zeit, in der sich die grossen Unternehmen für den Ansturm des neuen Massenproletariats rüsten, das im beginnenden dritten Jahrtausend das Bild der Stadt besuchen und konsumieren wird. In dieser Situation kann das Scheitern von Wodiczkos zweitem Projekt eigentlich nicht verwundern. Ironischerweise wurden die Strassen der nordamerikanischen Grossstadt von Weltunternehmen zurückgefordert, und zwar im Namen ihrer Kunden, der medienhörigen „Sieger" der Einwanderermittelklasse, die wenig Verständnis aufbrachten für das Bild der Armut und der Ungebundenheit, das die obdachlosen „Besiegten" vermittelten. Es hat sich erwiesen, dass Wodiczkos Obdachlosenmobil nur die erste Runde eines vermutlich langen Kampfes um die Macht über die Seele der City kennzeichnet.

Aus dem Amerikanischen von Waltraud Götting

Anmerkungen

[1] „Flexible New York"-Ausgabe der „Design Book Review", Nr. 23, Winter 1992

[2] Die Zeitschrift wurde inzwischen eingestellt. (Anm. d. Hg.)

[3] Diana Balmori/Margaret Morton, Transitory Gardens, Uprooted Lives, Yale University Press, 1993

[4] in: The Homeless, Harvard 1994

[5] Bd. 8, Nr. 7, Februar 1992, S. 4

[6] in: In These Times, 14. November 1994

[7] Hg. von Michael Sorkin, 1992

[8] City Lights, September 1995

Berichte

Bettina Kaps

Bojen für Obdachlose

Ein Wettbewerb, eine Ausstellung und fast keine Folgen

Paris ohne Obdachlose, ohne seine pittoresken Clochards unter den Brücken? Diese Vorstellung scheint utopisch, so sehr prägen die SDF, wie man sie neuerdings nennt, das Stadtbild. Mindestens 40'000 Menschen – das entspricht einer Kleinstadt – leben ohne festen Wohnsitz in der Metropole. Die amtliche französische Abkürzung (SDF = „sans domicile fixe") ist daher längst in die Alltagssprache eingegangen. Das Phänomen betrifft natürlich nicht nur Paris: Bis zu 400'000 Wohnungslose gibt es in Frankreich, drei bis vier Millionen in Westeuropa. „Und das ist nur der Anfang einer Welle von SDF, wie es sie noch nie gegeben hat, die in der Lage sein wird, jegliche politische Macht zu destabilisieren." Eine solche Entwicklung prophezeien der französische Philosoph und Urbanist Paul Virilio und der Architekturprofessor Chilpéric de Boiscuillé. Die weltweite Vernetzung durch die neuen Kommunikationsmittel führe dazu, dass die Arbeit weltweit verteilt wird, auf Kosten der ländlichen Regionen. „Die Stadt wird zum endgültigen Anziehungspunkt." Virilio spricht daher von „Welt-Städten", von „mondialen Städten" („villes-mondes"). Als Mitglied des von François Mitterrand ernannten „Hohen Komitees zur Unterbringung benachteiligter Personen"[1] analysiert er nicht nur, sondern sucht auch nach konkreten Problemlösungen.

Um den Obdachlosen einen Halt zu bieten, so meint er, müssten wir unsere Städte neu ausstatten und „das städtische Mobiliar revolutionieren". Virilio und de Boiscuillé fordern so einschneidende Neuerungen, wie es einst die unter Ludwig XIV. aufgestellten Strassenlaternen waren, welche die Sicherheit auf den Strassen revolutionierten. Ihr Vorschlag sind „urbane Bojen", „Rettungsinseln" („balises urbaines"). Sie greifen dabei auf ein Kozept Le Corbusiers zurück, der Städte mit Passagierdampfern verglich. „Wo", so fragt Virilio, „sind die Rettungsinseln in den heutigen Metropolen?"

Um die Idee der Rettungsinseln zu konkretisieren, schrieben Virilio und de Boiscuillé im November 1993 einen internationalen Architekturwettbewerb aus; gesponsert wurde er von der Camping-Gas-Firma „Butagaz", mit deren Produkten die Wohnungslosen nur zu vertraut sind. In der Ausschreibung gaben sie detailliert vor, wie diese Versorgungseinrichtungen „gegen das Scheitern" konzipiert sein sollen. Gedacht ist an Orte in der City, wo die Obdachlosen ihre Habe sicher einschliessen, wo sie sich waschen, rasieren, ihre Kleidung säubern und flicken können. Schlafen und Essen ist in solchen Inseln nicht möglich. Statt Bett und Kantine gehören jedoch Telefon und Faxgeräte in das Gebäude. Sowohl saubere Kleidung als auch der Zugang zur Telekommunikation sind Voraussetzung dafür, dass die Wohnungslosen eine Chance haben, „im gesellschaftlichen Spiel weiter mitzuspielen", betonen Virilio und de Boiscuillé. Denn in unserer Gesellschaft, heisst es in der Ausschreibung, lebe es sich bereits in zwei Geschwindigkeiten. Da gebe es einerseits Menschen in der „Realzeit", die an Fax, Telefon, Modem und andere „Systeme des städtischen Nomadentums" angeschlossen seien, andererseits Menschen, die in „vernetzter" Zeit lebten; sie hätten nicht die Ausbildung, die es ihnen ermöglichen würde, mit Hilfe dieser Systeme eine bezahlte Tätigkeit zu ergreifen oder zu kreieren. Diesen Menschen drohe der soziale Abstieg, denn viele von ihnen würden nach der Arbeit auch die Wohnung verlieren, weil sie die Miete nicht mehr bezahlen könnten. Virilio und de Boiscuillé bezeichnen sie als „städtische Nomaden", die von der „Tele-Sozialität" ausgeschlossen seien. Auf der Boje, der Rettungsinsel, könnten alle, die gegen ihren Willen nomadisiert wurden, vorübergehend sesshaft werden.

Die Resonanz auf die Ausschreibung war gross: 507 Entwürfe wurden eingereicht, elf wurden prämiert und im Rahmen der Ausstellung „La Ville" im Centre Pompidou gezeigt. Der Wettbewerb hatte den Architekten reale Standorte in Paris, Nantes, Marseille und Lyon vorgegeben: durchwegs kleine, äusserst schmale Flächen in den Stadtzentren, die für jede andere Bebauung ungeeignet sind. Die Architekten konnten dadurch nur in die Höhe oder – so ein ausgefallener, vielfach als zynisch kritisierter Entwurf – in die Tiefe bauen: Eine Architektengruppe schlug einen heizbaren Bürgersteig vor; Duschen, Schliessfächer und die übrigen Versorgungseinrichtungen richtete sie unterirdisch ein. Andere klebten die Rettungsinsel wie ein Schwalbennest an die angrenzende Häuserwand. Einige Entwürfe erinnern an die Passagierschläuche, die zu Flugzeugen führen. Eine schweizerische Agentur griff zu Fertigbauteilen: Die geforderten Einrichtungen wurden in drei bis vier mobilen Containern untergebracht, die dann an jedem gewünschten Ort aufgestellt werden können. Massive Wände aus rostfreiem Stahl sollen die Benutzerinnen und Benutzer vor neugierigen Blicken schützen. [...]

Bei den Obdachlosen selber stiess nur eine Einrichtung der „Rettungsinseln" auf breiten Beifall: die Schliessfächer. „Es wäre eine Hilfe, wenn wir unsere Habe sicher unterbringen könnten, so dass wir nicht gleich als SDF abgestempelt werden und auch vor Dieben sicher sind", meint Hubert Prolongeau, der einen Winter lang auf der Strasse gelebt hat. „Bislang gibt es in Paris kein einziges kostenloses Schliessfach." Ihn schockiert jedoch, dass die Inseln als dauerhafte, unserer Zeit angepasste Einrichtungen gedacht sind: „Das bedeutet doch, dass sich die Gesellschaft damit abgefunden hat, dass es immer Obdachlose geben wird."

Diese kritische Einschätzung teilt auch der Architekt Raphaël van der Beken, der einen nicht als Dauereinrichtung gedachten Entwurf eingereicht hat; zu seinem Erstaunen wurde er dennoch prämiert. „Die Idee der Permanenz habe ich abgelehnt, für mich handelt es sich um ein kurzlebiges Gebäude." Empört haben ihn zwei weitere Vorgaben: Die Ausschreibung verlangte, dass die Fassaden dieser hundert Quadratmeter grossen Inseln für Reklame zur Verfügung stehen sollen. Auf diese Weise könne das Projekt durch die Privatwirtschaft finanziert werden, der Staat würde auf bequeme Weise entlastet. Ausserdem sollte an der Aussenwand Platz sein für kleine Stellenangebote. „Wenn ein benachbartes Café schon jemanden zum Putzen braucht", heisst es in der Ausschreibung, „so braucht es nur bei der ‚balise' anzurufen. […] Durch Werbung soll also den Leuten geholfen werden, die sich die angepriesenen Waren selber nie leisten können", folgert Raphaël van der Beken. „Und die Jobangebote zielen wohl auf eine Rückkehr des Tagelöhners."

Virilio und de Boiscuillé beschrieben auch, wie die zuständigen Gemeinden den Zugang zu diesen Versorgungseinrichtungen regeln sollten: Dort könnten Obdachlose etwa eine Magnetkarte abholen, die einen Monat lang Einlass gewährt – Voraussetzung sei allerdings, dass sie sich auch ausweisen können. Türen zu also für Ausländerinnen und Ausländer ohne gültige Papiere oder für Straffällige. Hier setzt die Kritik der Organisationen an, die den Obdachlosen tagtäglich Hilfe anbieten – sie waren übrigens bei der Vorbereitung des Wettbewerbs nicht zu Rate gezogen worden.

Olivier Node-Langlais von „ADT-Quart monde" sieht die Gefahr, dass die „Bojen" eine neue Hierarchie innerhalb der Obdachlosengesellschaft schaffen: „Sollten sie verwirklicht werden, so wird es Obdachlose geben, die das Recht haben, die Rettungsinseln zu benutzen, die also als noch gesellschaftsfähig, als brauchbar eingestuft werden, und solche, die keinen Zugang dazu erhalten. Diese Menschen sind damit als vollends unbrauchbar abgestempelt."

Die jüngste Entwicklung scheint Kritikerinnen und Kritikern recht zu geben: Während den am Wettbewerb Teilnehmenden zunächst erklärt worden war, dass zumindest einige Entwürfe die Chance auf Verwirklichung hätten, wollen die Initianten nunmehr nichts mehr davon wissen. Es sei ein reiner Ideenwettbewerb gewesen, sagen sie heute. Um das Konzept der Rettungsinseln dennoch in der Realität zu testen, soll nun die Verwirklichung eines „Prototyps" in Angriff genommen werden – in einem bereits existierenden Gebäude. „Es gibt also kein architektonisches Problem mehr", sagt Raphaël van der Beken. „Der Wettbewerb war zu nichts nutze. Wir haben uns übers Ohr hauen lassen."

Anmerkung

[1] Das „Haut Comité pour le logement des personnes défavorisées" setzt sich (Januar 1995) wie folgt zusammen: Louis Besson, sozialistischer Bürgermeister von Chambéry (Savoie); Hayette Boudjema (Maison des potes); Françoise Gasparde, ehemalige sozialistische Bürgermeisterin von Dreux (Eure-et-Loire); Geneviève de Gaulles-Anthonioz, Präsidentin von ATD-Quart monde; Euzhan Palcy, Cineast; André Chaudières (Fondation Abbé Pierre); Professor Albert Jacquard, Ehrenpräsident von „Droit au Logement"; René Lenoir, Präsident von Uniopss; Paul Virilio, Urbanist. (Anm. d. Hg.)

Hans Spindler

City Sleepers

Donald MacDonalds Minimalbehausung für Obdachlose in San Francisco

Üblicherweise machen Architekten Schlagzeilen als Entwerfer von Konzerthäusern, Museen, ja selbst von repräsentativen Firmensitzen. Die zahlreichen Porträts über den 1935 in Kanada geborenen und in San Francisco beheimateten und arbeitenden Donald MacDonald, die 1987 überall in den Vereinigten Staaten, aber auch jenseits des Atlantiks veröffentlicht wurden, galten jedoch einem Architekten ganz anderen Typs.

Der Architekt, der bis dahin Hotels, Wohnanlagen, Einrichtungen für den Wintersport und anderes entworfen hatte, entdeckte bei seinem Umzug von der Luxusmeile Union Street in die ausserhalb des Zentrums gelegene Page Street zwei Männer, die auf seinem Parkplatz schliefen. Er tat, was alle üblicherweise tun: Er rief die Polizei. Aber als die Obdachlosen – zwei von 2500, die 1987 in San Francisco auf der Strasse leben – am Morgen des nächsten Tages zurückkehrten, machte er etwas, das nur wenige in einer solchen Situation tun: Er setzte sich zu den beiden Männern und redete mit ihnen. Dann setzte er sich an sein Reissbrett und ersann zwei leicht aus Sperrholz zu montierende Container. So klein und eng die „City Sleeper" getauften Hütten auch waren, die beiden Obdachlosen hatten unerwartet ihr eigenes Heim.

Der „City Sleeper" – 2,40 Meter lang, 1,20 Meter breit und 1,20 Meter hoch – steht rund 45 Zentimeter über dem Strassenniveau auf vier umgedrehten Wagenhebern, die sich den Unebenheiten des Untergrundes anpassen lassen, und bietet Platz für eine Person. Die Tür klappt nach oben auf und lässt sich, in der Horizontalen fixiert, auch als Vordach benützen. Bei schönem Wetter entsteht so eine kleine „Veranda". Ein Schiebefenster und kleine Lüftungsöffnungen sorgen für ausreichend Frischluft bei geschlossener Tür. Die zehn Zentimeter dicke Schaumstoffmatratze bietet einigen Schlafkomfort und dient zugleich als Wärmedämmung. Die Körpertemperatur gibt genügend Wärme während der Nacht. Ein kleiner Kleiderschrank und ein Regal nehmen die persönliche Habe auf. Insgesamt kostete die „Kiste" 1987 rund achthundert Dollar. Genügend Platz, sie aufzustellen, sagt MacDonald, sei praktisch überall.

MacDonald berichtet, dass die kleinen Häuser abschätzig „Hundehütten" genannt worden seien, obwohl sie doch Obdachlosen einen Ort böten, wo sie dem Regen nicht ausgesetzt seien, einen Platz, an dem sie sich sicher fühlten, eine Tür, die sie hinter sich schliessen könnten. Genau das, was Menschen ohne Dach über dem Kopf fehlt und was denen selbstverständlich ist, die jede Nacht ein warmes Bett haben, ohne einen Augenblick lang darüber nachzudenken, dass das, was sie für die gewöhnlichste Sache der Welt halten, für andere einen luxuriösen Traum bedeutet: ein sicherer Ort zum Schlafen. Keineswegs, sagt MacDonald, seien die von ihm entworfenen Kisten dafür gedacht, angemessene Unterkünfte für arbeitslose, behinderte oder auf irgendeine sonstige Art benachteiligte Obdachlose zu ersetzen.

Der „City Sleeper" machte MacDonald von einem Tag auf den anderen als Anwalt der Obdachlosen bekannt. Die Stadtverwaltung von San Francisco sah die Sache anders. Das „California Department of Transportation", Eigentümerin des

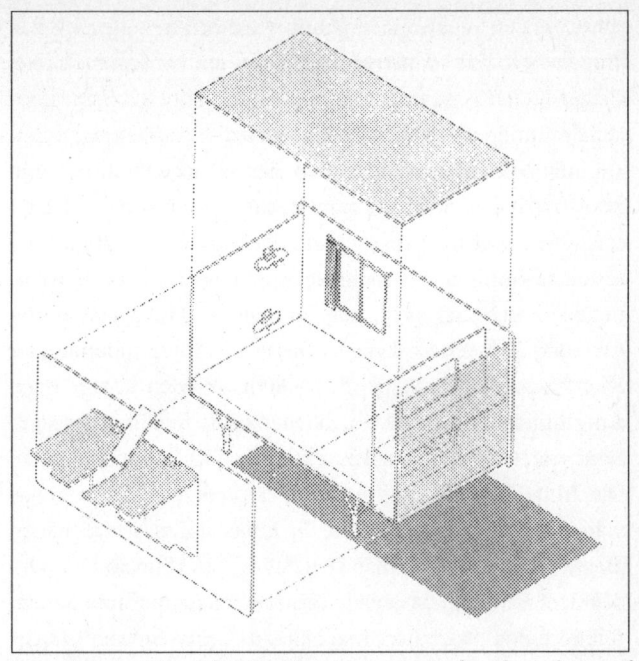

Donald MacDonalds City Sleeper: „Die Aufmerksamkeit auf die lenken, die auf der Strasse leben"

von MacDonald gemieteten Parkplatzes, auf dem der Architekt die beiden Kisten plaziert hatte, ging unverzüglich gerichtlich gegen ihn vor. Die Auseinandersetzung dauerte ein Jahr – mit dem Resultat, dass MacDonald die „City Sleepers" auf privaten Grund stellen musste, wo sie für weitere drei Jahre bewohnt wurden.

Der „City Sleeper" ist so etwas wie ein Symbol für MacDonalds Idee, dass Obdachlosigkeit ein Problem ist, das sich lösen lässt. Er wollte zeigen, dass es technisch möglich ist, für Menschen einfache, trockene und sichere Behausungen zu schaffen. Architekten seien es nicht gewohnt, in diese Richtung zu denken, sie hätten die Armen und Ärmsten einfach aufgegeben. Sie bewegten sich auf den einträglicheren Ebenen des Immobilienmarktes. „Ich wollte die Aufmerksamkeit auf diejenigen lenken, die auf der Strasse leben und selten in der Lage sind, sich ihre eigenen Behausungen zu bauen." Und er zitiert einen Kongressbericht, der für das Jahr 2003 rund achtzehn Millionen obdachlose Amerikanerinnen und Amerikaner vorhersagt. Von den fünftausend Holzhäusern, die nach dem grossen Erdbeben von 1906 für die Linderung der Wohnungsnot gebaut worden waren, stünden immer noch einige, und viele von denen, die in ihnen lediglich vorübergehend wohnen wollten, seien schliesslich für Jahre geblieben. Die Mittelklassen-Mythologie aber predige, dass das, was man sich an Raum wünsche, auch das sei, was man haben müsse – ganz egal, ob man sich das leisten könne oder nicht. Mit dem Resultat, dass viele überhaupt keinen Raum haben.

Zweifellos produziert MacDonalds „City Sleeper" ungezählte Probleme. Das minimale Einraumhaus verletzt die gern geltendes Recht genannte herrschende Eigentumsordnung und verstösst gegen geltende Vorschriften. „Unser erstes Interesse aber gilt denen", sagt MacDonald, „die sich den ganzen Tag auf der Strasse aufhalten und auf der Suche sind nach einem sicheren Platz." In der Auseinandersetzung mit der Obdachlosigkeit könne es deswegen nicht vorrangig um die Frage gehen, ob etwas legal sei. In einer Gesellschaft, die so wohlhabend sei wie die unsere, könne man es sich wohl leisten, denen gegenüber grosszügig zu sein, für die die Schaffung einer Unterkunft – und sei es auch der notdürftigsten – die dringlichste Sache ist. „Der ‚City Sleeper' ist ein kostengünstiger, leicht zu realisierender Weg, menschlich zu sein", sagt MacDonald.

Der „San Francisco Chronicle" berichtete Ende Februar 1988, dass eine kleine Gruppe von „urban guerillas", die meisten von ihnen Architekten unter dreissig, in Atlanta Hand anlegten, um Obdachlosen ein Dach über dem Kopf zu schaffen. Die zwölf nennen sich selbst „madhousers". Was ein Jahr zuvor als Bierrunde begann, entwickelte sich zu einer Art Open-Air-Schreinerei mit einem Anliegen. Die Nachtarbeiter testen den Boden, stellen die vier Wände auf und hämmern im Wettlauf mit der Zeit. Zwanzig Minuten später ist die neue Unterkunft fertig.

Dass ihre Arbeit illegal ist, kümmert sie herzlich wenig. Überall in Atlanta stünden die Hütten, auf öffentlichem wie auf privatem Grund, und keine der bislang errichteten zweiundzwanzig Unterkünfte ist laut „Chronicle" abgerissen worden. Anders als in San Francisco seien die Staatsbehörden nicht durchwegs der Law-and-order-Linie gefolgt. MacDonalds Initiative hat jedenfalls Schule gemacht.

Marcel Schwander

Zwei Eisenbahnwagen für Genfer Obdachlose

Immer mehr Menschen ohne festen Wohnsitz in der Léman-Metropole

Genf, November 1993: Das altertümliche Statiönchen Les Eaux-Vives erinnert an ein Laubsägechalet. Im kleinen Kopfbahnhof bringen internationale Regionalzüge Grenzgänger aus der französischen Nachbarschaft und holen Ausflügler aus Genf nach Annemasse.

Seit einigen Tagen warten beim Bahndepot zwei renovierte SBB-Wagen. Im einen finden sich statt der früher fünfzig Couchettes dreissig komfortablere Liegeplätze, im anderen eine Küche und Tischchen sowie knallrote und grellgrüne Kunstledersitze: ein Speisewagen. Gute Reise! Ist nicht das ganze Leben eine Fahrt ins Ungewisse? Doch wohin geht hier die Fahrt? Überraschung: Die beiden Wagen erwarten ab Mitte Dezember zwar ihre Passagiere – aber abfahren werden sie nicht.

Die Waggons sollen in der eisigen Zeit von Krise und Arbeitslosigkeit dreissig Bedürftigen für Wochen oder Monate Obdach bieten. In Genf gebe es immer mehr Obdachlose, meint der Gassenarbeiter Noël Constant, der bereits 1987 die Gratisunterkunft „La Coulou" an der Rue de la Coulouvrenière gründete: fünfzig Menschen erhalten hier Schlafplatz, Frühstück und Abendessen. Doch eine Gratisunterkunft für mindestens hundertfünfzig Menschen wäre notwendig.

Immer mehr Bedürftige

In der Auffangstelle „Le Caré" (Caritas-Accueil-Rencontres-Echanges) an der Rue du Bureau erklärt Jean-Marie Viénat, die Zahl der Menschen ohne festen Wohnsitz in der Stadt habe in einem Jahr fast um die Hälfte zugenommen. Experten schätzen, dass über tausend Menschen kein festes Domizil haben. Darunter sind viele Walliser, Jurassier, Neuenburger, junge Leute zwischen zwanzig und fünfundvierzig, die in Genf ihr Glück zu machen hofften und nun auf der Strasse stehen.

Viele haben als Besetzer leerstehender Gebäude eine provisorische Unterkunft gefunden, andere übernachten in Parks und Kellern. Zu den Clochards gesellen sich Arbeitslose am Ende ihrer Unterstützungszeit.

Der Freiburger Maurer Joël (37), Vater von drei Kindern, hat alles verloren: Stellung, Familie und Zuhause. Er hatte oft in der Nachtschicht gearbeitet, wie er erzählt: Er entdeckte, dass seine Frau einen Freund hatte; sie verlangte die Scheidung; er stand auf der Strasse. Vorerst schlief er auf Parkbänken und zog dann als „Squatter" in ein leerstehendes Haus in Carouge ein. Der Walliser Spengler Pierre (55), seit über zwei Jahrzehnten verwitwet, lebt seit Jahren als Obdachloser in Genf. Mit fünfzig wurde er von der Baufirma entlassen, bei der er vierundzwanzig Jahre lang tätig gewesen war. Zwei Jahre arbeitete er dann bei einem Abbruchgeschäft, das schliesslich Konkurs machte; ohne Arbeitslosenunterstützung strandete er 1991 in Genf, suchte Arbeit, doch: „In meinem Alter ist dies aussichtslos. Nicht zu alt war ich allerdings, als ich meine Arbeitskraft für Putzarbeiten anbot ... für fünf Franken Stundenlohn!" Er nächtigt in Hinterhöfen und Kellern, verpflegt sich im „Coulou" oder „Caré". Vor seiner Tochter, die im Ausland lebt, verheimlicht er seine Lage: „Wenn sie kommt, empfange ich sie in einem Studio, das mir ein Freund zur Verfügung stellt."

Nicht alle Genfer „gewinnen"

An die Leute, die in der Nacht beim Bahnhof Cornavin auf der Treppe zur Parkgarage, auf den Sitzbänken und bei der Kirche Notre-Dame in einem Winkel kauern, verteilen Eddy und Maryse Nussbaum von der Organisation „Peau d'Ane" zweimal wöchentlich etwas Nahrung und Kleidung.

Mehrere andere Institutionen liefern Nahrung und Unterkunft, meist aber gegen – bescheidene – Entschädigung, etwa zehn Franken für das Mittagessen auf dem Dampfer „Genève", dessen Name nun traurigen Symbolwert bekommt. Die Heilsarmee hat meist noch Plätze frei: Sie bietet Unterkunft, Suppe am Abend und Frühstück, ebenfalls für zehn Franken. „Doch wie kann man Geld von Leuten verlangen, die keines haben", meint Noël Constant. Ein Passant fügt hinzu: „Vor den Wahlen hat man uns die Ohren vollgeredet mit dem Slogan ‚Genève gagne' – Genf gewinnt, doch jeden Abend sieht man hier jenes Genf, das nicht auf der Gewinnerseite steht."

Ungenügende Mittel

Die Eisenbahnwagen von Les Eaux-Vives werden von den SBB gratis zur Verfügung gestellt, ihr Betrieb – rund 100'000 Franken jährlich – wird über das Genfer Rote Kreuz finanziert. Noël Constant hat hier eine Selbstverwaltung eingeführt, die er bereits in „La Coulou" erprobt hat. „Die Mittel zum Kampf gegen die Opfer der Krise sind ungenügend, was bei 1600 Arbeitslosen in Genf nicht erstaunt", betont Rotkreuz-Direktor Jean-François Labarthe. Und nach dem Hinweis, dass er sich in den letzten Jahren vor allem mit Immigrantinnen und Immigranten befasst habe, meint er: „Wir müssen wieder lernen, unsere dringlichsten Bemühungen auf Genf auszurichten."

Die Eisenbahnwagen waren auch im Winter 1995/96 wieder im Einsatz.

Maria Biel

Obdachlos in Glanz und Glamour

Die Schattenfrauen von Kalifornien

Die Nächte verbringen sie in Autos versteckt, in Friedhofskapellen und Rohbauten – oder offen in 24-Stunden-Zufluchtsorten wie den Hotel-Kasinos von Atlantic City, Bus-Terminals und billigen Cafés. Tagsüber halten sie sich in Einkaufszentren, Bibliotheken oder den öffentlichen Bereichen von Krankenhäusern auf. Sie ernähren sich auf ihren Streifzügen durch Lebensmittelgeschäfte, benützen Gutscheine für freie oder billige Mahlzeiten oder versuchen, in überfüllten Restaurants die Zeche zu prellen. Sie sind gepflegt, geschmackvoll gekleidet und nett frisiert, und sie scheinen heiter zu sein. Sie sehen wie ganz „normale" Kundinnen aus und benehmen sich auch so, sind aber alleinstehende obdachlose Frauen – hauptsächlich über vierzig und überraschend gut ausgebildet –, die in guter Gesellschaft nicht auffallen würden.

Diese „Schattenfrauen" (shadow women) ziehen von Ort zu Ort oder richten sich ihre tägliche Routine so ein, dass sich alles Lebensnotwendige innerhalb eines bestimmten Radius erledigen lässt. Ich fand (und finde) sie in allen städtischen und vorstädtischen Gegenden: in den Villenvierteln, im Stadtzentrum, in crosstown und am Strand; dort, wo sich die Touristen herumtreiben, am Bahnhof, am Hafen und in allen möglichen Schlupfwinkeln.

(Aus: Marjorie Bard, *Shadow Women. Homeless Women's Survival Stories*, Kansas City 1990)

Warum gibt es im folgenden Beitrag ebenso wie in Marjorie Bards Buch keine Fotos? Reporter, berichtet sie, seien scharenweise gekommen. „Ich habe immer gesagt: ‚Was wollen Sie für die Frauen tun, nachdem Sie sie aus ihrer Anonymität gezerrt haben? Was, wenn Sie erst mal Bilder von ihnen veröffentlicht haben?' – ‚Natürlich können wir nichts für sie tun', war die Antwort. – ‚Gut', war die meine, ‚wir sind nicht daran interessiert, uns ausbeuten zu lassen. […] Ich kann es mir leisten, mein Gesicht zu zeigen und meine Geschichte zu erzählen. Die anderen leben noch im Verborgenen.'" (Marjorie Bard im Interview mit Maria Biel, 1994) Sobald sie bekannt sind, kriegen sie keinen Job mehr oder werden, wie die Autorin weiss, auf der Stelle gefeuert.

*

Doktor Marjorie Bard möchte sie nicht genannt werden: „Mimi, bitte! So kennt mich hier jeder." Routiniert steuert die blonde, resolut wirkende Amerikanerin ihren kleinen Honda die kurvigen Strassen hinauf in die Anhöhen von Beverly Hills. Die Gegend riecht nach Geld: Üppige, gepflegte Bougainvillea-Büsche verstecken die weissen Villen vor neugierigen Blicken; hier und da stehen die sauber geputzten Trucks des Gartenpersonals vor dem Seiteneingang. Automatische Bewässerungsanlagen halten den Rasen im ewigen Sonnenschein Südkaliforniens dunkelgrün; in den Auffahrten zu den Traumhäusern parken Wagen der Luxusklasse.

„Da", sagt Mimi Bard plötzlich und zeigt auf einen dunkelroten Cadillac mit fast schwarz getönten Scheiben, der unauffällig am Rande einer Sackgasse des Coolwater Canyon steht. „In dem Auto lebt eine Obdachlose. Ehemalige Immobilienmaklerin. Sie heisst Joan. Ich habe ihr geholfen, den Cadillac entsprechend umzurüsten." Soll das heissen, dass diese Frau keine Wohnung hat und hier, in einer der Luxusgegenden von Los Angeles, im Auto auf der Strasse campiert?

„Ganz richtig", antwortet Mimi. Den ungläubigen Tonfall ist sie gewohnt. „Von diesen Frauen gibt es Hunderte in jeder amerikanischen Grossstadt, wo das Klima es zulässt. Sie bleiben anonym, sind meist gut ausgebildet und smart, sind edel gekleidet. Sie sehen aus, als ob sie gerade in ihren feinen Golfclub gehen oder regelmässig bei Chanel einkaufen. Aber sie sind obdachlos."

Mimi Bard weiss genau, wovon sie spricht. Vor einigen Jahren war sie selbst eine solche „shadow woman". So nennt Bard die obdachlosen Frauen, die sich eines Tages – aus ihrem Mittel- oder Oberschichtdasein herauskatapultiert – auf der Strasse wiederfinden.

Auch Mimi Bard selbst stürzte tief. Nicht in ihren schlimmsten Alpträumen hatte sie sich vorgestellt, dass ihr anfangs so liebender Ehemann sie nach ein paar Jahren sang- und klanglos aus dem gemeinsamen Haus werfen würde. Das Leben in dem teuren Vorort von Baltimore schien so bürgerlich, so gut abgesichert. Mimis Exgatte brachte als selbständiger Geschäftsmann genügend Geld nach Hause. Sie selbst war Hausfrau und Mutter, gab nebenbei Kurse im nahe gelegenen College, verkaufte – als Hobby – selbstgemachten Schmuck.

An diesem einen schwarzen Tag vor sechzehn Jahren teilte der Göttergatte seiner Frau mit, dass er sie nicht mehr sehen wolle. Punktum! Nachdruck verlieh er seinen Worten, indem er mit einer Pistole vor ihrer Nase herumfuchtelte.

Fluchtartig verliess Mimi das gemeinsame Heim. „Den Nerzmantel und eine Kühltasche habe ich noch ins Auto gepackt. Wieso, weiss ich nicht. Und das Werkzeug zum Schmuckmachen. Dann ging ich zur Polizei."

Die fühlten sich nicht zuständig. Es war ja nichts Kriminelles passiert. Als nächstes fuhr Mimi zur Bank. Dort traf sie beinahe der Schlag. Gemeinsame Konten und Wertpapierdepots hatte ihr Mann schon auf seinen Namen umschreiben lassen. Mimi besass noch ganze siebenhundert Dollar Bargeld. Aber ein Anwalt würde die schreckliche Lage sicher wieder ins Lot bringen. Doch es fand sich keiner, der ohne einen Vorschuss von fünftausend Dollar den Fall übernehmen wollte. Freunde, die Mimi so viel Geld leihen würden, hatte sie nicht: „Was bedeutet Freundschaft schon? Leute, mit denen man abends mal essen geht? Kollegen? Nein, da läuft nichts."

Mimis Mutter in Kalifornien sollte nichts von dem Unglück wissen. Sie hätte finanziell sowieso nicht aushelfen können. So sass Mimi Bard in ihrem Auto und war obdachlos.

Sie fuhr von Baltimore nach Norden, auf eine kleine Insel vor der Küste von Maine. Dort parkte sie ihren Wagen neben einem verlassenen Sommerhaus und begann das Leben, das sie heute täglich auf den Strassen von Beverly Hills beobachtet. In Maine lernte sie die Tricks, die sie jetzt den „Schattenfrauen" weitergibt. Wo man isst, sich wäscht, seine Tage verbringt, ohne aufzufallen. Sie fertigte Ringe und Armbänder aus Material an, das die See anschwemmt, und verkaufte den Schmuck an Touristen. Sie reparierte die Fangnetze der Hummerfischer und bekam dafür Hummer.

Gern hätte Mimi in einem der zahlreichen Restaurants gearbeitet, aber keiner wollte sie einstellen: „Ich hatte null Erfahrung an der Kasse, beim Servieren, in der Küche, hinter der Bar – alles Fehlanzeige. Warum sollten die denn mich nehmen und nicht ein junges, hübsches Ding, frisch von der Schule? Die hat wahrscheinlich vorher schon in solchen Bereichen gejobbt, kann nach Mindestlohn bezahlt werden und ist vielleicht sexy obendrein."

Mimi Bard klingt nicht verbittert. Dass die amerikanische Gesellschaft in solchen Fällen mitleidlos ist, verbucht sie längst als unabänderlich. In ihren drei Jahren als Schattenfrau traf Mimi viele, denen es ähnlich ging.

Sie fing an, die Schicksale dieser Frauen aufzuschreiben. Aus dieser „versteckten Armut" wollte sie etwas machen: Mit einem Stapel Lebensstorys im Kofferraum fuhr sie zu ihrer Mutter nach Kalifornien, zog in deren Häuschen in Beverly Hills und bewarb sich an der „University of California" in Los Angeles um ein Stipendium in Sozialwissenschaften. Sie bekam es.

Ihre Doktorarbeit schrieb sie über Obdachlose. Und sie gründete eine Organisation: „Women Organized Against Homelessness", in die sie heute ihre ganze Arbeitskraft und Energie steckt.

Mimi Bard und ihre alte Mutter, die an der Alzheimerschen Krankheit leidet, leben eher bescheiden von der Rente der Mutter.

Die Überlebensexpertin
Marjorie Bard über die Tricks und Strategien der heimlichen Obdachlosen im Gespräch mit Maria Biel

Maria Biel: Was macht Ihre Organisation genau?
Marjorie Bard: Wir helfen obdachlosen Frauen aus der Mittelschicht, die hier in Beverly Hills in ihren Autos leben. Um diese Frauen kümmert sich keiner. Wenn man nicht völlig verfilzt, mit Plastiktüten beladen, auf der Strasse vor sich hingammelt, gilt man nicht als bemitleidenswert. Diese Frauen suchen nach einem Job oder auch nach einem neuen Mann – deshalb wollen sie unbedingt anonym bleiben.
Wie finden die Frauen Sie?

Ich stehe mit meiner Organisation im Telefonbuch. Manchmal gibt jemand in der Sozialbehörde ihnen ein Tip.
Und dann?
Nun, vor kurzem kam Joan zu mir, die in dem roten Cadillac. Ein typischer Fall: Sie war mit einem reichen Anwalt verheiratet, der ein Verhältnis mit seiner Sekretärin anfing. Scheidung. Joan bekam 40'000 Dollar Abfindung. Weil sie Angst hatte, dass er auf die Bahamas verschwinden und monatliche Zahlungen nicht leisten würde, akzeptierte sie. Sie zog in ein kleines Appartement. Als sie von einem Einbrecher verletzt wurde, musste sie mehrere tausend Dollar für die Behandlung bezahlen, weil sie sich keine Krankenversicherung leisten konnte. Ein paar Jahre lebte sie so, dann begannen die Rechnungen sich zu stapeln.
Warum hat Joan sich keine Arbeit gesucht?
Während der Ehe fertigte sie Accessoires für Boutiquen an, in einer Werkstatt in ihrem Haus. Jetzt hatte sie die Maschinen verloren, kein Geld, sich neue zu kaufen, kein Geld für Material. So beginnt der Abstieg in die Armut!
Was wollte Joan von Ihrer Organisation? Geld?
O nein. Als sie anrief, hatte sie ihre Wohnung aufgegeben und gerade die ersten drei Wochen in ihrem Auto geschlafen. Sie sah, dass sie damit nicht zurechtkam und rief an, um Tips zu kriegen.
Und wie haben Sie ihr geholfen?
Als erstes haben wir die hinteren Sitze aus ihrem Cadillac aus- und einen Futon eingebaut. Den bekomme ich als Ausschussware von einer Fabrik gespendet. Dann liessen wir die Scheiben dunkel tönen und befestigten rundherum Bügelhalter, stapelten stabile Schuhkartons für Unterwäsche, Papiere, Schuhe. Vor den Beifahrersitz stellten wir eine Kühlbox. Im Innern sieht das Ding jetzt aus wie ein Campingwagen.

Die Frau muss ja total deprimiert sein.
O nein. Joan ist selbstbewusst, sie sagt: „Das pack ich, ich komm schon wieder auf die Beine." Diese Frauen sind zäh, nicht wehleidig.
Sie haben über die Jahre Kontakt zu über tausend Frauen gehabt. Sind die alle durch ungerechte Scheidungen verarmt?
Die meisten, ja. Wer sich keinen Anwalt leisten kann, ist verloren. Wenn keine Familie da ist, die einen unterstützen kann, ist es dasselbe. Dabei sind längst nicht alle Schattenfrauen arbeitslos. Einige haben einen Job, der sie gerade am Rande des Existenzminimums hält. Aber das Leben in Beverly Hills ist sehr teuer.
Warum ziehen die Frauen nicht in eine preisgünstigere Gegend?
Sollen sie etwa in die Slums gehen und sich da umbringen lassen?
Warum fragen die Schattenfrauen nicht um Hilfe bei den entsprechenden Behörden?
Das ist schwer für unsere Schicht. Das System ist kompliziert und erniedrigend. Die Frauen wollen nicht in einem Computer als „obdachlos" registriert werden. So verderben sie sich jede Aussicht auf einen Job. Aber vor allem: Zuerst müssten sie ihr Auto verkaufen, um für Sozialhilfe in Frage zu kommen. Und die Heime für misshandelte Ehefrauen sind keine Alternative, da muss man mit dem Kopf unterm Arm und fünf schreienden Babys vor der Tür stehen.
Wo essen die Schattenfrauen?
Morgens schlendern sie über den Gemüsemarkt. Dort kann man viel probieren, Käse, Obst, Süssigkeiten. Zum Lunch geht Joan oft in eines dieser Restaurants mit Garten, setzt sich an einen eben verlassenen Tisch und isst ein wenig Brot und

was da sonst noch steht. Wenn der Kellner kommt, sagt sie, sie warte auf ihre Freunde. Ausserdem gibt es in den meisten Bars die tägliche Happy Hour mit diesen wunderbaren Avocado-Häppchen und Chips. Dort bestellt man sich einen Eistee und kann dann ein paar Stunden sitzen und essen.

Von Happy-Hour-Häppchen und Kostproben auf Märkten kann man leben?

Wenn es ganz schlimm kommt, muss man im Supermarkt ein Sandwich einpacken und auf dem Weg zur Kasse aufessen. Ein toller Trick sind auch Hochzeiten und Beerdigungen: In der Menge fällt man gar nicht auf. Ich schicke die Frauen auch auf politische Veranstaltungen, bei denen es Kaffee und Kuchen gibt. Und in den Einkaufszentren bekommt man überall Kostproben. Dort können sich die Frauen auch mit Gratismustern der Kosmetikfirmen schminken. Es ist unerlässlich für „shadow women", immer sauber und gepflegt auszusehen.

Wo waschen sie sich?

Es gibt hier eine Reihe Hotels mit eleganten Waschräumen in der Lobby.

Warum finden diese Frauen so schwer Jobs?

Jobs, die auf der Stelle zu haben wären, liegen im Dienstleistungsbereich: Küchenhilfe, Verkäuferin, Platzanweiserin, Putzfrau. Keine von uns hat darin Erfahrung.

Wie lange leben die Frauen eigentlich in ihren Autos?

Bis zu fünf Jahren. Dann haben die meisten einen Job oder einen Mann gefunden.

Wie denn?

Sarah zum Beispiel besass eine lebenslange Mitgliedschaft im „Country Club" in West-Hollywood. Da ging sie jeden Tag hin, ass einen Salat und trank dazu Wasser. So traf sie einen pensionierten Anwalt und hat geheiratet. Andere verbringen

viel Zeit in der Universitätsbibliothek oder im Museum und kommen dort mit jemandem ins Gespräch.
Haben die Frauen denn gar keine Freunde?
Keiner lässt einen monatelang bei sich wohnen. Die Frau im Haus wäre vielleicht noch einverstanden, aber der Ehemann kriegt einen Anfall: „Was, die soll hier jeden Abend mit auf dem Sofa sitzen? Kommt gar nicht in Frage."
Merken die Freunde nicht, was los ist?
Ach, das ist hier in Kalifornien kein Problem. Jeder ist nur mit sich selbst beschäftigt. Man sieht sich halt seltener, ist angeblich umgezogen. Die Scheidung selbst braucht kein Geheimnis zu sein – darüber spricht hier jeder ganz ungehemmt.
Ihre Organisation lebt von Spenden, und Sie selbst haben auch kein Vermögen. Wie lange wollen Sie noch für die Schattenfrauen da sein?
Wenn meine Mutter stirbt, werde ich das Haus wohl verkaufen müssen. Dann kaufe ich mir einen Minivan und ziehe nach Atlantic City. Die Spielkasinos dort, mit ihrer anonymen Hektik, sind eine perfekte Umgebung für uns „shadow women".

Ina Krauss

Wer im Schrott lebt, ist auch Schrott

Alltag in einer Wagenburg

Die Skyline vom Berliner Alexanderplatz ist deutlich zu sehen, der Fernsehturm mit seiner Kugel, ein Hotel und die Hochhäuser in sozialistischer Plattenbauweise. Inmitten von Berlin, im Stadtbezirk Friedrichshain, nur einen Steinwurf vom Hauptbahnhof entfernt, liegt East Side Gallery. Ein Stück historische Mauer, gut einen Kilometer lang, denkmalgeschützt. 1990, in der Euphorie der Wendezeit, wurde sie von Künstlerinnen und Künstlern aus aller Welt bemalt, als Zeichen dafür, dass sich das Leben in Ost und West verändern werde. Berlinreisende pilgern gerne hierher, in der Hoffnung, heute noch dieses Gefühl beginnender Freiheit miterleben zu können. Doch manchmal entgeht ihnen dabei ein anderes Stück Berliner Leben. Gelegen, aber nicht abgeschirmt hinter diesem Stück Mauer, hinter der Mauer, befindet sich East Side, eine von zehn Wagenburgen in Berlin. Sie zeugt von einer ganz anderen Vorstellung von Freiheit.

Die Mission des „Pfarrers"

„Es gibt nur zwei Dinge, die hier respektiert werden: Hunde und Frauen. Und genau in dieser Reihenfolge." Wolfgang schmunzelt. Er geniesst meinen erschrockenen Blick. Diese Reaktion ist wohlkalkuliert. Es ist seine Chance, sich meines uneingeschränkten Respekts zu vergewissern. Denn ich komme von draussen, aus dem „bürgerlichen Schweinesystem", wie man hier gerne sagt.

Leben auf East Side heisst zum Beispiel wohnen in alten, ausrangierten Bauwagen oder zugigen Bauhütten. Aber auch alte klapprige Lastkraftwagen und demolierte Busse dienen als Unterkünfte, kleine Campinganhänger und andere mobile Gefährte. Etwa hundertfünfzig Stück stehen herum, die meisten dauerhaft bewohnt. Nicht alle haben Räder. Aber alle sind Wohnung und Lebensraum, manchmal auch Freiraum und Lebenstraum. Zum Beispiel für Wolfgang. Seit sieben Monaten lebt er hier auf East Side, aber schon seit 1968 spielt sich sein Leben – mit einer kurzen Unterbrechung – in Bauwagen ab. Er hat Zimmermann gelernt. Nach der Lehre ging er auf Wanderschaft und wollte einen Freund im damaligen Westteil der Stadt besuchen. In einem Wohnwagen fand er vorübergehend Unterschlupf. Ein Leben auf kleinstem Raum, das sich auch während seines Theologiestudiums nicht änderte.

Nicht nur deshalb heisst er hier der „Pfarrer". Nachts schlichtet er Streitereien zwischen betrunkenen Wagenburglern, tagsüber hört er sich die Sorgen von ausgerückten Kindern an: weil die Eltern ihnen nicht zuhören, weil die Freundin auch von zu Hause abgehauen ist, weil das Zeugnis schlecht ist ... Wenigstens Wolfgang hört zu. Er bemüht sich auch zu vermitteln, wenn Eltern auftauchen und ganz gezielt nach „dem Pfarrer" fragen. Seine selbstgewählte Berufung und Mission nennt er eine „anstrengende Tugend". Sicher gibt die Not der anderen ihm auch das Gefühl, etwas wert zu sein.

„Eigentlich mag ich die Grundrisse von Wohnungen nicht. Da hat man immer den gleichen Blick aus dem Küchenfenster", sagt Wolfgang. Dieses Problem hat er in einem Bauwagen nicht. Den dreht er, je nachdem ob er aus seinem Fenster den Sonnenaufgang, die Spree, den Stadtbezirk Kreuzberg auf der anderen Uferseite oder den Sonnenuntergang sehen möchte. So oft, wie er gern glauben machen will, allerdings auch wieder nicht: Sein Wagen ist ringsum verstellt mit allerlei ausschlachtbarem Material. Aber die Gewissheit, dass er es theoretisch könnte, scheint ihn glücklich zu machen. „Ich kann jederzeit weg hier."

Wolfgang ist einmal für kurze Zeit sesshaft gewesen. Damals in Bremen, als seine Frau, die er auch in einer Wagenburg kennengelernt hatte, die Tochter zur Welt brachte. In festem Gemäuser mit einem richtigen Fundament fühlte er sich jedoch unwohl, dieses bürgerliche Leben fiel im zusehends zur Last. „Ich begann alles zu hassen, die gekauften Möbel, den Kühlschrank, alles." Das Ehepaar lebte in verschiedenen Wohnungen in derselben Stadt. Die Ehe wurde geschieden, Wolfgang zog quer durch Deutschland. Die inzwischen fünfzehnjährige Tochter kommt Wolfgang regelmässig besuchen, wo immer er sich gerade aufhält. „Meine Tochter kennt schon viele Wagenburgen." Obwohl sie ein Leben mit mehr Komfort gewohnt ist, akzeptiert sie, dass ihr Vater so lebt.

Wolfgang seinerseits akzeptiert, wenn sie in den wenigen Ferienwochen, die sie gemeinsam verbringen, in seinem Reich von sechs Metern Länge und zweieinhalb Metern Breite Veränderungen vornimmt. Dann baut er auf ihren Wunsch noch ein Fenster in den Bauwagen oder nimmt buntbedruckte indische Baumwolltücher als Vorhänge in Kauf. Manchmal wird das Bett verändert oder der Tisch umgebaut oder eine freie Ecke für die Tochter eingerichtet. „Alles, was gebraucht wird, baue ich selber. Das ist viel interessanter als kaufen." Und sicher auch billiger – obgleich Wolfgang keine finanziellen Probleme zu haben scheint. Er bekomme ein gutes Arbeitslosengeld, da er zwischendurch immer wieder als Schweisser arbeiten könne und dabei dank seiner Qualifikation nicht schlecht verdiene. „Aber hier reichen acht Mark am Tag zum Leben", hat er ausgerechnet.

Mitten im Zivilisationsmüll
Aus alten Materialien, Hölzern, Fenstern, Türen und Latten lässt sich das Notwendige fürs Wohnen zimmern. Wenn etwas nicht mehr gefällt, fliegt es raus. Hier braucht niemand etwas wirklich Neues. Die Wagenburglerinnen und Wagenburgler können viel von dem verwenden, was andere nicht mehr benötigen. „Sie leben vom Schrott, vom Müll, von den Abfällen", sagt Wolfgang, als gehöre er nicht dazu. Das Gelände sieht verwüstet aus. Wer mit einem der vielen Ausflugsdampfer auf der Spree unterwegs ist, blickt auf dieses Areal voller Zivilisationsmüll: Autowracks, Reifen, Autobatterien, kaputte Kühlschränke, Fernsehapparate und Waschmaschinen. Vieles werden die Leute von East Side gar nicht weiterverarbeiten. Denn ein Wagenburgler braucht weder Kühlschrank noch Waschmaschine. Doch die East Side dient einigen aus dem „Schweinesystem" als Müllkippe.

Wolfgang wettert vor allem über die jungen Leute auf dem Platz. Für die sei Körperpflege unnötiger Luxus. Doch schliesslich gebe es genügend Möglichkeiten, in öffentlichen Anlagen preiswert oder sogar kostenlos zu duschen. Was er hier teilweise erlebe, kenne er von anderen Wagendörfern in Süddeutschland oder Bremen überhaupt nicht. Krankheiten sind auf dem Platz verbreitet. Abfalltonnen und zehn Containertoiletten gibt es erst seit September 1994. Sie wurden vom Senat für Soziales finanziert, der sie auch regelmässig reinigen lässt. Diese Toiletten sind kein schöner Anblick. Sie reichen nicht aus für hundertfünfzig bis zweihundert Leute, je nach Saison. Die „Schleppe" geht um, eine stark infektiöse Hauterkrankung. Sie sieht anfangs harmlos aus: Hautrötungen und ein kleiner Eiterherd. Je länger man mit einer Behandlung zuwartet, desto schwieriger wird es aber für die Ärzte, sie in den Griff zu kriegen. „Schlechte Ernährung, vitaminlose Kost geben einem Erkrankten dann den Rest", sagt Wolfgang.

Auf East Side trifft sich die ganze Welt: Leute aus England, Irland, Polen, Ungarn, Frankreich, Deutschland, der Türkei. Ein Eskimo, der „Vorzeige-Eskimo", lebt auch hier. Familien mit Kindern wohnen hier, abgehauene Jugendliche, Studenten, Penner, Punks, Freigeister. Manche sind auf der Durchreise: von New York nach Kamtschatka oder von Grönland nach Südafrika. Andere sind auf der Flucht vor den Behörden. Sie nutzen den Schutz der Anonymität. Im Sommer ist der Platz immer etwas voller als jetzt. Knapp ein Drittel geht einer geregelten Arbeit nach, andere leben von Sozialhilfe.

Es gibt weder Wasseranschluss noch Stromleitungen, obwohl das Gelände seit 1990 als Wagenburg genutzt wird. Die meisten haben 10-Liter-Wasserkanister und holen den Nachschub von der nächsten Tankstelle, die etwa einen Kilometer entfernt ist. Aber nicht jeder macht sich regelmässig diese Mühe, bloss fürs Zähneputzen, die Körperhygiene und die Haarpflege. Man gewöhnt sich an alles, auch daran, drei Wochen lang in denselben Klamotten herumzulaufen. Obwohl bei Freunden oder in einem der vielen Waschsalons genügend Möglichkeiten vorhanden wären, die Kleider zu waschen. „Wer auf ein Mindestmass an Sauberkeit achtet, muss nicht verdreckt oder verlottert aussehen", sagt Wolfgang streng. Er selbst geht mit gutem Beispiel voran: Er trägt Jeans, ein blaues Kapuzen-T-Shirt, eine gestreifte Wollweste, eine graue Strickmütze und gute Schuhe – alles ordentlich und sauber. Die Leute auf der anderen Seite der Mauer sehen ihm nicht an, unter welchen Bedingungen er lebt.

Eine feste Adresse
Nichts ist so dauerhaft wie ein Provisorium. Doch nicht jeder hält sich freiwillig hier auf. Der fünfunddreissigjährige Speedy war fast acht Jahre lang obdachlos, ehe er auf East Side landete. Mehr als zwei Jahre lebt er nun schon hier. „Weil ich hier ein Dach überm Kopf habe." Und weil er Freunde hat. In seinem Jargon nennt er sie kumpelhaft „Idioten": „Die helfen immer, wenn mir mal was fehlt oder wenn ich gerade nichts zu rauchen habe." Speedy sehnt sich nicht danach, in einem normalen Mietshaus zu wohnen, „in so 'nem Isobau, wenn die Nachbarn nicht mit dir quatschen, sondern nur vorbeilaufen. Wenn ich so 'nen Idioten wie hier hätte, dann würde es mir vielleicht gutgehen." Der Umgangston regelt das Zusammenleben. Bezeichnungen wie Kalfaktor und Spitznamen wie Schrotti oder Schlange sind in harten Auseinandersetzungen „verdient" worden.

Wie die meisten hier muss Speedy mit der Sozialhilfe auskommen. Als Maler und auch als Dreher findet er schon lange keine Anstellung mehr, weil er kaum mehr schwere Gegenstände tragen kann. Speedys Bewegungen sind schwerfällig. In den vergangenen Jahren hat ihm der übermässige Genuss von Alkohol wohl auch noch die letzten Möglichkeiten vermasselt. Seine Chance, ausserhalb einer Wagenburg existieren zu können, ist wahrscheinlich viel kleiner, als er sich eingestehen mag. Speedys Bauwagen ist eher karg eingerichtet, aber das stört ihn nicht. Wenigstens ist er „nicht mehr auf der Strasse". Stolz ist er auf seine offizielle Adresse: „Mühlenstrasse 47, Berlin-Friedrichshain". Das schütze ihn bei einer Räumung, glaubt er. Eine Räumung ist geplant.

Wenn es soweit ist, will die zweiunddreissigjährige Angie längst weg sein. Ihr Outfit ist picobello: schwarzer Baumwoll-Overall, darunter T-Shirt, schwarze Schnürstiefel, eine rote

Wattejacke. Lediglich die struppige Frisur wirkt nicht ordentlich. Im September 1992 kam sie in East Side an, vom anderen Ufer der Spree. Sie sei eine „Wessiratte", wie die meisten hier. In Kreuzberg hatte sie nach achteinhalb Jahren ihre Hauswartstelle verloren und damit auch ihre wirtschaftliche Selbständigkeit. Die Wohnung wurde ihr gekündigt, und sie zog mit einem Freund hierher. Ihre Wagen stehen in Rufweite. Täglich sitzen sie zusammen und erzählen von alten Zeiten, als Angie noch die Fachschule für Erzieherinnen und Erzieher absolvierte. Bis zum Abschluss fehlt ihr nur noch das Anerkennungsjahr: „Aber das schaffe ich auch noch." Sie spricht sich selber Mut zu, wohl wissend, wie schwierig es werden wird. Sie habe schon so viel durchgemacht, da werde sie auch noch die Kraft aufbringen, um hier wieder rauszukommen. „Am Anfang habe ich gedacht, ich pack das hier nicht." Oft fühlt sie sich wie eine Gefangene.

Im Moment strahlt Angie vor Glück. Die letzte Nacht hat sie in einem richtigen Bett in Kreuzberg verbracht, bei einer Freundin. „Ich bin noch in 'nem ganz anderen Film", erzählt sie jedem auf dem Platz, ob er es hören will oder nicht. Man verschwinde nicht einfach für eine Nacht von East Side, um mal kurz im „bürgerlichen Schweinesystem" unterzutauchen, findet Angies Nachbar und Freund und macht ihr Vorwürfe. Angie verteidigt sich: „Ich habe auch ein Recht auf Privatleben. Tanzen war ich auch schon lange nicht mehr."

Ihr tägliches Leben ist auf zwölf Quadratmeter Wohnfläche beschränkt. An den Wänden hängen selbstgemalte Bilder und Fotos – etwa von Oskar aus der *Blechtrommel* –, ein Brummkreisel steht auf dem Wandbord, ein Hochbett im hinteren Teil, auf dem Tisch eine alte Olympia-Schreibmaschine. Angie sagt, sie arbeite an einem Buch über sexuellen Missbrauch. „Ich mag hier all das, was ich in einer Wohnung auch haben kann." Nur die Grünpflanzen lassen vor Kälte die Blätter hängen. Angies Hütte ist innerhalb der wenigen Stunden, die sie in einem fremden Bett verbracht hat, völlig ausgekühlt. Jörg, der einen kleinen Campinganhänger bewohnt, versucht, Angies Ofen in Gang zu bringen. Manchmal kippen Baufirmen altes Holz auf dem Gelände ab. Wer schnell genug ist, deckt sich damit ein. Bauholz fackelt ordentlich, wenn es trocken genug ist. Die Firmen sind froh, ihre Abfälle entsorgen zu können.

Nachbarschaftshilfe zum gegenseitigen Vorteil ist hier derzeit lebensnotwendig. „Ich halte das nicht aus", stöhnt Angie. Sie hat schon die zweite Jacke übergezogen. Die Wochen zuvor waren auch nicht besser. Berlin friert schon seit Tagen: Dauerfrost um minus zwölf Grad. Manchmal hilft ein starker Schnaps.

Begegnungen mit der Aussenwelt

Die Gemeinschaft ist eine Notgemeinschaft. Nicht jeder ist willkommen. Wer von aussen kommt, wird mit Argusaugen betrachtet, spürt erst einmal Widerstand und läuft Gefahr, dass ihm der Einlass in ihr Reich verwehrt wird. Vielleicht aus Prinzip, vielleicht aus Scham, vielleicht als Schutz.

Die Wagenburglerinnen und Wagenburgler verschanzen sich. Die Mauer zur Strasse dient dabei als hilfreicher Schutzwall. „Die Leute achten sehr genau darauf, wer zu ihnen passt und wer nicht", sagt Walter Kabisch von der Treberhilfe Berlin e.V. Seit 1994 betreut er als Streetworker die Leute in der East Side. Drei Tage pro Woche steht er mit seinem Treber-Mobil auf dem Platz. Seine Arbeit ist anonym und basiert auf gegenseitigem Vertrauen. Wer zur Treberhilfe kommt, tut das freiwillig – weil er Hilfe braucht, weil er sich in Rechtsfragen beraten lassen möchte oder im Umgang mit den Behörden. Manchmal kommen Wagenburgler auch, um eine Decke oder ein Paar Handschuhe zu holen oder einfach zum Quatschen. Ohne Leute wie Wolfgang oder Angie hätten die meisten einen schlechten Stand auf East Side, glaubt Walter. Sie seien die Verbindungsglieder. Jeder kennt sie, jeder braucht sie. Beide sind denn auch darum besorgt, ihre Position auf dem Platz zu verteidigen, sich mittels Kumpanei Einfluss und Respekt zu sichern.

Wie Wolfgang ist auch Angie eine Institution auf East Side. „Ich kümmere mich schon genug um die Idioten hier." Am Eingang der Wagenburg lehnt an der Mauer eine alte Tür, an der ein Briefkasten befestigt ist. Den hat die Treberhilfe Berlin e.V. organisiert. Darin finden sich Kartengrüsse von alten Kumpels, die es weitergetrieben hat; Benachrichtigungen vom Sozialamt und anderen Behörden oder Post von Eltern, die hoffen, über diesen Weg ihre Kinder zu erreichen. Angie kümmert sich um die Post, wenn die Streetworker nicht da sind. Das gehört zur gemeinnützigen Arbeit, etwa sechzig Stunden pro Monat, die sie als Sozialhilfeempfängerin leistet. Sie kann diese Arbeit quasi vor der „Haustür" verrichten und braucht keine Spielplätze zu säubern oder Parkanlagen zu pflegen. Tut sie es nicht, können ihr die Sozialhilfebezüge gekürzt werden. Damit verdient sie zudem monatlich hundertachtzig Mark.

Wichtiger noch ist ihre Zusammenarbeit mit der „Berliner Tafel" (vgl. S. 185 ff.), einem gemeinnützigen Verein, der die kalten Buffets bei Empfängen abräumt, Brot, Lebensmittel, Obst und Gemüse bezieht, das aus verschiedenen Gründen nicht mehr verkauft werden darf. Seit Mitte 1994 bekommen die Wagenburglerinnen und Wagenburgler regelmässig Essen – „wirklich vom Feinsten", wie alle beteuern. „Geschnetzeltes, Chinapfanne, Konserven, Joghurt, Wurst, sogar Hummer und Krabben. Alles in Ordnung", sagt Angie. Es wird in der „Küche", natürlich auch ein alter Bauwagen, gelagert. Im Winter funktioniert die Lagerhaltung, im Sommer wird's schwieriger. Mehr Probleme schafft allerdings die Selbstbedienungsmentalität einzelner Mitbewohner. Meistens nachts, wenn der Durst am grössten ist, plündern sie die Gemeinschaftsvorräte. Angie wird wütend, wenn sich jemand nicht an die Regeln hält. Sie ist für die Verteilung verantwortlich, und die soll für alle gerecht sein, auch wenn sie persönlich nicht alle leiden mag. „Aus der Küche zu klauen ist unfair."

Rauhe Sitten

„Wer im Schrott lebt und vom Schrott lebt, der ist auch selber Schrott. Für den ist der andere nichts wert", sagt Wolfgang: „Das ist absolutes Kriegsgebiet." Ihm macht keiner etwas vor. Viele der Leute hätten draussen keine Chance mehr zu überleben. „Die meisten hier sind Müll, sie werden so behandelt, und sie fühlen sich so." So gehen sie mit den meisten Dingen um. Und sie behandeln sich gegenseitig so. Im Sommer, als Wolfgang seinen fünfzigsten Geburtstag hier feierte, lernte er die Sitten seiner polnischen Nachbarn kennen. Pro Lebensjahr einen Schlag mit dem Ledergürtel auf den nackten Oberkörper. „Du darfst keine Miene verziehen, sonst fängt das Ganze von vorne an."

Die Rituale der Gemeinschaft, ihre Umgangsformen sind rüde. Rücksichten zu nehmen, gehört keinesfalls zu den akzeptierten Verhaltensnormen. So haben sie es draussen vor der Mauer erlebt, und so führen sie es drinnen fort. Auch Angie musste schnell lernen, sich zu behaupten. Manchmal gibt sie ihren Frust an Lisa weiter. Ihre Katze wird getreten, weil sie miaut. „Es macht mir nichts aus, die Katze oder die Idioten anzubrüllen", sagt Angie. „Auch wenn wir uns anschreien oder gegenseitig aufs Maul hauen, leben wir hier ehrlich und offen."

Die Lebensweise der Wagenburglerinnen und Wagenburgler ist einigen Leuten in der Stadt seit langem ein Dorn im Auge. Den einen behagt die soziale Zusammensetzung nicht, den andern die Art des Lebens. Die East Side gilt dabei als „sozial schwächster Platz" unter den zehn Wagenburgen Berlins. Die Streetworker der Treberhilfe sind in ihrer täglichen Arbeit damit konfrontiert, dass Landes- und Kommunalpolitikerinnen und -politiker die East Side gerne an die Peripherie der Stadt verlegen möchten. Da störe sie niemanden. Denn was sollen die Gäste der neuen deutschen Hauptstadt auch denken, wenn zwischen all dem Glanz neuer Fassaden eine antibürgerliche Lebensweise gedeiht? Wenn es sich erst bis Seattle herumspricht, dass man hier auch illegal untertauchen kann? Die Gegnerinnen und Gegner der East Side berufen sich darauf, dass weder in den Zentren von Amsterdam noch von New York solche Wagendörfer geduldet würden.

Den Kritikerinnen und Kritikern kommt deshalb das Tauziehen zwischen dem Land Berlin und dem Bund um den ehemaligen Grenzstreifen der East Side gerade recht. Den Bürgerinnen und Bürgern des Stadtbezirks wurde an der Stelle von East Side eine Flaniermeile an der Spree versprochen. Das Grundstück werde benötigt für „investive Zwecke", heisst es wiederum bei der Pressestelle der Oberfinanzdirektion des Bundes. Das Areal müsse geräumt werden. Berlins Sozialsenatorin versucht mit den verschiedenen Ämtern des Stadtbezirks seit längerem, ohne grosses mediales Aufsehen die Interessen der Wagenburgler zu schützen, vermittelnde Gespräche zu führen – „aus Verantwortungsbewusstsein", wie ein Mitarbeiter erklärt.

Im Moment scheint klar zu sein, dass bald geräumt werden soll. Dann, frohlocken einige Konservative, sei das Problem gelöst. Aber welches? Die Wagenburglerinnen und Wagenburgler wissen nicht, wohin sie gehen sollen. Die Stadtbezirke an den Rändern Berlins weigern sich, Stellflächen für Wagenburgen zur Verfügung zu stellen, da sie Auseinandersetzungen mit Anwohnerinnen und Anwohnern fürchten.

Am Abend eines kalten Tages haben es sich die Leute hinter den Gardinen ihrer Wohnungen gemütlich gemacht. Sie sitzen im Warmen, trinken heissen Kaffee, essen Kuchen und greifen vielleicht zu einem guten Buch. Angie schlottert in ihrer Bruchbude und hat Durst. Sie hat oft Durst, meistens auf Bier aus der Büchse. Es zischt. Ein beruhigendes Gefühl, wenn sie die Metallöse nach oben zieht.

In einer der Obdachlosenzeitungen, die in Berlin verkauft werden, war kürzlich ein Foto zu sehen: Irgend jemand hatte mit weisser Farbe auf ein paar braune Holzlatten einen Spruch von Oscar Wilde geschrieben: „Es fällt mir von Tag zu Tag schwerer, auf dem hohen Niveau meines blauen Porzellans zu leben." Auf East Side lernt man begreifen, dass man nicht auf dem hohen Niveau von Porzellan leben muss. Doch man lernt die Vorzüge von Porzellan, heissem Kaffee und sauberer Wäsche auch zu schätzen.

Nachtrag

Kurz vor Ostern 1996 kamen die Bewohner von East Side durch ein Tötungsdelikt in die Schlagzeilen. Ein neunzehnjähriger Mann aus Eisenhüttenstadt wurde auf dem Areal erstochen, vermutlich von einem Bewohner. Wenige Tage danach wurde ein anderer Fremder mit einer glühenden Eisenstange bedroht. Seitdem tummeln sich Polizei, Behörden und Presse um die Wagenburg herum. Trotz hektischer Untersuchungen tappt die Polizei im dunkeln. Ungezwungenheit und freies Leben sind für die Bewohner von East Side dahin. Plötzlich sind sie in aller Munde verschrieen als Penner, Asoziale und Kriminelle.

Bislang gab es keine rechtliche Handhabe, die Wagenburg zu räumen. Zähneknirschend wurde sie geduldet. Doch mit der Tötung auf dem Areal haben Kommunal- und Landespolitiker endlich einen Anlass, den „Schmutzfleck" East Side mit offiziellen Mitteln zu bekämpfen. Mitte April 1996 hat ein grosses Aufgebot von Mitarbeitern verschiedener Senatsverwaltungen und des Stadtbezirks Friedrichshain unter Polizeischutz das Areal inspiziert. Der Entschluss steht fest: East Side wird so schnell wie möglich aufgelöst, aus hygienischen und ökologischen Gründen, wie es offiziell heisst.

Die staatlichen Behörden verstärken unterdessen den Druck. Polizeirazzien häufen sich auf East Side, und zimperlich geht es dabei wahrlich nicht zu. Manchmal werden ganz zufällig auch Wagen beschädigt.

Ein Dutzend Wagenburgler, die in mobilen Gefährten leben, hat die Flucht ergriffen. Teilweise sind sie auf anderen Berliner Wagenburgen untergekommen. Doch auch dort sind die Vorbehalte gegen die Bewohner von East Side gross. Und das Problem bleibt: Wohin mit den anderen? Sie wollen nicht, wie sie selber sagen, „in die Pampa", soll heissen an den Stadtrand, abgeschoben werden. Andere Stadtbezirke allerdings wehren sich schon seit Jahren gegen Wagenburgler, fürchten sie doch, dann einen „Schandfleck" zu bekommen.

Berlin, im Juni 1996

Michaela Haas

Die Käfigmenschen von der Shun Tak Street

*Im reichen Stadtstaat Hongkong hausen
50'000 alte Menschen wie Tiere in Verschlägen*

Hongkong, im Juli: Am schlimmsten sind die Ratten. Nachts stecken sie ihre Schnauzen durch die engen Gittermaschen der Drahtkäfige. Sie wollen das Terrain zurück, das die Menschen ihnen tagsüber abgetrotzt haben, und suchen die Nähe ihrer Betten. „Die kleinen Mäuse schlüpfen sogar durch den Draht", sagt Chan Yin und stochert mit den Essstäbchen in einem kleinen Schälchen Reis, „und manchmal wache ich davon auf, dass sie meine Vorräte anknabbern oder mich selbst."

In einem Anflug von Galgenhumor erzählt die sechsundsiebzigjährige Frau dann, sie lebe in einem der besten Appartements, das eine Weltstadt wie Hongkong zu bieten habe: direkt im Zentrum, in der Nähe des Kais für die „Star Ferry", nur einen Steinwurf von den Einkaufsstrassen Hongkongs entfernt, mit Blick auf die Spiegelfassade des „New Commercial Center". Beste Lage, beste Sicht. „Das ist nicht mal gelogen", sagt Chan Yin und lässt ein übermütiges Lachen hören. Und dennoch ist alles ganz anders. Schrecklich anders.

Bettengrosse Appartements

Was Chan Yin ihre Wohnung nennt, ist 180 Zentimeter lang, 90 Zentimeter breit, 90 Zentimeter hoch. Ein Käfig. Gerade gross genug zum Liegen, zum Sitzen zu klein. „Ich habe Glück, dass ich so schmal und zierlich bin", sagt sie und rollt ihren biegsamen Körper geschmeidig im Käfig zusammen wie eine schlafende Katze: „Wer grösser ist, muss sich krümmen." Im Halbdunkel hinter den Gitterstäben sieht ihr Kopf mit den grossen, schwarzen Augen aus wie der eines stets lächelnden Kobolds, und ihre sanfte Stimme klingt wie ein Gesang aus den auf- und abhüpfenden Silben des Kanton-Chinesisch. Hunderte von feinen Lachfältchen um den verknitterten Mund und die lebhaften Augen hat nicht einmal das Leben im Käfig zerstören können. Mit einem leisen Ächzen streckt sie die schmerzenden Beine auf dem harten Linoleum im Käfig aus. Keine Matratze, keine Vorhänge. Die Drahtwände sind notdürftig mit Tapetenfetzen verhängt. „Bed-space-apartment", also bettengrosses Appartement, nennt man das in Hongkong. „Das ist meine Heimat seit dreiunddreissig Jahren", sagt Chan Yin.

Die Stadtregierung Hongkongs hat 3200 sogenannter Käfigmenschen registriert, der jüngste ist sechs, der älteste einundneunzig Jahre alt. Die Mitarbeiter der kirchlichen „Society for Community Organization", kurz SoCO, aber glauben, dass diese Zahlen stark geschönt sind. „Mindestens 50'000 Menschen", sagt Ho Hei-Wah, der junge Direktor von SoCO, „bewohnen Käfige, winzige Boxen aus Holz und Pappe oder haben sich Hütten auf den Dächern gebaut. Es sind Menschen", setzt er noch hinzu, „die ihr Leben lang am Aufschwung Hongkongs mitgearbeitet haben. Jetzt werden sie nicht mehr gebraucht, und man lässt sie unter absolut menschenunwürdigen Bedingungen existieren – und das im viertreichsten Staat der Welt!"

Die Käfigheime sind der Schrottplatz für die ausrangierten Alten und Kranken. Beim Eintreten schlägt einem der dumpfe Gestank von Schweiss, Urin und Schnaps entgegen, der sich mit dem süsslichen Duft glimmender Räucherstäbchen vermischt. Das Thermometer neben der pinkfarbenen Konfuzius-Statue steht auf einunddreissig Grad, zwei rostige Ventilatoren wälzen die abgestandene, von vielen Menschen ein- und ausgeatmete Luft durch den Raum. Dutzende giftgrün gestrichener Drahtkäfige, soweit der Raum zu überblicken ist. Einer an dem anderen, dreistöckig bis unter die Decke gestapelt. Dazwischen hüftschmale Gänge, durch die man sich kaum schieben kann, ohne anzustossen. „Nicht hinsetzen!" warnt Chan Yin, „wir haben hier mehr Wanzen und Flöhe als Bewohner." Früher einmal war das vierstöckige Gebäude ein ganz normales Miethaus, in dem Familien lebten – bis der Eigentümer merkte, dass er weit mehr verdienen kann, wenn er so viele Menschen wie möglich in die Wohnung quetscht. Fünfunddreissig Frauen und drei Männer leben jetzt auf knapp sechzig Quadratmetern bewohnbaren Elends – jeder für hundert Mark Monatsmiete. Privatsphäre? Chan Yin schüttelt den Kopf. „Manchmal fühlt man sich wie ein Tier im Zoo, andauernd beäugt." Ein einziger Schlauch in der Küche dient als Dusche, eine Feuerstelle am Boden als Herd. Aber Chan Yin beklagt sich nicht, im Gegenteil. „Jetzt ist es viel besser als früher, wir haben Telefon und Fernsehen", sagt sie mit ihrer dünnen Stimme und deutet auf den alten Flimmerkasten, in dem Garfield auf- und abhüpft. „Der Vermieter ist ein gutmütiger Mann."

Ho Hei-Wah, den ansonsten so ruhigen Sozialarbeiter, machen solche Sätze sichtlich wütend. „Das ist der Grund, warum Hongkong so leicht zu regieren ist", sagt er. „Die Leute wollen ihr Gesicht nicht verlieren. Deshalb jammern sie nie, und sie bitten nicht um Hilfe. Sie denken, es ist ihre Schuld, wenn sie arm sind." Vielleicht sind sich deshalb die in Hinterhäusern versteckte Armut und der auf den Strassen offen zur Schau gestellte Luxus nirgendwo näher als hier.

Asiens reichste Stadt brüstet sich gerne mit ihren zahlreichen Superlativen. Dass das teuerste Gebäude der Welt hier steht, schreibt jeder Reiseführer – dass Tausende von Sozialwohnungen fehlen, wird gerne verschwiegen. Fünfhundert Multimillionäre und 100'000 einfache Millionäre bringen Geld und Glamour in das Steuerparadies, aber sie zahlen keine Sozialabgaben: Eine staatliche Rentenversicherung gibt es nicht. Hongkong hält zwar den Rekord im Pro-Kopf-Verbrauch von XO-Cognac (250 Mark pro Flasche), aber die Sozialhilfe beträgt nur 350 Mark im Monat.

„Davon kann sich niemand eine Wohnung leisten", sagt der Sozialarbeiter Ho Hei-Wah. Zwar hängen im Schaufenster des Maklerbüros neben dem Eingang zu Chan Yins Käfigheim, eingeklemmt zwischen Auslagen mit Cartier-Uhren und einem Geldautomaten, zahllose Wohnungsangebote: Umgerechnet 2000 Mark für ein Dreissig-Quadratmeter-Appartement ist das billigste. „Hongkong ist die teuerste Stadt der Welt", sagt Ho Hei-Wah. Der Käfig ist für Menschen wie Chan Yin die unterste Sprosse der sozialen Leiter, kurz vor dem Absturz in das absolute Nichts, die Obdachlosigkeit. Weiter unten kommt nur noch die Strasse.

Ein Stück Seife, drei oft geflickte Blusen, ein paar Fotos, ein Bündel Briefe und eine goldene Uhr mit einem zersprungenen Zifferblatt, auf dem sie sieht, wie langsam die Zeit vergeht – das ist alles, was Chan Yin von siebzig Jahren Arbeit geblieben ist. Diese Schätze verschliesst sie rund um die Uhr mit zwei dicken Vorhängeschlössern in ihrem Käfig. Denn von Solidarität kann keine Rede sein: Die Angst, bestohlen zu werden, ist unter denen, die eh nichts haben, am grössten.

Chan Yin freut sich wie ein junges Mädchen, dass ihr jemand aufmerksam zuhört. Das ist lange nicht mehr vorgekommen. Auch die anderen im Käfig haben alle eine eigene Geschichte gerade noch verkraftbaren Elends. Frau Lo zum Beispiel, vom Käfig nebenan, ist hier, weil ihre Schwiegertochter sie rausgeworfen hat – vor fünfundzwanzig Jahren. Herr Bui, ein Stockwerk weiter, erinnert sich noch gut an die Namen der Wolkenkratzer, die er mitbauen half, indem er Körbe voll Ziegelsteine in die obersten Stockwerke schleppte, bis die Beine schlappmachten. Herr Yee weint fast unaufhörlich, und das einzige, woran er sich festhält, ist seine tägliche Flasche Mijiu, ein Reisschnaps, der nach Spiritus schmeckt und nur zwanzig Pfennig kostet. Er sitzt im Schneidersitz auf dem rot-gelb geflecten Linoleumboden, nackt bis auf die Unterhose, um das einzige Hemd nicht zu verschmutzen. Seine Augen streifen uns nur kurz, dann wendet sich sein unbewegtes Gesicht wieder Garfield zu.

Nur erbärmliche Jobs
Ausser dem Sozialarbeiter, der alle zwei Wochen einmal vorbeikommt, hört Chan Yin niemand mehr zu. Sie hat ihre sechzig Jahre alte Tochter, die noch in ihrem Heimatdorf in China lebt, zuletzt vor einigen Jahren besucht: „Ich will niemandem zur Last fallen."

Mit acht Jahren, erzählt sie, habe sie begonnen, in einer Seidenfabrik zu arbeiten, ein erbärmlicher Job für ein kleines Mädchen und lausig bezahlt. Dann besetzten die Japaner das Land. „Wir gruben Wurzeln aus dem Boden und kochten sie, um überhaupt was zu essen zu haben." Mit siebzehn verheirateten ihre Eltern sie mit einem Sargmacher. Mit zitternden Händen beugt sie sich vor und nestelt ein vergilbtes Hochzeitsfoto aus der Plastiktüte in ihrem Käfig, ein Souvenir aus glücklicheren Tagen. Aber im chinesisch-japanischen Krieg fiel der Mann, der ernst und streng aus dem Foto blickt, ihr Laden wurde niedergebrannt, „und die Soldaten zwangen unseren Sohn, eine Medizin gegen gefährliche Krankheiten zu nehmen, so sagten sie jedenfalls. Daran starb er. Wenigstens hat der Sarg nichts gekostet." Halb zu Fuss, halb mit dem Zug floh sie 1962 vor den Kommunisten und den Hungersnöten in die kapitalistische Kronkolonie Hongkong – mit nichts als ihrer Arbeitskraft, wie so viele zu der Zeit. Chan Yin kennt noch die Namen einiger Luxushotels gleich um die Ecke, in deren Küchen sie das Geschirr spülte. Zwölf Stunden am Tag, sieben Tage die Woche, für fünfhundert Mark im Monat. Auf ihre Arbeit ist sie stolz, auch wenn ihr Stolz jetzt nutzlos ist und ihr niemand mehr dankt. Der erste Schlafplatz, den sie fand, als sie hierher kam, war das Käfigheim in der Shun Tak Street. Hier ist sie bis heute geblieben. Umgezogen ist sie nur einmal: aus dem obersten Käfig in den unteren. Der kostet zwanzig Mark mehr, weil er direkt am Fenster liegt. Unermüdlich kauert sie nun meist so nah wie möglich am Licht und übt mit langsamen, aber schwungvollen Handstrichen kompliziert geschwungene chinesische Schriftzeichen. „Ich habe nie eine Schule besucht", sagt Chan Yin und kichert stolz, „aber ich wollte immer so gerne schreiben können, und vor zwei Jahren habe ich angefangen, es zu lernen. Dazu ist es doch mit vierundsiebzig noch nicht zu spät, oder?" Vielleicht ist das der Grund, warum Ho Hei-Wah seinen Schützling liebevoll „kleine Lady" nennt: Auch unter unwürdigsten Umständen versucht sie, Würde zu bewahren.

Unaufgefordert erstellt sie jedem sein chinesisches Horoskop, überall an den Wänden hängen rote Seidenfähnchen mit ihren goldgelben Schriftzeichen, fast jedes verspricht eine bessere Zukunft: „Du wirst reich sein", steht da, und: „Was auch immer du tust, alles ist gut." Mit ihren grossen, sorgfältig gezeichneten Buchstaben hat sie einmal sogar eine kleine Revolution angezettelt: „Wohnungen für alle!" malte sie auf grosse Schilder und „Verratet uns nicht wieder!" – „Damit sind wir den weiten Weg bis zum Regierungsgebäude marschiert", erzählt sie strahlend und fischt ein weiteres Foto aus dem Beutel, das den Aufstand dokumentiert: ein Dutzend Käfigladys vor dem Gouverneur und mittendrin, in ihrer leuchtend pinkfarbenen Jacke, Chan Yin.

Darauf, dass der Gouverneur sein Versprechen einlöst, alle Käfigbewohner in Sozialwohnungen umzusiedeln, warten die Menschen allerdings bis heute. Auch der Versuch, eine allgemeine Sozialversicherung einzuführen, scheiterte an dem Argument, die „überflüssige Wohlfahrtsduselei" bedeute den Untergang für Hongkongs freie Wirtschaft. „Die Regierung wartet, bis die Alten wegsterben und sich das Problem von selbst erledigt", sagt Ho Hei-Wah.

Chan Yin hat Angst davor, aus ihrem Viertel vertrieben und obdachlos zu werden. Nur hier weiss sie, wo es den billigsten Reis gibt und in welche Mülltonnen die Reichen die besten Abfälle werfen. Aber wenn der neue Flughafen der Metropole fertig ist, wird ihre kleine Strasse einer Tangente weichen müssen, „und wenn Hongkong 1997 an China fällt", sagt Chan Yin, „wer weiss, vielleicht schicken sie uns dann einfach in unsere Heimatdörfer zurück".

„Ich sterbe eh vorher", sagt sie, und das klingt nicht einmal betrübt, sondern eher wie die Aussicht auf Erlösung aus einem kümmerlichen Leben. Nur eines ist ihr noch wichtig: In ihrem Käfig hängt, säuberlich in Plastik verpackt, ein Spielzeughubschrauber aus bonbonfarbenem Plastik, Symbol für Chan Yins grossen Traum. Eine Firma verlost einmal im Jahr einen Rundflug über Hongkong für Behinderte und Alte – „und dieses Jahr", da ist sich Chan Yin fast sicher, „bin ich bestimmt dabei. Ich will so gerne", sagt Chan Yin und lächelt versonnen, „mit dem Hubschrauber über die Stadt fliegen. Denn fliegen, das können sonst nur die Reichen, die Armen können das nicht." Das müsste schön sein: Einmal die Stadt von oben sehen, die sie bisher nur von ganz unten erlebte.

Bernhard Matuschak

„Oben bedrohen dich die Menschen – hier unten nur die Ratten"

Die Tunnelmenschen von New York City

Hinter uns knirscht der Schotter. Dann sehen wir ihn im Dämmerlicht vor uns: breitbeinig, kurz geschorene Haare, zerrissenes T-Shirt, abgewetzte Militärhosen, knapp über zwanzig, in der Hand einen Baseballschläger. Der Holzprügel klatscht drohend in den Ballen seiner Linken: „Wenn ihr euch nicht auf der Stelle verpisst, setzt es Prügel." Doch Intonation und Mimik stehen im Widerspruch zum selbstsicheren Auftritt. Die Worte kommen abgehackt und eine Spur zu hoch über die Lippen. Die unruhig hin und her wandernden Augen verraten: Der Mann hat mindestens genauso viel Angst wie wir.

Der erste Versuch, ohne Begleitung den Eisenbahntunnel unter dem Riverside Drive in Uptown Manhattan zu erkunden, scheitert am Widerstand eines Bewohners. Klopfenden Herzens stolpern wir zurück über die Gleise, vorbei an Müllhaufen, in denen Ratten nach Essbarem stöbern. Der Gestank nimmt uns fast den Atem. Draussen, beim Anblick des Hudson River, der sich träge auf den letzten Kilometern gen Atlantik wälzt, löst sich die Beklemmung. Jogger drehen ihre Runden im Park am Fluss. Am gegenüberliegenden Ufer ragt die Skyline von New Jersey in den strahlend blauen Himmel. Durchatmen.

Die Flucht ans Tageslicht offenbart einen Gegensatz, der krasser kaum sein könnte. Die Upper West Side zählt zu den nobleren Wohnquartieren Manhattans. Miles Davis hat hier gelebt, und auch heute haben viele Stars aus Sport und TV ihr Domizil zwischen Hudson River und Central Park. Was die wenigsten der Superreichen wissen: Auch unter ihren Füssen leben Menschen. Im über sechs Kilometer langen Eisenbahntunnel zwischen der 72. und der 122. Strasse haben sich diejenigen niedergelassen, die sich nicht einmal in einem der heruntergekommenen Viertel von New York City eine Wohnung leisten können: Obdachlose, Cracksüchtige. Hier leben aber auch Menschen, die der Glamour- und Glitzerwelt überdrüssig sind. Sie haben sich aus freien Stücken in die Dämmerung zurückgezogen.

„Du frierst dir den Arsch ab"
Tags zuvor waren wir zum erstenmal in die Unterwelt von New York City hinabgestiegen, da allerdings in sicherer Begleitung. Der Soziologe Mark Stamey, der als freier Journalist für die „New York Times" arbeitet, hatte uns ins Reich der Tunnelmenschen von Uptown Manhattan geführt. Zögernden Schritts waren wir Stamey durch das Loch im Maschendrahtzaun und dann den Schienen entlang in die Dunkelheit gefolgt. Vor Julio, dem Mann mit dem Baseballschläger, hatte Stamey gewarnt. „Wenn der auftaucht und Ärger macht, dann seht zu, dass ihr schleunigst Land gewinnt."

„Julio hatte einfach nur Angst vor euch", sagt Chase. „Für ihn wart ihr Eindringlinge, von denen er nicht weiss, was er zu erwarten hat. Er ist ein guter Mensch." Chase ist ein Freund von Julio und lebt auch im Riverside-Tunnel. Ihm begegnen wir, als wir uns einige Stunden nach dem unerfreulichen Empfang erneut in die Dämmerung hinab wagen. Auch Chase ist nicht begeistert von den Journalisten, die in immer grösserer Zahl die Ruhe der Tunnelbewohner stören, seit 1994 das Buch

Tunnel-Menschen[1] der amerikanischen Autorin Jennifer Toth erschien. „Die wollen doch nur Drogenabhängige oder Alkoholiker sehen, die im Dreck leben", empört sich Chase. „Ich nehme keine Drogen und trinke keinen Alkohol." Doch dann beruhigt er sich und bietet einen Stuhl in seinem „home" an.

Zu Hause, das ist für Chase der Platz vor dem sechs Quadratmeter grossen, hüfthohen Bretterverschlag, in dem er schläft. Ein verschlissener Teppich liegt auf der nackten Erde, darauf stehen drei Stühle, ein Kasten mit Habseligkeiten, eine elektrische Herdplatte und ein Schwarz-Weiss-Fernseher. Im Verschlag steht ein frisch bezogenes Bett, auf dem Nachtkästchen liegt die Bibel. An der Bretterwand prangt ein Bild des dornengekrönten Jesus. Hinter der Hütte stehen Einkaufswagen mit Kleidern. Den Strom für Chase und die meisten seiner Nachbarn hat der gelernte Elektriker José, der drei Hütten weiter wohnt, oben von einer der Parklaternen abgezapft. Immer wieder kreuzen, teilweise unter dem Müll verborgen, die ungeerdeten Kabelschnüre den Weg entlang der Gleise. Die Anschlüsse zur Hauptleitung sind nur notdürftig isoliert oder liegen ganz blank.

Irgendwie passt Chase nicht in die düstere Umgebung. Er redet nicht im Slang der Strasse. Sein Äusseres ist gepflegt. Begegnete man dem Siebenundzwanzigjährigen „oben", man käme nie auf die Idee, dass er in einem Eisenbahntunnel lebt. Wenn man ihn fragt, wie er es aushalte, zwischen all dem Müll und im Gestank, antwortet er zornig: „Ich lebe hier unten, weil ich es so will. Hier ist es sicher. Oben müssen die Leute ihre Wohnung abschliessen, wenn sie weggehen. Hier nicht." Chase erzählt von der Solidarität und dem Zusammenhalt im Tunnel: „Wenn einer krank ist, schauen wir nach ihm." Die Bezeichnung „obdachlos" verbittet er sich: „Ich hab doch ein Dach über dem Kopf", hält er uns entgegen. Dann erzählt er, dass er eine Wohnung in Harlem gemietet hat, in die er jederzeit zurückgehen könne – wenn er nur wollte. Zur Zeit wohnt dort seine Freundin Gina. „Früher lebte sie auch hier unten bei mir. Doch es war nichts für sie. Ich habe sie rausgebracht und weg von den Drogen. Jetzt hat sie eine Wohnung, einen Job und fährt ein Auto."

Doch Chase unterscheidet sich von den meisten der 25 Personen, die im Tunnel unter dem Riverside Park leben, nicht nur durch sein Äusseres und dadurch, dass er einen High-School-Abschluss hat. Während seine Nachbarn ihren Lebensunterhalt mit Gelegenheitsarbeiten und dem Sammeln von Büchsen und Flaschen verdienen, hat er einen festen Job. Viermal die Woche entlädt er nachts in einem Supermarkt Lastwagen, die Frischwaren anliefern. Im Sommer, wenn die Hitze die Stadt in einen Backofen verwandelt, ist er am liebsten in der Kühle „downstairs". „Hart wird es im Winter, da frierst du dir den Arsch ab." Chases weitere Worte gehen im Tuten und Donnern unter. Der silberne Schnellzug, der im Stundentakt New York und New Jersey verbindet, rast an den Hütten vorbei.

Seit Jahren lebt Chase schon mit dem Lärm der Dieselloks. Gerüchte, dass die Eisenbahngesellschaft „Amtrak" – die Eigentümerin des Tunnels – die unterirdischen Bewohnerinnen und Bewohner bald vertreiben werde, um die Betonröhre einer eingehenden Restaurierung zu unterziehen, wischt er mit einer Handbewegung weg: „Ich bin länger hier als der Zug. Ich half beim Gleisbau vor zehn Jahren mit. Sie werden uns nicht rauswerfen."

Aus der Hütte nebenan dringen Geräusche. Um die mit Maschendraht eingezäunte Behausung hatten wir bei der ersten Passage respektvoll einen Bogen geschlagen. Hinter dem Zaun ist das Reich von Lucky, einem Schäferhund, der

Einer von vier unterhalb der Armutsgrenze

Die Untergrundbewohner in New York bilden nur die Spitze des Eisbergs. Insgesamt, so schätzt die „Coalition for the Homeless" – der Zusammenschluss der New Yorker Obdachloseninitiativen –, sind 80'000 bis 100'000 Menschen ohne Dach über dem Kopf. Neunzig Prozent der Obdachlosen sind Schwarze oder Latinos. Über 10'000 der Betroffenen haben Aids. Siebzig Prozent der alleinstehenden obdachlosen Frauen haben Kinder. Ein Fünftel aller Obdachlosen in der Stadt sind Kinder, zwei Prozent davon sind völlig auf sich allein gestellt. 250'000 Familien teilen sich mit mindestens einer weiteren Familie eine Wohnung.

Laut einer Studie der „Coalition against Hunger", in der sich die Organisationen zusammengeschlossen haben, die Suppenküchen in der Stadt betreiben, lebt einer von vier New Yorker Bürgern unterhalb der Armutsgrenze. Eine halbe Million Menschen ist so arm, dass sie auf Suppenküchen angewiesen sind. Zwei von fünf Kindern hungern, beziehungsweise stehen unmittelbar davor. Den Hilfsorganisationen fehlen die finanziellen Mittel, um die Hungernden mit Nahrung zu versorgen. Im Januar 1995 zählte die „Coalition against Hunger" über 50'000 Bedürftige, die abgewiesen wurden, weil den Suppenküchen die Nahrung ausgegangen war.

Die soziale Kluft verschärft sich nach Einschätzung der Obdachlosenorganisationen, seit die konservativen Republikaner 1994 die Macht im Rathaus übernommen haben. Bürgermeister Giuliani sorgte für Diskussionen, als er im Februar 1995 den ebenfalls konservativen Gouverneur des Staates New York, George Pataki, aufforderte, das Sozialbudget des Staates weiter zu kürzen. Die Absicht dahinter: Das Sozialbudget der Stadt bemisst sich anteilig am Budget des Staates New York.

jeden Fremden zähnefletschend und mit lautem Gebell begrüsst. Nun ist Lucky gebändigt. Im strahlend weissen Bademantel führt Dee den Hund zwischen Gleisen und Müllhaufen Gassi. Die Zweiundzwanzigjährige lebt seit drei Jahren im Riverside-Tunnel. „Vorher wohnte Ralf in ihrer Hütte. Eines Tages verschwand er spurlos. Da gaben wir Dee das Häuschen und den Hund", erinnert sich Chase. Auf dem Rückweg kommt Dee vorbei. Das kurze Gespräch endet abrupt, als sie erfährt, warum wir in den Tunnel gekommen sind: „Ich will nicht mit euch reden, und erst recht will ich nicht, dass ihr Fotos von mir macht." Kaum ist sie in ihrer Hütte verschwunden, steuert ein älterer Herr zielstrebig ihr Domizil an. Nach einer halben Stunde verschwindet der Besucher wieder. Auf die Frage, wovon seine Nachbarin lebt, antwortet Chase sichtlich verlegen: „Weiss ich nicht."

Zu spät zum „Tunnel-Stew"

Rush-hour auf dem Riverside Drive: Tausende von Pendlern aus New Jersey fahren tagtäglich auf dem Highway zur Arbeit. An der Auffahrt zur 92. Strasse staut sich der Verkehr unmittelbar vor einem von drei Notausstiegen des Eisenbahntunnels. Beim Versuch, uns durch zwei auseinandergebogene Gitterstäbe durchzuzwängen, ernten wir manchen erstaunten Blick. Das Rumpeln, das die Autos verursachen, wenn sie über die Betonplatten der Strasse fahren, wird lauter, je tiefer man in den Tunnel hinabsteigt. Die Betonröhre ist ein riesiger Resonanzkörper, der die Geräusche der Aussenwelt bis zur Schmerzgrenze verstärkt. Aus dem Klappern der Platten wird ein ohrenbetäubendes Knallen.

Alle hundert Meter erhellen Lichtschächte die Dunkelheit. Dazwischen herrscht Finsternis. Wo der Lichtvorhang die Tunnelwand trifft, leuchtet der graue Beton in bunten Farben auf. In der Unterwelt hat sich einer von New Yorks grössten Graffitikünstlern verewigt. Unter den farbenprächtigen Gemälden und den Appellen für eine humanere Welt prangt überall der gleiche Name: Sane. Der Jugendliche verbrachte Monate im Riverside-Tunnel, bevor er – gerade achtzehn – unter mysteriösen Umständen ums Leben kam. Sane ertrank im Hudson. Geblieben sind seine Graffitis, bestaunt von den Passagieren, die im „Amtrak"-Silberpfeil durch den Betonstollen rasen. Beim Blick aus dem Fenster des Zuges setzen sich die Einzelbilder wie zu einem kurzen Film zusammen.

Im fahlen Licht abseits der Schienen liegen weisse, grüne und braune Glasflaschen, fein säuberlich in drei Haufen getrennt. „Die Geldreserve eines Tunnelbewohners", wie Mark Stamey erläuterte, als wir die Stelle zum erstenmal passierten. Fünf Cent pro Flasche erhalten die Sammler, wenn sie ihre Ware in einem der Recycling-Zentren der Stadt abliefern. Die Besitzer dieser „Bank" sind nicht weit: In der Dämmerung sind die Silhouetten von zwei Menschen auszumachen, die auf den Eisenbahnschienen sitzen. Bob und Bernard, ein ungleiches Pärchen, das sich am tiefsten in die Dunkelheit zurückgezogen hat: der wortgewandte zweiundvierzigjährige Bernard, der nach dem Abschluss an der High-School in einer Fotoagentur für Mannequins arbeitete und eine Filmhochschule besuchte, und der wortkarge Ex-Koch Bob (56).

Sie bewohnen seit sechs Jahren den wohl unwirtlichsten Tunnelabschnitt. Die Luftfeuchtigkeit ist enorm. An den Wänden kondensiert das Wasser, der Boden ist eine schmierige Unterlage. Die Vegetation des Riverside Parks lässt hier nur wenig Licht durch die Schächte dringen. Bob und Bernard haben sich mit ihren neun Katzen in einer langgezogenen Einbuchtung des gerade noch fünfzehn Meter breiten Tunnels eingerichtet. Früher diente der Platz zur Lagerung von Schienenmaterial. Kreuz und quer stehen windschiefe Regale herum, auf denen sich Gewürze, Lebensmittel und Geschirr stapeln. Klapprige Stühle und alte Sessel gruppieren sich um eine dampfende Feuerstelle. Zwei ehemalige Transformatorenhäuschen sind Schlafzimmer und Privatsphäre, „Zutritt strengstens untersagt" steht an den Türen.

„Ihr seid zu spät dran. Wir haben schon gegessen." Leicht verstimmt empfängt Bernard seine Gäste und deutet auf den kleinen Tisch neben den Gleisen, auf dem leere Töpfe stehen. Eigentlich sind wir pünktlich. Am Vortag hatte Bob die Einladung zum „Tunnel-Stew" – ein Eintopf aus Nudeln, Gemüse und Dosenwurst – ausgesprochen, sich dabei jedoch mit der Uhrzeit vertan. Nun verdrücken die beiden gerade die letzten Reste. Wir versichern, dass wir nicht böse darüber sind, dass uns der Leckerbissen entgangen ist. Bernard stört das wenig: „Er hört mir nie zu, wenn ich etwas sage", hackt er auf seinem Kompagnon herum. Bob ist kleinlaut: „Erst hat er mich zusammengeschissen, und jetzt redet er stundenlang kein Wort mehr mit mir." Bernard knurrt etwas von einer Verabredung mit einem Freund, ausserdem müsse er noch die Dosen wegbringen. Acht Plastiksäcke voll mit Alubüchsen stapeln sich neben den Schienen. Die Ausbeute eines Tages. Sammeln tut Bernard selten, er sei, sagt er, ein „one-for-twoman". „Ich kaufe die Büchsen von anderen Sammlern, die knapp bei Kasse sind oder sich nicht zur Sammelstelle trauen, zum halben Preis und bringe sie dann selbst hin."

„Er wird bald sterben"
Derzeit hat Bernard mehr Arbeit als sonst. Er muss Bob mitversorgen. Bob ist nach einem Herzinfarkt erst vor einigen Wochen wieder in den Tunnel zurückgekehrt. Der Sechsundfünfzigjährige weiss, dass seine Zeit neben den Eisenbahn-

Leben im Untergrund

Nicht nur in New York haben sich Menschen in den Untergrund zurückgezogen. Auch in den Millionenstädten der sogenannten Dritten Welt und den ehemaligen Ostblockstaaten leben Menschen unter dem Asphalt. Das Leben im Untergrund ist nicht erst ein Phänomen unserer Tage, sondern hat eine lange Tradition. Bereits unsere europäischen Vorfahren siedelten in der Altsteinzeit in Höhlen. Bekannt ist Cro-Magnon im Vézèretal in der Dordogne. Der frühe Homo sapiens lebte hier vor rund 30'000 Jahren.

Im Jahr 500 vor unserer Zeitrechnung beschrieb der Geschichtsschreiber Ephoros den Mönchsorden der Kimmerier, die in der klassischen Antike in unterirdischen Wohnungen lebten. Die in den Stein gehauenen Zellen waren durch Tunnels miteinander verbunden. Die Priester hatten gelobt, niemals das Sonnenlicht zu sehen. Sie verliessen ihre Höhlen nur nachts.

Auch die Ureinwohner der Schwarzmeer-Halbinsel Krim und Armeniens lebten in Höhlen. Während der Tatareninvasion im Mittelalter nutzten die Menschen auf der Krim diese unterirdischen Behausungen mit ihren vertikalen Eingängen, um sich zu verstecken.

Die unterirdische Lebensform hielt sich bis in unsere Zeit. In Schottland, Irland, Frankreich und Deutschland lebten verarmte Arbeiter bis zum Beginn dieses Jahrhunderts in unterirdischen Behausungen. Das vermutlich letzte Untergrunddorf in England war Buxton in Derbyshire. Bis Ende der zwanziger Jahre dieses Jahrhunderts lebten die Kalksteinarbeiter, die für einen Hungerlohn arbeiteten und wie Sklaven behandelt wurden, in den Abraumhalden der Kalkbrennereien.

schienen zu Ende geht und er wieder in eine Obdachlosenunterkunft ziehen muss. Er fürchtet sich vor dem Schritt nach oben: „Ich habe nach dem Infarkt ein halbes Jahr in einem Appartement gelebt. Dort bin ich dick und faul geworden, weil ich nur noch vor dem Fernseher sass. Eines Tages habe ich alles stehen- und liegenlassen und bin zurück in den Tunnel gegangen. Doch auf Dauer kann ich hier nicht mehr leben. Meine Arterien sind dicht. Ich habe Angst vor der nächsten Herzattacke."

Inzwischen ist Bernards Besuch eingetroffen. Müde und abgekämpft lässt sich David auf einen der klapprigen Stühle fallen. Der Siebenundzwanzigjährige lebte bis vor einem Jahr im Tunnel. Nun ist er sichtlich gezeichnet von seiner Krankheit. David hat Aids und Leukämie. Vielleicht ist es sein letzter Besuch unter Tag. Die Freundschaft zu Bob und Bernard liess ihn noch einmal den beschwerlich gewordenen Weg in den Riverside-Tunnel gehen, in dem er drei Jahre verbrachte. „Das Leben ist oben einfacher", sagt David. „Was ich aber vermisse, das sind die Freunde. Die meisten Leute, die einmal hier unten gelebt haben, zieht es immer wieder zurück." David kämpft mit seinen Emotionen, er ist den Tränen nah. Dabei hat er noch Glück gehabt, er lebt in einem Appartement in einem für Aidskranke reservierten Haus. Die Obdachloseninitiativen der Stadt schätzen, dass über 10'000 Menschen in New York, die an der Immunschwäche leiden, ohne Dach über dem Kopf sind. Bernard drängt sanft zum Aufbruch. „Es strengt ihn an, er wird bald sterben", flüstert er uns im Gehen zu.

The twins – die Zwillinge
Am nächsten Morgen vor der „Church of the Holy Trinity" in der 82. Strasse. Menschen stehen für Kaffee und ein Sandwich an, das die Kirchgemeinde jeden Morgen an die Bedürftigen

der Umgebung abgibt. Wir haben eine Verabredung mit zwei Tunnelbewohnern, die regelmässig hier frühstücken. Doch unsere Gesprächspartner sind nirgendwo zu sehen. Der Hausmeister ist hilfsbereit: „Die Zwillinge? Natürlich kenne ich die. Heute habe ich die Jungs zwar noch nicht gesehen, aber normalerweise kommen sie jeden Morgen." Ein unvorhergesehenes Ereignis muss June und Darryl, die eineiigen Zwillinge, die gemeinsam in einem Bretterverschlag im Riverside-Tunnel wohnen, an diesem Tag von ihrem Frühstück abgehalten haben.

Gut hundert Obdachlose aus der näheren Umgebung haben sich vor der Kirche im Nordwesten Manhattans eingefunden. Unter ihnen ist Rich, der unter den Büschen im Riverside Park seinen Schlafplatz hat. Ab und zu hilft er einem der Tunnelbewohner für ein paar Cents beim Schleppen von Holz und anderen Baumaterialien. Aber vor dem Eingang zum Tunnel ist für ihn Schluss: „Da setz ich keinen Fuss rein, da drin ist es mir viel zu unheimlich. Es gibt Ratten und Fledermäuse, und ausserdem spukt es im Tunnel", erklärt er mit angewidertem Gesichtsausdruck.

Am nächsten Morgen haben wir mehr Glück. Schon von weitem sind die Zwillinge an ihrem wiegenden Gang erkennbar. June vorneweg und Darryl dahinter. Zu unterscheiden sind die beiden durch Darryls verkrüppelten Arm, Folge eines Geburtsfehlers. „Unser Onkel hatte einen Job für uns in Harlem. Wir haben Autos gewaschen und mussten schon früh anfangen zu arbeiten", entschuldigt sich June dafür, dass sie die Verabredung vom Vortag nicht eingehalten haben. „Könnte sein, dass wir auch heute noch zu tun haben. Ich muss um neun Uhr meinen Onkel anrufen, dann sehen wir weiter." Die Zwillinge sind nicht allein. Darryls Freundin Darling ist extra aus Brooklyn herübergekommen. Die beiden stehen auf dem

Grünstreifen mitten auf dem Broadway und küssen sich. June ist neidisch: „Ich habe auch eine Freundin. Dolores ist vor kurzem Mutter geworden. Meinen Sohn habe ich bis jetzt nicht zu Gesicht bekommen." Mit unbewegtem Gesichtsausdruck erklärt er, dass der Säugling nach der Entbindung in einem Heim für obdachlose Babys untergebracht worden sei. Dolores lebe seit der Geburt wieder im Central Park.

Arbeit gibt es an diesem Tag keine. Gegen elf Uhr drängt June zum Aufbruch. „Wir müssen bis spätestens halb zwei zum Mittagessen in Downtown sein, sonst gibt es nichts mehr." Bei der Kirchgemeinde „All Angels", zwei Häuserblocks weiter, legen die Zwillinge einen kurzen Stopp ein. Hier ist die Postadresse vieler Tunnelbewohner. Sichtlich enttäuscht nehmen die beiden zur Kenntnis, dass für sie kein Brief eingetroffen ist: „Seit Monaten warten wir nun schon auf eine Nachricht von der Stadtverwaltung. Wir haben uns für eine Sozialwohnung beworben. Wir wollen endlich raus aus dem Tunnel", sagt Darryl.

Nach eineinhalb Stunden Fussmarsch, quer durch Manhattan, erreichen wir die Kirche „Holy Apostles" in der 28. Strasse. Die Grünfläche auf der gegenüberliegenden Strassenseite ist überfüllt von Menschen. Vor der Kirche eine Schlange von gut fünfzig Metern. Die „Holy Apostles" zählt zu den grössten Suppenküchen New Yorks. Der Kirchenraum ist viel zu klein, um die 1000 Menschen, die jeden Tag zur Mittagszeit hierher kommen, auf einmal zu fassen. Viel Zeit bleibt nicht fürs Essen. Hastig werden Teller leergelöffelt, die Unterhaltung mit dem Tischnachbarn ist aufs nötigste reduziert. June und Darryl machen sich zügig wieder auf den Heimweg. Es ist Fernsehzeit.

Gebannt starren die Zwillinge auf den Bildschirm und stopfen sich mit den Weintrauben voll, die sie unterwegs von einem Obsthändler geschenkt bekommen haben. Im TV läuft eine Unterhaltungsshow. Neben dem flimmernden Schwarzweiss-Gerät stehen zwei kaputte Apparate und ein Tonbandgerät. Auf dem Boden des Holzverschlags liegen Klamotten verstreut. Den grössten Teil des Raums nimmt eine durchgelegene Matratze ein, die beiden als Bett dient. Drei verblichene Teddybären, aus denen die Füllung rieselt, lehnen an der Wand. Darryl und June starren in den Fernseher, sie sind nicht mehr ansprechbar.

Lieber in der Höhle leben, als in Afrika sterben
Draussen sitzt Chase ebenfalls vor der Glotze. Er langweilt sich. Wir erzählen ihm von unserem Plan, eine kleine Expe-

Biographien

Die Zwillinge Darryl und June (39) aus Harlem wohnen seit sechs Jahren im Riverside-Tunnel. Seit ihrer Jugend leben sie zusammen auf der Strasse. Nach einer Odyssee durch die Parks in Manhattan landeten sie im Riverside-Tunnel. Das Leben im Untergrund ist für sie eine Notlösung, sie warten seit langem darauf, von der Stadt eine Sozialwohnung zu bekommen.

Bernard (41), geboren in Florida, in der Nähe von Palm Beach, studierte an der University of Maryland Journalismus und Philosophie. Kurze Zeit arbeitete er als Redakteur bei einem Fernsehsender, dann als Fotomodell in einer Agentur. Ein Studium an einer Filmhochschule brach er ab. Seit er eine Bande von Jugendlichen, die von den Tunnelbewohnern Schutzgelder erpressten, in die Flucht schlug, hat er den Beinamen „Lord of the Tunnel" – Herr des Tunnels.

dition entlang der Schienen zum nächsten Tunnel zu unternehmen. Spontan entschliesst er sich, uns zu begleiten. „Ich wollte immer schon mal wissen, ob da noch andere Leute leben." Gemeinsam machen wir uns auf den Weg entlang des Schienenstranges und verlassen den Tunnel. Nach wenigen hundert Metern wird unser Tatendrang gebremst. Auf der gegenüberliegenden Seite der Gleise stehen zwei misstrauisch blickende Gestalten, einer von ihnen ist mit einem Stock bewaffnet. „Das sind die Höhlenmenschen", zischelt Chase. „Wir müssen vorsichtig sein, die sind meist betrunken und nehmen Drogen."

Doch Hector und Roberto erweisen sich als harmlose Zeitgenossen. Nach wenigen Worten landet der Stock bereits im

Chase (27) wurde in North Carolina geboren. Mit sechzehn floh er vor den Schlägen und Misshandlungen seiner Eltern – beide Alkoholiker. In New York City fand er weder Arbeit noch Wohnung und landete im Tunnel unter dem Riverside Drive. Nur der Beistand von Jimmy, einem anderen Tunnelbewohner, verhinderte, dass Chase in Alkohol- und Drogensucht unterging. Er machte daraufhin seinen High-School-Abschluss. Unterbrochen wurde das Leben im Untergrund von einem dreijährigen Armeedienst in Deutschland. Zurück in New York, zog er erneut in den Riverside-Tunnel, wo er bis heute lebt.

Bob (56) stammt aus Chicago. Der gelernte Koch kam 1987 nach New York. Er arbeitete in der Grossküche eines Krankenhauses, dann als Hilfskoch in einer Suppenküche. Wegen seiner Drogensucht verlor er seinen Job. Seit sieben Jahren lebt er zusammen mit Bernard im Tunnel. Ende 1994 zwang ihn ein Herzinfarkt zum Verlassen des Tunnels. Mitte 1995 kehrte er in den Untergrund zurück.

Gebüsch, und wir werden zu einem Begrüssungsbier eingeladen. Der Schwarze Hector und der Latino Roberto leben zusammen mit zehn bis fünfzehn weiteren Personen in den garagenähnlichen Vertiefungen, die hier in den Fels getrieben wurden. Darüber türmt sich das Verwaltungsgebäude des Fernsehgiganten ABC.

Die Bewohner der Höhlen haben eines gemeinsam: Alle sind sie aus dem Kuba Fidel Castros geflohen und nach einer Odyssee als illegale Einwanderer in New York gestrandet. „Im Sommer ist es prima hier", sagt Roberto und zieht genüsslich an seiner Zigarre. „Wir können machen, was wir wollen, und haben unsere Ruhe." Während sein Kumpel mit den Gästen plaudert, hat sich Hector in einen der Betonbunker zurückgezogen. Rauch kräuselt aus dem Eingang, es duftet verführerisch. Auf einer Herdstelle dampfen zwei grosse Kessel mit Fleisch und Gemüse.

1981 setzte sich Roberto aus Kuba ab. Über Florida und Kalifornien kam der heute Vierunddreissigjährige nach New York. Seinen Lebensunterhalt bestreitet er mit Gelegenheitsjobs als Bauarbeiter. Jeden Dollar, den er auf die Seite legen kann, spart er für sein grosses Ziel: „Mein Traum ist es, einmal in die Heimat zurückzukehren, wenn die Verhältnisse auf Kuba anders sind. Meine Familie, meine Eltern und Freunde sind dort." Roberto floh, als er den Einberufungsbescheid fürs Militär erhielt. Seine gesamten Ersparnisse musste er für die Überfahrt in einem der kleinen Kutter hinblättern, die Nacht für Nacht im Schutze der Dunkelheit von der kubanischen Küste aus mit Kurs Florida in See stechen. Bereut hat er diese Investition nicht: „Womöglich hätte ich nach Angola an die Front gehen müssen. Hier so zu leben, ist immer noch besser, als irgendwo in Afrika für nichts sein Leben zu lassen." Chase drängt zum Aufbruch. Er will noch vor Einbruch der Dämmerung wieder in den Tunnel zurück. Als Roberto hört, mit wem wir hier sind und wo wir hin wollen, gibt er uns eine Warnung mit auf den Weg: „Nehmt euch vor diesen unheimlichen Leuten im Tunnel in acht. Die sind gefährlich."

Zerstörte Existenzen

Unsicheren Schritts tastet sich die Frau mit den zwei vollen Einkaufstüten über die Gleise. Als sie den kleinen Hang an der Seitenmauer des Riverside-Tunnels hinaufklettert, um in ihre Behausung zu kommen, verliert sie fast das Gleichgewicht. Oben lässt sie sich müde auf eine alte Couch fallen, der heruntergerutschte Träger ihres dünnen Kleides zeigt einen mit blauen Flecken übersäten, ausgemergelten Körper. Die Knie sind blutig. Das linke Ohrläppchen ist zerrissen, dort, wo sie einen Ohrring trug, klafft ein Dreieck.

Elisabeth ist fünfunddreissig und sieht aus wie fünfundfünfzig. Ihr Blick ist leer. Der Glanz kehrt nur dann in die Augen zurück, wenn sie einen der kleinen weissen Krümel aus einer Papiertüte kramt, in ein Glasröhrchen stopft, anzündet und tief inhaliert. Beim Sprechen verschluckt die Cracksüchtige Wortsilben, Speichel rinnt aus dem Mundwinkel, die Bewegungen sind fahrig. Während der Unterhaltung beginnt sie aus dem riesigen Haufen modernder Textilien, die um ihren Schlafplatz verstreut sind, Kleidungsstücke zu zerren und zusammenzulegen. Nach wenigen Minuten stösst sie den ordentlich gefalteten Kleiderstapel um und greift erneut zur Droge.

Danny, der neben Elisabeth in einem Zelt aus Plastikplanen lebt, hat sie bereits eine Weile beobachtet. Nach dem dritten Joint, den sich seine Partnerin ansteckt, hält er es nicht mehr aus: „Hast du ein Piece übrig?" Aber Elisabeth ist an diesem Tag nicht in Geberlaune. Mit einem kurzen Kopfschütteln lehnt sie sein Ansinnen ab. Danny ist zweiundfünfzig und stammt aus Kalifornien. Als die Baufirma, für die er als Vorarbeiter tätig war, einen Grossauftrag in New York City bekam, zog er an die Ostküste. „Ich arbeitete zwei Jahre hier, dann forderte ich eine Lohnerhöhung. Sie boten mir fünfzehn Cents mehr am Tag, da hab ich gekündigt." Von da an zog es ihn immer tiefer in den Strudel von Armut und Drogen. Das Geld aus den Gelegenheitsjobs, die er hin und wieder annahm, reichte nicht, um die Wohnung zu halten. Danny begann zu trinken und Crack zu nehmen. Die Flucht aus einem Obdachlosenasyl, in dem er von Mitbewohnern bedroht wurde, führte ihn in den Riverside-Tunnel. „Hier unten ist es sicherer. Oben bedrohen dich die Menschen, hier unten nur die Ratten. Die Tiere kannst du verscheuchen, die Menschen nicht." Seit eineinhalb Jahren lebt er neben Elisabeth. Gemeinsam ziehen sie los und sammeln Büchsen. Er weiss weder ihren vollständigen Namen noch ihr Alter. Nur, dass sie seit sieben Jahren im Tunnel lebt, hat sie ihm einmal erzählt.

Polizei im Zwielicht

Chase ist nicht erfreut, als wir ihm von unserer Begegnung mit Elisabeth und Danny erzählen: „Solche Leute sind es, die der Eisenbahngesellschaft den Vorwand liefern, den Tunnel zu räumen." Es sind weniger die Drogen als vielmehr der Müll, der „Amtrak" zur Sanierung des Bauwerks veranlassen könnte. Insbesondere aus dem Feuerwehrdepartement kommt Druck, die Bewohnerinnen und Bewohner aus Sicherheitsgründen an die Luft zu setzen. Auch das politische Klima ist nicht auf der Seite der Unterprivilegierten, seit die konservativen Republikaner 1994 die Macht in New York City übernommen haben. Bürgermeister Giuliani setzt sich massiv für Kürzungen im sozialen Bereich ein und lässt die Obdachlosen aus den Bahnhöfen der Stadt vertreiben.

Die Zahl derjenigen, die im Untergrund leben, sei von über 5000 auf maximal 1000 zurückgegangen, sagt Captain Romero. Mehr als zehn Jahre leitete Romero die Polizeieinheit, die für das U-Bahn-System in New York City zuständig ist. Der überwiegende Teil derjenigen, die noch unter dem Asphalt lebten, habe sich in die Eisenbahntunnels zurückgezogen. Und für die, betont er, sei die Bahnpolizei zuständig. Der Captain ist eine sympathische Erscheinung, es wirkt glaubhaft, wenn er versichert: „Gewalt haben wir bei unserer Arbeit nie angewandt. Nur wenn wir auf jemanden gestossen sind, der krank oder verletzt war, haben wir ihn mit sanftem Zwang nach oben gebracht. Fast alle kamen freiwillig mit."

Die Polizisten als Freunde und Helfer der New Yorker Obdachlosen? Die Darstellung Romeros erhält einen Dämpfer: In der Obdachlosenorganisation „Coalition for the Homeless" zeichnet man ein anderes Bild der Polizei im Umgang mit den Tunnelmenschen. Brent, einer der Sprecher der Coalition, sagt: „Wir haben einige Prozesse gegen Polizisten angestrengt, weil sie Obdachlose misshandelten. Zeitweise war es so schlimm, dass wir selber hinuntergingen, um die Polizisten heimlich zu beobachten und Vorfälle aufzuzeichnen."

Morgens an der Grand Central Station in Manhattan: Wir begleiten Edward Golding und Tommy McInnis von der „MTA Connections Outreach" auf ihrer Patrouille durch New Yorks berühmten Bahnhof. Die „MTA Connection Outreach" ist eine Sondereinheit von Sozialarbeitern, die den Polizeibeamten im U-Bahn-Bereich assistieren. Zurückhaltend und höflich sprechen die beiden Obdachlose an, auf die sie stossen. Zu manchen haben sie im Laufe der Zeit ein persönliches Verhältnis entwickelt. Für einige sind sie die Rettung. Ein entkräfteter und von Krankheit Gezeichneter, auf den sie in der Toilette stossen, ist sofort bereit, mitzugehen. Er erzählt, dass er sechzehnmal erfolglos versucht habe, im Krankenhaus Aufnahme zu finden. Die beiden Sozialarbeiter begleiten ihn bei seinem siebzehnten Versuch: „Wenn wir mit ihm kommen, müssen sie ihn aufnehmen", sagt Edward Golding. Dann machen sie sich auf den Weg ins „Bellevue"-Krankenhaus.

Auf dem Heimweg in der U-Bahn presse ich das Gesicht gegen die Scheibe des Zuges. Im fahlen Licht sind für Sekundenbruchteile Schlafsäcke und Unterstände aus Pappe erkennbar. Hin und wieder tauchen Menschen aus dem Nichts auf und verschwinden wieder. Es sind keine Gleisarbeiter. Die würden leuchtende Warnwesten tragen.

PS. Ende 1995 liess „Amtrak" den Riverside-Tunnel wegen Feuergefahr räumen. Die Obdachlosenorganisation „Coalition for the Homeless" erwirkte gegen den Widerstand der Eisenbahngesellschaft einen Aufschub, bis für alle Bewohnerinnen und Bewohner Wohnungen gefunden werden konnten. Ob die zwanzigjährige Ära der Riverside-Tunnelmenschen damit zu Ende geht, ist allerdings fraglich. Bereits 1991 hatten „Amtrak"-Arbeiter die Bewohner aus ihrer unterirdischen Behausung vertrieben. Die Menschen waren wieder dorthin zurückgekehrt. Insgesamt bleibt das Problem der Tunnelmenschen und der Obdachlosigkeit in New York bestehen.

Anmerkung
[1] Jennifer Toth, Tunnel-Menschen. Das Leben unter New York City, dt. von Sylvia Klötzer, Berlin 1994

Paul L. Walser

Die Clochard-Romantik ist Vergangenheit

Französische Kämpfer wider den Skandal der Obdachlosigkeit

Paris ist nicht mehr die Metropole der Clochards, die als Aussteiger eine Art „romantisches" Freiluft-Dasein unter den Seine-Brücken fristeten und unzählige Bücher und Filme bevölkert haben. Die Clochard-Romantik – falls es sie überhaupt je gegeben hat – gehört endgültig der Vergangenheit an. Im Zeichen der Neuen Armut, der „fracture sociale" (sozialer Bruch) und der „exclusion" (Ausschluss aus der „normalen" Gesellschaft) ist die Szene nüchterner geworden. Wer auf der Strasse liegt, ist nicht mehr ein Clochard, sondern ein SDF, „Sans domicile fixe" (ohne festen Wohnsitz). Im Beamtenjargon als „Menschen in schwieriger Lage" registriert, werden diese Menschen oft einfach „Sans" genannt, „die Ohne" – ohne Obdach, ohne Arbeit, ohne Rechte, ohne Gesundheit, ohne Zukunft, ohne Hoffnung.

Sie sind die Folge der tiefgreifenden Arbeits- und Sozialkrise, die Frankreich seit 1974 durchmacht. Die wohltätigen Vereinigungen schätzen die Zahl der Personen, die in Frankreich ohne Behausung leben müssen, auf eine halbe Million. Unter den rund 50'000 SDF der Pariser Region befinden sich über 15'000 junge Frauen unter fünfundzwanzig Jahren, darunter nicht wenige mit abgeschlossener Berufsausbildung. Nach einer Umfrage, die die Obdachlosenzeitung „La Rue" unter französischen Jugendlichen durchgeführt hat, befürchtet jeder zweite, eines Tages zu den „Ausgeschlossenen" zu gehören. Laut Statistik sind von den vierundzwanzig Millionen Erwerbstätigen des Landes rund fünf Millionen schon vom Arbeitsmarkt weg (offizielle und indirekte Arbeitslose), weitere sieben Millionen sind in einem „fragilen" Arbeitsverhältnis.

Widerstandskämpfer Abbé Pierre

Die „Sans" sind unübersehbar geworden in der warmen Unterwelt, dem Metro-Labyrinth (das ihnen während des langen Streiks vom Dezember 1995 mit Ausnahme einer einzigen, nicht mehr in Betrieb befindlichen Station verschlossen war), und in den Gassen der im Winter so kalten Oberwelt. Und sie werden auch zur Kenntnis genommen. Sie beginnen sich zu wehren, weil die hartnäckige Arbeit einiger unermüdlicher Helfer endlich erste Früchte getragen hat. Als Pionier wirkte der Armengeistliche Henri Grouès (geb. 1912), der seinen Résistance-Decknamen Abbé Pierre zu seinem wirklichen Namen machte und nach dem Krieg mit dem Hilfswerk „Emmaus" den Widerstand gegen das Unrecht, das Elend und den „Skandal der Obdachlosigkeit" weiterführte. Am bitterkalten 1. Februar 1954 – Frankreich litt noch immer unter den Wunden des Zweiten Weltkriegs – lancierte Abbé Pierre seinen Hilferuf für die Obdachlosen, mit dem Sammelergebnis konnten damals 13'000 Notwohnungen geschaffen werden.

Vier Jahrzehnte später, in der Zeit der Neuen Armut – die Zahl der offiziellen Arbeitslosen war inzwischen von 377'000 auf über drei Millionen gestiegen –, wiederholte der nunmehr 82jährige seinen Appell: „Wacht auf!" Und am 18. Dezember 1994 inszenierte er die spektakulärste Hausbesetzung in der Geschichte der französischen Hauptstadt. Der hagere Mann mit Baskenmütze und weissem Bart führte die Demonstranten an, die im Herzen von Paris ein seit vier Jahren leerstehendes Gebäude der Immobilienfirma „Cogedim" – mit einer Fläche von 10'000 Quadratmetern – in Beschlag nahmen: Nummer 7 der Rue du Dragon im sechsten Arrondissement. Der unermüdliche Kämpfer wider den „Skandal der Obdachlosigkeit" – rund zehn Prozent des gesamten französischen Wohnbestandes sollen wegen der Wirtschaftskrise und aus Spekulationsgründen leer stehen – erinnerte die Regierung an ein Gesetz aus dem Jahre 1945, das die Beschlagnahmung unbenutzter Wohn- und Büroräume erlaubt; de Gaulle hatte nach dem Krieg dieses Gesetz als Waffe gegen den Wohnungsmangel eingeführt.

Abbé Pierre ist es zu verdanken, dass die Behörden in der Rue du Dragon von einem Polizeieinsatz absahen. Sechzig notleidende Familien wurden in dem grossen Haus einquartiert, mitten im Touristengewimmel, in einem Quartier protziger Luxusgeschäfte, modischer Boutiquen und vornehmer Residenzen. Die neuen Anwohner blieben Fremdkörper im Viertel, zogen aber immer wieder die Fernsehkameras an, und das besetzte Grossgebäude wurde bald zu einem der bekanntesten Orte der französischen Wirklichkeit. Nach einem Jahr bereiteten sich die Besetzer zum Auszug vor – nicht zur Rückkehr auf die Strasse, sondern zum Umzug in legale Sozialwohnungen. Der Kampf hatte sich also gelohnt.

Obdachlosen-Minister Xavier Emmanuelli

Ein weiterer Hauptakteur ist der aus Korsika stammende Arzt Xavier Emmanuelli (geb. 1938), Mitbegründer der humanitären Organisation „Médecins Sans Frontières". Im Herbst 1993 vermochte er den damaligen Pariser Bürgermeister Jacques Chirac von der Notwendigkeit eines neuen Sozialdienstes für die Obdachlosen-Betreuung zu überzeugen; so entstand der

„Samu social", der Nacht für Nacht die auf den Strassen liegenden SFD einsammelt und zu Betreuungsstätten bringt. Im Mai 1995 ist Emmanuelli Mitglied der Regierung Juppé in der Rolle eines Staatssekretärs für humanitäre Nothilfe geworden. Das Nahziel des „Obdachlosen-Ministers" ist ein Rahmengesetz gegen den sozialen Ausschluss, das ursprünglich für den Herbst 1995 angekündigt war und dann auf den Sommer 1996 vertagt wurde. Emmanuelli warnt vor Trugschlüssen und Illusionen. Kein diskriminierendes „Armen-Gesetz" hat er im Sinn, sondern eine wirkungsvolle Handhabe für die bisher arg vernachlässigte Prävention: „Es geht nicht nur darum, Opfer aus dem Elend herauszuholen, sondern zu verhindern, dass angeschlagene Menschen dorthin absinken."

Den Obdach- und Hoffnungslosen ist der frühere Gefängnisarzt Emmanuelli als Leiter der armseligen Obdachlosen-Auffangstätte in der Pariser Vorstadt Nanterre – einer ehemaligen Haftanstalt für Vagabunden – nahegekommen: „Man ist hier, weil man nicht anders kann. Die Krankenschwestern werden von ihrem Enthusiasmus getragen, sie wissen, warum sie hier Dienst tun. Man wird auf sich selber zurückgeworfen und läuft Gefahr, von der Not aufgefressen zu werden. Wenn man das Problem wirklich lösen wollte, müsste man die Obdachlosen mit guter Ausrüstung in normalen, in würdigen, menschenwürdigen Verhältnissen, nicht in einer Notbaracke, nicht im Elend, empfangen."

Im Gespräch weist Emmanuelli immer wieder mit Nachdruck auf die „Gesundheit als allgemeines Recht" hin: „In Frankreich hat auf dem Papier jedermann das Recht auf Gesundheit. In der Praxis sieht das allerdings anders aus. Bei mittellos gewordenen und aus der Sozialversicherung geworfenen Menschen findet das allgemeine Recht keine Anwendung mehr. Einer, der stinkt und nicht zahlen kann, wird nicht mehr vollständig untersucht. Die Ausgeschlossenen haben immer eine Vorzeige-Wunde, damit sie wenigstens an einer Stelle gepflegt werden." Emmanuellis Fazit: „Der soziale Ausschluss sitzt in den Köpfen der Behörden, der Verwalter und der tonangebenden Mediziner, für die die Armen-Ärzte nichts anderes als arme Ärzte sind, die nichts zu sagen haben." Sein Credo: „Man kann nicht gleichgültig an den notleidenden Menschen vorübergehen."

Jean-Baptiste Eyraud: Recht auf Wohnung

Ganz für die „Sans" engagiert sich auch Jean-Baptiste Eyraud (geb. 1954) mit seiner Bewegung DAL – „Droit au logement" (Recht auf Wohnung). Sein Büro in einem kosmopolitischen Pariser Volksviertel sieht wie eine Werkstatt aus. Hier koordiniert er mit seinen (insgesamt vierhundert) ehrenamtlichen Mitarbeiterinnen und Mitarbeitern die Aktionen in mehreren französischen Städten. Fast ununterbrochen ist er am Telefon, im eiligen Gespräch mit ungeduldigen Wohnungskandidaten, ratlosen Aktivisten, schwierigen Advokaten und widerspenstigen Bürgermeistern. Der Sohn eines Theatermanns und einer Malerin machte in den siebziger Jahren bei verschiedenen linken Protestgruppen mit, arbeitete als Kaminfeger und Holzfäller, als Handwerker auf dem Land und mauserte sich schliesslich zum entschlossenen Pazifisten und Obdachlosenhelfer.

Seit Anfang der neunziger Jahre gibt es die DAL-Bewegung mit ihrem Präsidenten Eyraud. Seine Grundfrage ist die nach der Arbeit und der Gesellschaft: „Gibt es demnächst zwei Gesellschaften – eine Gesellschaft, die nicht arbeitet und nur dank Wohltätigkeit und Unterstützung durch die öffentliche Hand überleben kann, und eine Gesellschaft, die arbeiten, produzieren und konsumieren kann, mit dem Geist einer belagerten Festung? In Frankreich sind wir glücklicherweise noch nicht soweit. Aber rund zwölf Millionen Franzosen – fast ein Fünftel der Gesamtbevölkerung – müssen mit dem Existenzminimum auskommen." Eyraud ist davon überzeugt, dass die Franzosen in ihrer grossen Mehrheit „dank der republikanischen Werte" gegen die Zweidrittelgesellschaft sind. Er glaubt, dass sich auch die konservativen Bürger nicht an den Anblick von Obdachlosen auf der Strasse und in den Winkeln der Metrostationen gewöhnen wollen, weiss jedoch, dass die „gespaltene Gesellschaft" in Ansätzen bereits Wirklichkeit ist. Dagegen mobilisiert er, wo immer möglich, mit seiner Bewegung DAL, die er freilich nicht in eine politische Partei umwandeln will.

Den Durchbruch schaffte DAL mit dem vielfältigen Wagnis der Rue du Dragon. Im besetzten Drachen-Haus wurde nicht nur gewohnt, sondern vor allem auch diskutiert und experimentiert. Durch die Mitwirkung von engagierten Künstlern und Lehrkräften entstand eine Art „Volksuniversität" für die „Sans" – unter dem Motto „Droits devant!" (Vorwärts mit dem Recht!). Diese Bewegung für eine alternative Erziehungs- und Kulturpolitik ist aus der DAL-Bewegung entstanden. Prominente Humanisten wie die bekannten Medizinprofessoren Léon Schwartzenberg (Krebsexperte) und Albert Jacquard (Genetiker) sorgten dafür, dass es um die Dragon-Szene nie still wurde; und der vom Papst abgesetzte Bischof Jacques Gaillot bezog sogar ein Zimmer im „Drachen", nachdem er seinen Amtssitz in Evreux hatte verlassen müssen. Hier hat der dem Vatikan unbequeme Geistliche, der sich für die Ausgeschlossenen jeglicher Art einsetzt und wie Abbé Pierre ein ausgesprochenes Medien-Talent ist, auch die Weihnachtsmesse zelebriert.

Die Anhänger und Nutzniesser der Bewegung nahmen im Dezember 1995 an den grossen Gewerkschaftskundgebungen während des dreiwöchigen Bahn- und Metrostreiks teil. Seite an Seite mit Lohnempfängern der Staatsbahn SNCF, der Pariser Verkehrsbetriebe und anderer öffentlicher Unternehmen marschierten Obdach- und Arbeitslose.

Als Premierminister Alain Juppé seinen „Sozialgipfel" mit Spitzenvertretern der Gewerkschaften und der Arbeitgeberschaft ankündigte, ersuchten die „Sans" ebenfalls um Teilnahme. Doch sie erhielten keine Einladung. Aus Protest führten sie und ihre Helfer einen „Gegengipfel" durch und besetzten zu diesem Zweck – unterstützt von streikenden Eisenbahnern – das Pariser Centre Pompidou, wo ihnen ein Saal für ihre Debatten überlassen wurde. Dazu Jean-Baptiste Eyraud: „Wir wollen nicht, dass die Obdach- und Rechtlosen von der sozialen Bewegung vergessen werden." Dabei weiss er besser als alle anderen, wie schwer es ist, die auf die Strasse Geworfenen und dort Liegenden „auf die Strasse", das heisst auf die Beine zu bringen und nicht zur passiven Bettelei, sondern zum aktiven Protest, zur Demonstration ihrer Anliegen zu bewegen.

„Das Drachen-Experiment hat uns stärker gemacht"
Dass das Obdachlosen- und Wohnungsproblem nicht mehr unter den Tisch gewischt wird und sich darüber eine landesweite Debatte entsponnen hat, verdankt Frankreich dem Präsidentschaftswahlkampf vom Frühjahr 1994. Der Neogaullist Jacques Chirac, dem die Meinungsumfragen zunächst gegenüber seinem Rivalen und Parteifreund Edouard Balladur praktisch keine Chance gaben, bemühte sich – nicht zuletzt aus wahltaktischen Gründen – um ein volks- und wirklichkeitsnahes Image. In keiner seiner Reden fehlte die Warnung vor der „fracture sociale" und der „exclusion". Noch als Bürgermeister von Paris – aber bereits mit dem Elysée im Kopf – hatte er offene Ohren für die Anliegen von Abbé Pierre und Xavier

Emmanuelli, und so setzte er im Wahlkampf den „Kampf gegen den sozialen Ausschluss" an die Spitze seines Programms.

Wenn auch nach Chiracs Einzug in den Präsidentenpalast zahlreiche seiner Wahlversprechen vergessen oder verdrängt wurden, so ist doch festzustellen, dass sich der Umgang mit den SDF geändert hat. Leerstehende Wohnräume werden jetzt, wenn auch zaghaft und sehr langsam, Obdachlosen zugänglich gemacht, die Behörden können sich weniger gut als früher in unverbindliche Formeln flüchten. Doch Jean-Baptiste Eyraud hat keine Illusionen: „Es geht darum, die Ausgeschlossenen wieder in die Gesellschaft zu integrieren und ihre Zukunft sicherzustellen. Dazu gibt es kein alternatives Projekt. Wenn die Behörden dieses Programm umsetzen, können wir mit unserer Bewegung aufhören. Der Kampf gegen das Elend hat aber leider noch viel Zukunft."

Wie soll es nun weitergehen? „Wir wollen von innen heraus die französische Gesellschaft verbessern", sagt Eyraud, „das gegenwärtige sozialpolitische Klima gibt uns die Möglichkeit, den Druck auf die Behörden und die Öffentlichkeit aufrechtzuerhalten. Unser Ziel ist eine gerechtere Verteilung der Arbeit (durch Verkürzung der Arbeitszeit) und des Reichtums. Frankreich ist – als viertgrösste Wirtschaftsmacht der Welt – noch nie so reich gewesen wie heute, das grosse Geld ist bei einer Minderheit konzentriert und grossenteils in der Finanzspekulation angelegt, die nicht dem Gemeinwohl dient und letztlich nur noch mehr Armut erzeugt."

Für Jean-Baptiste Eyraud und seine Bewegung hat sich das „Drachen-Experiment" als entscheidend erwiesen. Das einjährige „Jubiläum" an der Rue du Dragon kam am Schluss des grossen Streiks, der den DAL-Leiter leicht optimistisch gestimmt hat: „Ich denke, dass diese Bewegung nicht zu Ende ist. In der Luft liegen eine gewisse Hoffnung und die Überzeugung, dass man weitermachen muss, um die Lage zu verbessern. Nicht unbedingt mit Streiks, vielleicht eher mit gezielten Einzelaktionen." Im Januar 1996 wurden die Drachen-Hausbesetzer umquartiert, sie erhielten Sozialwohnungen.

Im Rückblick auf die vergangenen zwölf Monate sagte eine achtzehnjährige Bewohnerin des „Drachens": „Das hat uns stärker gemacht. Ich weiss jetzt, dass man kämpfen muss, wenn man etwas erreichen will, dass man sich vernehmlich machen muss, dass man nicht schlaff werden darf und dass man mit all denen, die das gleiche Schicksal zu tragen haben, solidarisch sein muss." Die Mittelschülerin Nadia Toumi konnte im Dezember 1994 mit Mutter und Schwester in der Rue du Dragon 7 einziehen. Ihre Mitschülerinnen und Mitschüler erkannten sie auf dem Bildschirm – das „Drachen-Experiment", das ein gutes Jahr gedauert hat, war wegen der teilnehmenden Prominenz nicht zuletzt ein Fernsehereignis – und waren stolz auf sie. Sie bereiteten ihr am Tag darauf im Gymnasium einen begeisterten Empfang. Nadia sah sich nicht mehr an den gesellschaftlichen Rand gedrängt, sondern unversehens in der Mitte der Gemeinschaft. Zuvor hatte niemand ausser ihrer engsten Freundin gewusst, wo sie wohnte. Ihre nächsten Pläne? „Die Matura, und dann eine gute Arbeit." Zugleich will sie aber auch den Wohnungskampf fortsetzen: „Wenn weitere Hausbesetzungen für andere Obdachlose nötig sind, mache ich mit."

Jean-Martin Büttner

Häuser und Köpfe renovieren

*Wie Genfer Politiker mit Hausbesetzern
und diese mit der Legalität klarkommen*

„Zaffaraya" in Bern ist eingestampft, „Wohlgroth" in Zürich flachgelegt, die „Stadtgärtnerei" in Basel umgegraben. Und das „Ilot 13" in Genf steht vor der Amputation. Noch drängen die abgeblätterten Häuser aneinander, ducken sich am Rande des Quartiers les Grottes hinter den einstigen Stadtmauern, eingekeilt zwischen Bahnhof, Postzentrale und Stadtpark. Bäume wachsen im Hinterhof, Katzen strecken sich, Kinder kullern herum. Reihum wird geschwatzt und gehämmert. Auf dem Parkplatz glühen die Autos, auf den bröckeligen Balkonen spriesst der Hanf.

Das Szenencafé hat noch zu, doch die Losung des Hausheiligen ist gut zu lesen: „Si je veult danser, saulter, mener joyeuse vie, que az affaire la justice: rien." Worauf die Genfer Justiz, die das Tanzen und Herumspringen ihres Bürgers Jacques Gruet gar nicht lustig fand, diesem kurzerhand den Kopf abhacken liess. Das war zu Calvins Zeiten. Heute bleiben die Köpfe dran; zum Herumspringen besteht dennoch wenig Anlass.

Konfrontationen

Das „Ilot 13" ist die älteste aller besetzten Häusergruppen von Genf, zumindest der nicht geräumten. Sein Protest hat etwas leicht Verwittertes. Die Ruhe über dem Gelände herrscht schon so lange, dass sich die Beteiligten nach Unruhe sehnen. Die Besitzer möchten abreissen, die Besetzer renovieren.

Unter Vermittlung des liberalen Staatsrates Claude Haegi und mit Hilfe des Mieteranwalts Christian Ferrazino, Grossrat bei der links-alternativen Gruppe „SolidaritéS", wurden die Abmachungen festgezurrt und fast alle Widerstände aus dem Weg geräumt. Der Kampf neigt sich seinem Ende zu. Er hat fast elf Jahre gedauert.

Die Besitzerin „Göhner Merkur SA", als Immobilienhändlerin wiederholt in den Schlagzeilen, kann zwei Häuser neu bauen und ein weiteres hochziehen. Die drei Dutzend Besetzerinnen und Besetzer dürfen das verbleibende selber renovieren und in Eigenregie verwalten. Gestritten wird noch um ein kleines Haus im Innenhof, das die Besetzer bewahren und die Besitzer demolieren wollen. Der Streit beschäftigt die Gerichte in zweiter Instanz. Um den Druck zu verstärken, hat „Göhner Merkur" Anfang August 1995 ihren Nutzungsvertrag mit den Bewohnern eines der Abbruchhäuser vorzeitig aufgelöst. Das ist ungemütlich für die Betroffenen, ändert aber nichts am Reformprozess, der auf Legalisierung zielt.

Aus Besetzern werden dann Bewohner, mit dem Unterschied, dass sie Geld nicht fürs Wohnen zahlen, sondern für Renovationen in eigener Sache. Arbeiten, um zu wohnen, das gilt im konkreten wie im übertragenen Sinne; auch das Denken und Handeln muss renoviert werden. „Was machen wir", fragt der Hauswart und langjährige Bewohner im „Ilot 13", Marcel Perrin, „wenn uns die Gegner ausgehen?"

Konsequenzen
Um die Ironie dieser Frage zu geniessen, muss man sich die Gegnerschaft vergegenwärtigen. Parallel zur Etablierung der Besetzer wuchs nämlich die Nachgiebigkeit der Behörden. Das juristische Resultat dieser Annäherung ist der Nutzungsvertrag zwischen Besitzern und Besetzern, den die Stadt seit

Mitte der achtziger Jahre einsetzt. Das Konzept stammt aus Basel. In Genf steht es für einen Pakt zwischen Stadt, Vermietern und Besetzern, Symbol einer Wohnreform, die über den Rechtsbruch einen sozialen Wandel vorantreibt. Nach erbitterten Auseinandersetzungen in den Siebzigern bis in die Mitte der achtziger Jahre haben sich die Parteien auf einen Wohnfrieden geeinigt, der in anderen Schweizer Städten nur mehr als Friedhofsruhe andauert.

Die Hausbesetzer nennen den Vertrag sachlich „contrat prêt à usage", bei den Politikern, die es gerne moralisch haben, heisst er „contrat de confiance". Er verpflichtet die Benutzer leerstehender Häuser, diese im Falle eines Abbruchs widerstandslos zu räumen. Dafür zahlen sie ausser Nebenkosten keine oder nur symbolisch Miete und leben oft jahrelang billig und schön. Von den rund siebzig besetzten Häusern in Genf haben über ein Dutzend einen solchen Vertrag. Alle streben nach dem dauerhaften Wohnen; das „Ilot 13" steht kurz davor.

Kompromisse
Reformen sind die Reaktion auf unhaltbare Zustände. Genf ist von Wohnungsmangel und Spekulation, Rezession und sozialer Not mehr geplagt worden als andere Schweizer Städte. Zugleich galt es, Zürcher Verhältnisse um jeden Preis zu vermeiden. Das Resultat legitimiert das Vorgehen. Obwohl es auch in Genf zu Räumungen und Demonstrationen kommt, obwohl etwa Staatsanwalt Bernard Bertossa oder Polizeidirektor Gérard Ramseyer für härteres Durchgreifen eintreten, obwohl die Abbruchsmentalität der Genfer Baudirektion zu mitunter gespenstischen Aktionen führt, halten die Behörden tendenziell an der toleranteren Linie fest. Reformbedarf reicht noch nicht für eine Reform; erst wenn der Gewinn die Verluste deutlich übersteigt, hat sie eine Chance.

Dazu hat die Genfer Linke einiges gegen Spekulationen und Wohnungsnot beigetragen, allen voran der Mieterverband und mit ihm der Anwalt und ehemalige Baudirektor Christian Grobet. Das grösste Verdienst kommt aber Staatsrat Haegi zu. Er hat das Konzept der Nutzungsverträge in den achtziger Jahren aufgegriffen und verteidigt es bis heute gegen Partei- und Gesinnungsfreunde. Die Besetzerinnen und Besetzer rechnen ihm das hoch an. „Er ist engagiert, unkompliziert und steht zu seinem Wort", sagt eine Bewohnerin der Rue Lissignol über den agilen Liberalen: „Was will man mehr?"

Kompromissbereitschaft beruht auf Gegenseitigkeit. Die Flexibilität des Staatsrates bedingt eine Flexibilität seitens der Besetzerinnen und Besetzer. Nur so lassen sich die Verhärtungen vermeiden, die in Zürich, Bern und Basel zur Katastrophe geführt haben. Natürlich bleibt Gegenseitigkeit ein relativer Begriff, solange die einen Kompromisse machen können und die anderen sie machen müssen. Vom Kompromiss zur Unterwerfung ist es nicht weit. Es fehlt in Genf auch nicht an Stimmen, die den Konsensbereiten Egoismus, Opportunismus, gar Käuflichkeit vorwerfen. Jeder vertraglich eingebundene Besetzer halte die wilderen Exemplare vom Gelände fern, sagen die einen, bewache das Haus bis zum Abbruch. Genf sei doch Provinz, höhnen die anderen, nur in Berlin-Kreuzberg sei was los, da werde professionell dreingeschlagen.

Kommunikation

Wahr ist, dass in der Genfer Szene weniger politisch argumentiert wird als etwa in Zürich. Das bestätigen hier alle und sehen darin einen Vorteil. „In Zürich explodiert alles in Extremen; die Polizei ist brutaler, die Hausbesetzer sind dogmatischer", sagt Dominique Stern, die am Genfer Sozialinstitut über Häuserkämpfe in der Schweiz geforscht hat. „Hier dominiert der Pragmatismus über die Politik." Von anderen hört man ähnliches. Parallel zur wachsenden Durchlässigkeit der Behörden hat sich bei den Besetzern die Erkenntnis durchgesetzt, dass eine kompromisslose Haltung zwar der Mythenbildung dient, nicht aber der Wohnungsbeschaffung. Gleichzeitig pulsieren in den besetzten Häusern mit ihren Kellern, Beizen, Festen und Konzerten die Kultur und die Kommunikation. Das hat auch mit Politik zu tun.

Kräche

Und mag mit erklären, warum die Spätfolgen zerschlagener Jugendbewegungen hier weniger zu spüren sind. Auch Genf hat seine Fixer, aber die allgemeine soziale Verelendung scheint geringer. Die besetzten Häuser von Genf leisten Präventionsarbeit, Sozialhygiene; bevor einer durchdrehe oder abstürze, sagt Matthieu Grillet vom Kulturzentrum „l'Usine", komme er bei ihnen vorbei. Das heisst nichts anderes, als dass ihr Experiment gleich dreifach bedroht wird: einerseits durch die Besitzer, wenn diese spekulieren oder abreissen; andererseits durch jene Besetzer, die sich die Toleranz der anderen zunutze machen oder machen müssen, weil sie keiner mehr will und ihnen die Verwahrung droht; schliesslich durch die regulären Bewohnerinnen und Bewohner selber, die sich in Krächen aufreiben.

Erfahrungsgemäss nimmt interne Spannung in dem Masse zu, in dem die äussere sich legt; der Feind wird introjiziert. Spaltungserscheinungen machen sich bemerkbar, es kommt zu Streitereien, Absetzbewegungen, Aufsplitterungen. Wie alle Reformprojekte droht auch dieses nicht an der Reform, sondern an den Reformern zu scheitern.

Reformen suchen die Überwindung des Gewöhnlichen. Diese Phase haben die Bewohner des „Ilot 13" längst hinter sich, ihr Ziel ist die innere Reform nach Abschluss der äusseren Renovation. In allen Gesprächen mit Besetzerinnen und Besetzern werden dieselben Probleme formuliert: Wie wehrt man sich gegen Intoleranz, ohne die eigene Toleranz zu verraten? Wie geht man mit Spannungen um, ohne gleich auf Gewohnheitsrechte und Hierarchien zurückzugreifen? Wie federt man die Wünsche von Minderheiten ab, die auch ein basisdemokratischer Betrieb laufend erzeugt? Wie regelt man schliesslich die Forderungen jener, die sich allen Regeln und Vermittlungsversuchen widersetzen?

Konferenzen
Die Antwort ist so banal wie einmütig: Alles Erfahrungssache. „Wenn du zehn Jahre in einem heruntergekommenen Haus mit anderen zusammenlebst", erzählt eine zweifache Mutter, „lernst du das Austeilen und Abgrenzen, oder du gehst." Die Fluktuation innerhalb der Szene ist relativ gross; Studien werden abgeschlossen, Familien gegründet, Karrieren angepackt. Mit dem Einkommen steigen die Bedürfnisse, oder man macht Ärmeren Platz. An die Stelle der Älteren treten Junge ein, beginnen ihre Sozialisierung, machen ihre ersten Fehler. Lernen die Schwierigkeit kennen, nein zu sagen. Jedes Haus kommt früher oder später mit Gästen in Kontakt, die das gemeinsame Projekt gefährden. Mit Exzentrikern, leicht Verwirrten käme man mitunter klar, hört man, mit Süchtigen nicht. Heroin macht das Leben und Zusammenleben gleichermassen zur Hölle. Alle Häuser sind mit der Zeit dazu übergegangen, über die Aufnahme neuer Bewohner zu bestimmen. Auch Alltägliches wird in Konferenzen erörtert. Diskutiert werde oft lang, sagt Marcel Perrin vom „Ilot 13", abgestimmt eher selten. Elf Jahre lang Renovationen: Haben sie sich gelohnt? „Wir haben an unserem Haus und an uns gearbeitet", meint er, „um zu wohnen wie alle anderen." Oder fast.

Bernhard Matuschak

Hunger in New York City

Hilfsorganisationen versorgen Arme mit Nahrungsmitteln

Mittags auf der Confucius Plaza in Manhattan: Immer mehr Menschen versammeln sich um das Denkmal, das dem chinesischen Philosophen in Chinatown gesetzt wurde. Vorwiegend ältere Frauen und Männer haben sich eingefunden. Trotz der Menschenansammlung liegt Stille über dem Platz. Den Wartenden – einige stehen hier bereits seit Stunden – ist nicht nach Reden zumute. Pünktlich um zwölf Uhr fährt der weisse Lieferwagen der New Yorker Heilsarmee vor. „Emergency Disaster Service" – Notfall-Dienst – steht in grossen roten Lettern auf der Heckklappe des Wagens. In die Schlange der Wartenden kommt Bewegung. Die Menschen haben Hunger. Die Prozedur ist Tag für Tag dieselbe: Eine Frau springt aus dem Wagen, weist die andrängenden Menschen höflich, aber bestimmt hinter eine imaginäre Linie auf dem Bürgersteig zurück. Dann beginnt die Essensausgabe. Die Wartenden nehmen die Warmhaltebox aus Styropor entgegen und gehen weg. Für die letzten in der Schlange bleibt nichts mehr übrig. Zweihundert Portionen verteilen die Mitarbeiter der Heilsarmee. Das ist genau die Menge, für die der Sponsor der Aktion – eine Firmengruppe aus Hongkong – bezahlt. Die Verteilaktion an der Confucius Plaza ist nur eine von vielen. 1995 wurden in New York 750 zumeist von Religionsgemeinschaften betriebene Suppenküchen gezählt.

159 West 25. Strasse: Im 10. Stock eines unscheinbaren Betonblocks laufen für viele der Organisationen und Initiati-

ven, die in New York City gegen den Hunger auf der Strasse ankämpfen, die Fäden zusammen. Hier in Midtown Manhattan residiert „City Harvest". Die 1982 gegründete Wohltätigkeitsorganisation ist Verwalterin und Verteilerin des Überflusses. „City Harvest" – was soviel bedeutet wie „Ernte der Stadt" – macht den Bedürftigen zugänglich, was die Wohlhabenden übriglassen. Die Mitarbeiter der Organisation sammeln Lebensmittel und Essensportionen ein, die tagtäglich in Bäckereien, Supermärkten, Restaurants, Kantinen oder Schulküchen liegenbleiben, und leiten sie an Hilfsorganisationen weiter, die Suppenküchen unterhalten oder Altersheime und Obdachlosenunterkünfte versorgen. Die Nahrungsmittel sind in einwandfreiem Zustand, könnten aber am nächsten Tag nicht mehr verkauft werden.

Gegründet wurde „City Harvest" 1982 von Helen Pellott. Die Köchin eines kleinen Fast-Food-Restaurants ärgerte sich darüber, dass jeden Tag kiloweise Lebensmittel im Abfall landen, während Menschen auf den Strassen hungern. Pellott begann damit, die übriggebliebenen Essensportionen nach Feierabend an Bedürftige zu verteilen. Nach und nach beteiligten sich immer mehr Restaurants in der Umgebung. 1995 versorgte „City Harvest" 40'000 Menschen. Sechzehn hauptberufliche Fahrer transportieren jede Woche fünfzehn Tonnen Nahrungsmittel durch New York City. Über zweihundert Spender beliefern die Organisation. Dazu kommen noch einmal soviele Donatoren, die in unregelmässigen Abständen Lebensmittel abgeben. Es gehört zum guten Ton in New York, nach Banketten und Buffets „City Harvest" zum Abräumen zu rufen. Doch die Organisation ist nicht nur auf Nahrungsmittel angewiesen, sondern auch auf die Spendenbereitschaft der New Yorker: „City Harvest" finanziert sich fast ausschliesslich aus privaten Spenden. Die Stadt steuert nur einen geringen Beitrag bei; bezeichnenderweise aus dem für Recycling zuständigen Büro im Abfallsekretariat. Begründung: die Tätigkeit von „City Harvest" trage mit dazu bei, die bisweilen katastrophale Müllsituation der Metropole zu entschärfen, zudem werde der Abfall einer sinnvollen Wiederverwertung zugeführt.

„Fahren, um den Hunger zu besiegen"

Das logistische Herz von „City Harvest" schlägt in der 25. Strasse. Hier werden die Einsätze koordiniert, hier erhalten die Fahrer ihre Einsatzpläne und über Sprechfunk Anweisungen, wenn kurzfristige Abholaufträge in der Telefonzentrale eingehen. Punkt neun Uhr startet Rupert Herdsman einen der weissen Lastwagen, auf dem das zum Herz-Apfel stilisierte grüne „ch" prangt. Das „City Harvest"-Markenzeichen steht für Herz zeigen in „Big Apple" – „Grosser Apfel", wie die Metropole im Volksmund genannt wird. Rupert Herdsman ist stolz auf seine Arbeit: „We are driving to eliminate hunger" – wir fahren, um den Hunger zu besiegen –, erklärt er, während er den Anlasser des 7,5-Tonners betätigt. 50 Kilometer durch die Häuserschluchten Manhattans legt er täglich zurück. Insgesamt 15 „Brötchengeber" stehen auf seiner Einsatzliste. Im Stop- and Go-Rhythmus klappert er die Kundschaft ab – Routine nach zehn Jahren Fahrtätigkeit für „City Harvest". Per Funk abmelden bei der Zentrale, Ware in Empfang nehmen, Quittung ausstellen. Bevor der Lebensmittelsack verstaut wird, wird er gewogen und das Gewicht im Rapportzettel vermerkt. Der Verkehr wird dichter. In eineinhalb Stunden streicht Herdsman einen Supermarkt, zwei Restaurants, einen Schnellimbiss und ein Hotel – das weltberühmte „Ritz" – von seiner Einsatzliste.

Die „West Side Campaign Against the Hunger" – eine kirchliche Initiative – ist an diesem Tag die erste Station, an der Rupert Herdsmans Lkw leichter wird. Über dreissig Personen warten bereits auf die Ankunft des „City Harvest"-Lastwagens. Nächste Station ist eines der zahlreichen Hotels in New York, in denen die Stadtverwaltung Zimmer für Obdachlose angemietet hat. In der Absteige im Nordwesten Manhattans fristen gegen sechzig Personen ein höchst bescheidenes Dasein. Die Eingangshalle ist eine Baustelle, die schäbigen Doppelzimmer sind heillos überbelegt.

Ein Funkspruch aus der „City Harvest"-Zentrale ändert kurzfristig die Route und sorgt dafür, dass Herdsman auch an diesem Tag Überstunden schreiben wird. Bei den Dreharbeiten zu einem Spielfilm am Central Park wurde die Verpflegung für die Crew zu spät angeliefert. Ein stattliches kaltes Buffet mit Shrimps und Kaviar landet im Lkw. Leicht verderbliche Ware, für die schnellstmöglichst Abnehmer gefunden werden müssen. Die Telefonzentrale weiss Rat, und so wird das Buffet drei Häuserblocks weiter in einer Suppenküche wieder aufgebaut.

Abstecher wie dieser sind kein Einzelfall. Immer öfter räumen die „City Harvest"-Mitarbeiter nach Banketten und Parties ab. Auch Prominente entdecken dabei mitunter ihre soziale Ader. Spielhöllentycoon und Immobilienhai Donald Trump rief „City Harvest" zur Beseitigung der Überreste seines Hochzeitsbanketts. Ein guter Teil der siebenstöckigen Hochzeitstorte landete so in einem Altenclub in Harlem. Bisweilen sind es kuriose Aufträge, die in der Telefonzentrale eingehen. So mussten schon einmal kurzfristig fünfzehn Kilogramm Eiscreme verteilt werden, oder es galt, einen Metzger für sechzig lebende Hühner zu finden.

Nach zehn Stunden Arbeit kehrt Herdsman zur „City Harvest"-Zentrale zurück. Sein Lkw ist inzwischen leer. Lange bleibt der Wagen allerdings nicht stehen. In der Zentrale nimmt Darryl Ford die Order für die Spätschicht entgegen: „Ich hoffe, heute brummst du mir weniger private pick-ups auf. Gestern wurde es halbfünf Uhr morgens." Das Murren ist eher als augenzwinkernder Seitenhieb für den Kollegen am Telefon gedacht denn als Kritik. Und mit einem Lächeln nimmt der fünfunddreissigjährige Schwarze aus Brooklyn Kurs auf die Upper Westside, das Nobelviertel von Manhattan. John Lewis – ein hochdotierter Anwalt – erwartet den Fahrer bereits ungeduldig: Ein stattlicher Truthahn, diverse Salate, Brot und eine Kiste Coca-Cola stehen zum Abholen bereit. Unten auf der Strasse eine herzliche Begrüssung: Obdachlose, die dem „City Harvest"-Mann zum Dank einfach nur die Hand drücken wollen.

Im „Café International" ist nichts für „City Harvest" übriggeblieben, also lässt es sich der Chef nicht nehmen, persönlich eine Auswahl Köstlichkeiten zusammenzustellen, die er Darryl Ford mit einer Tüte ofenfrischer Muffins in die Hand drückt. „We support ‚City Harvest'" – wir unterstützen „City Harvest". Der Aufkleber prangt an der Eingangstür von „Anthony's", einem italienischen Nobelrestaurant in Uptown Manhattan. Für Bedienungspersonal wie Gäste scheint der Auftritt des Mannes im grünen „City Harvest"-Anorak ein gewohntes Bild zu sein. Ein Kellner drückt Ford in Warmhalteboxen verpackte Portionen in die Hand: „Am besten schmeckt es, wenn es möglichst bald verzehrt wird." Doch wenn die Pasta auf den Tisch kommt, wird sie bereits kalt sein. Zuviele Stationen stehen noch auf dem Einsatzzettel, bevor der Lkw in dieser Nacht zum erstenmal entladen wird. Im französischen „Café Boulangerie" stehen acht grosse Säcke Brot, Croissants und Brötchen bereit, insgesamt 140 Kilo Backwaren. Die Pizzabude „Mercato" hat bereits geschlossen. Auf der Theke stapeln sich unverkaufte Pizzas. Der

Fahrer genehmigt sich erst einmal selbst ein Abendessen – selbstverständlich auf Kosten des Hauses –, bevor die Brötchentour durch Manhattan ihre Fortsetzung findet. Kuchen aus „Bruno's Bakery", Salat aus der mediterranen Spezialitätenküche von „Gus's Palace", vierzig Kilo gekochter Reis aus „Benny's Burritos". Weit nach Mitternacht fährt Darryl Ford beim „Grand Central Partnership" vor. Fast zweihundert Obdachlose haben sich zur nächtlichen Stunde in dem Nachtasyl unweit der Grand Central Station versammelt. Die Auffangstation ist eine der wenigen Obdachloseneinrichtungen in New York, die auch städtische Zuschüsse erhält. Als Gegenleistung übernehmen die Gäste des Partnership die Strassenreinigung im Viertel. Für den Fahrer gibt es nichts mehr zu tun: Binnen weniger Minuten haben die Hungrigen den Lkw leergeräumt. Eine Portion Pasta hält Ford zurück. Auf dem Rückweg stoppt er in einer dunklen Seitengasse. Aus einem Kellerverschlag klettert ein älterer Mann und nimmt wortlos die Warmhaltebox und einige Getränke entgegen. Fast entschuldigend murmelt Darryl Ford: „Ein ganz persönlicher Service. Er ist krank und kann nicht mehr laufen."

BERLINER TAFEL e.V.
LEBENSMITTEL - SPENDEN FÜR BEDÜRFTIGE
782 74 14

CITY HARVEST, Inc.
(212) 463-0456

Bernhard Matuschak

3000 belegte Brötchen von der Lufthansa

Die „Berliner Tafel" beliefert Bedürftige mit Lebensmitteln, die den Ansprüchen der Überflussgesellschaft nicht mehr genügen

Es sieht aus wie Kraut und Rüben: Arbeiter waten knöcheltief in Obst und Gemüse. Gabelstapler transportieren tonnenweise Avocados, Bohnen, Weintrauben, Tomaten und Salatköpfe in die Müllcontainer. Morgens um zehn an Berlins grösster Verteilzentrale für Obst und Gemüse. Was von den Gabelstaplern entsorgt wird, ist zumeist keine verdorbene Ware. Fleckig gewordene Karotten, Äpfel mit Druckstellen und nicht mehr ganz so knackige Sojasprossen genügen den ästhetischen Ansprüchen der verwöhnten Kundschaft nicht mehr.

Neben einem der grossen Hallentor sitzt eine Frau auf einer Holzkiste vor einer Palette mit Radieschen. Mit einem Taschenmesser schneidet sie die Blätter, die durch die Feuchtigkeit matschig geworden sind, von den Büscheln. „Zwanzig Prozent unserer Lebensmittel landen auf dem Müll, und 40'000 obdachlose Berlinerinnen und Berliner wissen nicht, wie sie satt werden sollen." Ilse Schiebe ist jedesmal aufs neue empört, wenn sie jemanden mit den Zahlen der Überflussgesellschaft konfrontiert. Die sozialen Missstände in ihrer Stadt sind der sechsundfünfzigjährigen Apothekerin schon lange ein Dorn im Auge. Seit Jahren engagiert sie sich in der „Initiativgruppe Berliner Frauen", einer Wohltätigkeitsorganisation von gutsituierten Berlinerinnen. Im Februar 1993 gründete sie gemeinsam mit ihren Mitstreiterinnen die „Berliner Tafel".

Die Idee stammt aus New York. Seit 1982 sorgt dort die Wohltätigkeitsorganisation „City Harvest" dafür, dass die riesigen Lebensmittelberge, die tagtäglich in Bäckereien, Supermärkten, Restaurants oder Schulküchen liegenbleiben und nicht mehr verwendbar sind, den Bedürftigen in der Stadt zugute kommen. Die Initiantin und Vorsitzende der „Berliner Tafel", Sabine Werth, zu den Anfängen in der Bundeshauptstadt: „Eine Bekannte hat in New York von ‚City Harvest' erfahren und das Projekt in unserer Initiativgruppe vorgestellt. Bei damals 15'000 Obdachlosen in Berlin waren wir uns schnell einig, dass wir das auch probieren werden." Sabine Werth erinnert sich: „Mit einem Bäcker und einer Wärmestube für Obdachlose ging es los. Dann haben wir die lokale Presse eingeschaltet: Wir haben einen Sponsor und einen Abnehmer, doch wir brauchen mehr. Von da an lief das fast ganz von allein."

Inzwischen arbeiten sechzig ehrenamtliche Mitarbeiterinnen und Mitarbeiter für die „Berliner Tafel", drei Lieferwagen bringen die Lebensmittel an die Bestimmungsorte. Vom eigenen Büro wie in New York träumt man in Berlin allerdings noch. Vereinspräsidentin Sabine Werth koordiniert die Einsätze von ihrem Büro aus. Die Finanzierung erfolgt ausschliesslich über Spenden. „Auf öffentliche Gelder verzichten wir. Wir wollen unabhängig bleiben und uns nicht vorschreiben lassen, wem wir wie zu helfen haben", begründet sie den Verzicht auf staatliche Zuschüsse. Andererseits nimmt die „Tafel" den Staat nicht aus der Pflicht: „Wir wissen nie, mit wieviel Lebensmitteln wir rechnen können. Ich sehe unsere Hilfe als Ergänzung und Bereicherung, nicht als Ersatz. Wir können dafür sorgen, dass die Ernährung ausgewogener wird."

Die Ausbeute kann sich jedoch sehen lassen: Vierzig Tonnen Lebensmittel landen in Berlin pro Monat statt im Müll in den Wärmestuben, Suppenküchen, Frauenhäusern, Beratungsstellen und besetzten Häusern der Stadt. Zu Beginn musste die „Tafel" noch nach Lebensmittelsponsoren Ausschau halten, heute sind es bereits über sechzig, und ständig werden es mehr. Dahinter verbirgt sich nicht allein soziales Gewissen, sondern auch ein handfestes finanzielles Interesse. So kostet die Fruchthofbetreiber allein die Entsorgung einer Palette Obst und Gemüse 850 Mark.

„Ich könnte vierundzwanzig Stunden am Tag fahren und bei weitem nicht alles wegtransportieren", sagt Markus Paschedag. Ein bisschen Resignation klingt mit, während der Fünfundzwanzigjährige zwischen den Müllcontainern Obst und Gemüse in den Lieferwagen lädt. Im Transporter, auf dem ein bunter Früchtekorb – das Signet der „Berliner Tafel" – prangt, stapeln sich Schokopudding- und Müslipaletten. Seit halb fünf Uhr morgens ist Paschedag auf den Beinen. Der Pudding stammt von einem Grossverteiler, dreissig Kilometer vor den

„Zürcher Tafel" im Aufbau

Das Berliner Beispiel macht Schule in Deutschland, über dreissig „Tafeln" im gesamten Bundesgebiet haben sich 1994 zu einem Dachverband zusammengeschlossen. Das Überraschende: Nicht nur in Grossstädten funktioniert das System, wie die Beispiele Mönchengladbach, Lüneburg, Gera, Neumünster und Backnang zeigen. Auch in der Schweiz regt sich Interesse. Anfragen aus Basel, Luzern, St. Gallen und Zürich gingen in Berlin ein. Am weitesten gediehen sind die Vorbereitungen in Zürich, wo die Stadtmission Seilerhof am Aufbau einer „Zürcher Tafel" arbeitet.

Toren Berlins. Danach führt ihn ein „Notruf" zum Flughafen: 3000 belegte Brötchen, die Verpflegung für drei gestrichene Lufthansaflüge, werden an diesem Tag auf den Tischen der Obdachlosen in Berlin landen. Der Fruchthof ist für heute die letzte Zuladestation. Bis unters Dach stapelt sich die Ware. Die letzten Zwischenräume werden mit Äpfeln zugestopft. Los geht die Fahrt kreuz und quer durch die Stadt.

Der Hamburger Markus Paschedag lebt noch nicht lange in Berlin. Vor zwei Jahren kam er aus der Hanse- in die Hauptstadt, um einen Job am Flughafen anzutreten. Er wurde arbeitslos. Seit zwei Monaten fährt er nun schon für die „Berliner Tafel": „Das ist doch besser, als zuhause rumzusitzen und Däumchen zu drehen, oder nicht?" Im Verkehrsgewühl hat Paschedag Mühe, sich zu orientieren. Den Stadtplan auf den Knien balancierend, visiert er seine Ziele an. Erste Station ist die Treberhilfe im Ostteil der Stadt. Hier bekommen achtzehn- bis fünfundzwanzigjährige obdachlose Jugendliche übergangsweise eine Bleibe. Betreuerin Anja ist begeistert: „Wir haben einfach zu wenig Kohle für Joghurt und solche Sachen. Toll, dass uns die ‚Berliner Tafel' einmal pro Woche beliefert."

Fehlanzeige an der zweiten Station, der „Kontaktstelle in Krisen für Strassenkinder". Niemand öffnet auf Markus Paschedags beharrliches Klingeln. „Schade, die hätten es echt brauchen können", bedauert er und startet achselzuckend den Motor. Bei der „Tagesstätte des christlichen Sozialwerkes Lazarus" wird der Lkw mit der Gratis-Nahrung hingegen bereits ungeduldig erwartet. Zwanzig Obdachlose haben sich in der Wärmestube eingefunden. Die Betreuer müssen sich nicht um die Ware kümmern. Bereitwillig legen die Menschen Hand an und schleppen die Kisten und Tüten selbst in die Küche. Paschedag beobachtet die Szene zufrieden: „Für mich ist das das Grösste: zu sehen, wie sich die Leute freuen. Ehrlich gesagt, fühle ich mich da schon manchmal wie Supermann." Getreu dem Motto der „Berliner Tafel" – „Wir machen keine Unterschiede" – steuert der Kleinbus besetzte Häuser in der Kreutzigerstrasse und der Mainzer Strasse an: Hochburgen der Autonomen im Ostberliner Bezirk Friedrichshain. Langsam dirigiert Paschedag den Kleinbus zwischen Einsatzfahrzeugen mit düster dreinblickenden Polisten hindurch und bleibt vor einer der „Volxküchen" stehen. Ein Lächeln huscht über die Lippen des Fahrers, als er die grell frisierten Vegetarier fragt: „Braucht ihr Wurst oder wollt ihr lieber Tsatsiki?" Im nächsten Moment schlittern Kisten mit Gemüse, Schokopudding und Käse über die Ladefläche. „Ich könnte manchmal den Wagen voll mit Bratwürsten packen, aber das macht ja keinen Sinn. Es muss ja auch passen", kommentiert Markus Paschedag seinen Scherz. Die Punks beliefere er schon, seit diese ihn vor längerem auf der Strasse angesprochen hätten.

Weniger friedlich ist der Empfang hingegen an der nächsten Station. „Kameras runter, sonst gibt's Schläge", brüllt wutentbrannt einer der Wagenburgbewohner an der East Side Gallery dem Fotografen entgegen. Dann wird er tatsächlich handgreiflich. „Der Ungar, der zu Hause was ausgefressen hat und nicht aufs Foto will", flüstert entschuldigend ein anderer der Campierer. Viel bleibt an diesem Tag nicht mehr übrig für die Heimatlosen, der Wagen ist fast leer. Der Anblick der Menschen vor den Bauwagen macht Markus Paschedag nachdenklich: „Ich glaube, ich lade den Wagen heute nochmal voll."

Monika Rosenberg

In den Hinterhöfen des Konsums
Eine Ladenkette für Arme

Das Weihnachtsgeschäft läuft offenbar wie geschmiert. Einem Boutiquebesitzer sind jedenfalls die Engel schon Anfang Dezember ausgegangen. Ähnliches Ungemach haben auch andere zu beklagen. Gross ist nämlich die Lust, zur Feier des Tages das ohnehin angenehme Leben noch etwas auszuschmücken. Die zeitgemässe Weihnachtsbotschaft hört man wohl: Leisten wir uns zum Gedenken an eine ärmliche Geburt etwas mehr, als man sich sonst schon gönnt!

Die alte Frau, die den „Carisatt"-Laden im Berner Länggassviertel betritt, sucht allerdings nicht nach einem originellen Geschenk für jemanden, der schon alles hat. Hier geht es um das Alltägliche, um Brot, Milch, Eier, Shampoo, Kaffee. Das Besondere ist einzig der Preis der Ware: Vieles ist viel, anderes mindestens etwas billiger als beim günstigsten Grossverteiler am Ort. Was die Käuferin beim Bezahlen zückt, sieht nur auf den ersten Blick aus wie eine Kreditkarte. Es ist die Einkaufskarte, die von sozialen Institutionen abgegeben wird und zum Bezug verbilligter Lebensmittel in den vom Hilfswerk Caritas betriebenen Geschäften berechtigt.

Verpönter Blick auf die Armut
Unter der Kundschaft des „Carisatt"-Ladens in St. Gallen sind nur wenige Betagte zu finden. Die dortige Niederlassung der Betagten-Stiftung Pro Senectute kann sich mit der Idee der Ladenkette für Bedürftige nicht anfreunden und gibt die

Einkaufskarte gar nicht ab. Es wird argumentiert, dank des Systems der Ergänzungsleistungen sei die Existenz der Rentnerinnen und Rentner gesichert. Das stimmt zwar theoretisch, Tatsache ist aber auch, dass damit die Armut noch keineswegs abgeschafft worden ist. Anderswo ist die Zusammenarbeit mit Pro Senectute problemlos. In Basel hat sich der „Carisatt"-Laden in Räumen eingemietet, die vorher von der Altersstiftung benützt worden waren.

Vorbehalte gibt es auch bei der staatlichen Fürsorge, die sich nun Sozialhilfe nennt. Die Einkaufskarte wird zwar auf Wunsch ausgestellt, manchem Sozialverwalter ist sie aber aus ideologischen Gründen ein Dorn im Auge. Die besondere Einkaufsmöglichkeit für Bedürftige wird als Rückschritt in der Sozialarbeit, als „Pflästerlipolitik", als Stigmatisierung der Betroffenen, als Stempel der Armut gesehen. Die Statistik relativiert allerdings das mögliche Problem: Während die Zahl der Sozialhilfeempfänger in der Schweiz 1995 auf rund 275'000 gestiegen ist, sind nur etwa 3000 Personen im Besitz einer „Carisatt"-Karte.

Der Ausweis, diskret als eine Art Member-Card gestaltet, garantiert, dass dem normalen Detailhandel keine Kunden entgehen. Er wird niemandem aufgezwungen, sondern von rund siebzig sozialen Institutionen auf Wunsch ausgestellt. Yvo Graf, Leiter der Abteilung „Soziale Projekte" bei der Caritas Schweiz, teilt die vorgebrachten Bedenken nicht. Er sieht vielmehr im Sichtbarmachen der Armut einen wichtigen sozialpolitischen Aspekt: „Wir wollen zeigen, dass es auch in der Schweiz noch immer und wieder vermehrt Arme gibt." Bei der Caritas legt man allerdings Wert darauf, dass es sich bei der Ladenkette nur um eine kurz- bis mittelfristige Massnahme für die Betroffenen handelt. Langfristige Lösungen werden parallel dazu beispielsweise mit der Forderung nach einem existenzsichernden garantierten Grundeinkommen angepeilt.

Auslöser für das Ladenprojekt waren Studien über das Phänomen der Neuen Armut, unter anderen die Caritas-Studie *Arme Frauen in der Schweiz* aus dem Jahre 1989. Zwei Jahre später beschloss Caritas Schweiz, ein Pilotprojekt für einen Lebensmittelladen in Basel zu unterstützen. Die vom Kantonsparlament veranlasste Armutsstudie hatte ergeben, dass allein in Basel-Stadt schätzungsweise 15'000 Menschen unter dem Existenzminimum, weitere 10'000 knapp darüber leben. Im Juli 1992 wurde der erste „Carisatt"-Laden in Kleinbasel eröffnet, 1993 folgten Luzern, im März 1994 St. Gallen und vor einem Jahr als vorläufig letzter der „Carisatt"-Laden in Bern.

Finanziellen Freiraum schaffen

Armut in einem reichen Industrieland hat nicht das gewöhnliche Gesicht des Elends; in der Schweiz verhungert keiner. Wer jedoch sein ganzes Einkommen für Miete und Lebensmittel einsetzen muss, grenzt sich gesellschaftlich aus – Armut und Einsamkeit sind ein verhängnisvolles Paar. Hier setzt die „Carisatt"-Idee an: Die Entlastung des Haushaltsbudgets durch günstigen Einkauf soll den „working poor" und anderen Armutsbetroffenen mehr Teilnahme am gesellschaftlichen und kulturellen Leben ermöglichen. Und wenn das Kilo Brot bloss fünfzig Rappen, die Pfundbüchse Ovomaltine gut drei Franken, ein halbes Pfund Kaffee knapp zwei Franken kostet, dann liegt vielleicht auch einmal eine Delikatesse aus dem „normalen" Spezialgeschäft drin.

Folgerichtig versuchen die Projektverantwortlichen, mit der „Carisatt"-Karte auch ermässigte Eintritte zu verschiedenen Veranstaltungen zu ermöglichen. In Luzern bekommt man damit für wenige Franken einen Stehplatz beim heimischen Fussballclub. Im „Carisatt"-Laden in Basel können Eintrittskarten für Fussballspiele für fünf statt fünfzehn Franken bezogen werden, und mit dem Stadttheater wird zur Zeit über die Möglichkeit verbilligter Vorstellungen verhandelt. In St. Gallen sind ab Herbst 1995 Karten zu zehn Franken für alle von einem Grossverteiler gesponserten Konzerte und Theateraufführungen erhältlich. In Bern ist man daran, ähnliche Vergünstigungen auszuhandeln.

Soziale Kontakte werden auch in den Läden selber durch eine Kaffee- und Leseecke ermöglicht. Das Bedürfnis nach Gespräch und Informationsaustausch, nicht zuletzt im Sinn der Selbsthilfe, sei enorm, berichten die Ladenverantwortlichen übereinstimmend. Am sozialen Denken orientiert sich übrigens auch die personelle Besetzung der Verkaufsstellen. In Basel haben Alleinerziehende damit Arbeit gefunden, in Bern werden in Zusammenarbeit mit dem „Bundesamt für Industrie, Gewerbe und Arbeit" Arbeitslose beschäftigt. In Luzern scheiterte eine solche Regelung am Widerstand der Detaillisten (Konkurrenzklausel). Jetzt wird dort, wie auch in St. Gallen, Gratisarbeit von Freiwilligen geleistet.

Zeitraubende Warenbeschaffung

Nur wer dauernd oder vorübergehend auf Leistungen der Fürsorge oder sozialer Institutionen angewiesen ist, darf in den „Carisatt"-Läden einkaufen. Die Kundschaft, etwa je zur Hälfte Ausländer und Schweizer, setzt sich vor allem aus Alleinerziehenden oder jungen Familien, aus Beziehern von Ergänzungsleistungen, aus Arbeitslosen und aus Flüchtlingen zusammen. Sie sollen eine möglichst normale Einkaufsmöglichkeit vorfinden, die sich nur im Preis von anderen Läden unterscheidet – freundliche Ladenlokale an zentraler Einkaufslage mit regelmässigen Öffnungszeiten.

Angeboten werden vor allem Nahrungsmittel sowie Artikel des täglichen Bedarfs. Die Ware stammt aus Überproduktion, aus schadhaften Serien, Falschlieferungen oder aus Beständen, die aufgrund des (nahen) Verfalldatums nicht mehr verkäuflich sind. Das Lebensmittelinspektorat – in Bern ist es gleich nebenan – garantiert für die einwandfreie Qualität. Überregional sind es vor allem Liquidationsangebote, die zu besonders günstigen Preisen oder gratis zur Verfügung gestellt werden. So kam beispielsweise eine ursprünglich für den Nahen Osten bestimmte und entsprechend beschriftete Schiffsladung Ovomaltine in den Verkauf. Ein anderes Mal war es eine Serie Erdbeerjoghurt, die fälschlicherweise in Heidelbeerbecher abgefüllt worden war.

Jeder Laden hat sich aber auch ein eigenes Netz regionaler Lieferanten aufgebaut. Da gibt es Bäckereien, die Ware vom Vortag gratis abgeben, Bauern, die Eier und Kartoffeln günstig liefern, Süsswarenhersteller, die hin und wieder eine Wagenladung vorbeibringen. Besonders zeitraubend war es bisher, Basislebensmittel, wie Zucker, Mehl, Öl, Reis usw., möglichst billig aufzutreiben. Eine eben abgeschlossene Vereinbarung mit einer Warenhauskette soll nun dieses Problem lösen: Die Grundnahrungsmittel werden den „Carisatt"-Läden zu denselben Bedingungen zur Verfügung gestellt wie den eigenen Geschäften. Vieles läuft auch unter der Hand: Der Lieferant eines Grossverteilers, der eigentlich verpflichtet wäre, die Überschussproduktion an Windeln zu verbrennen, gibt sie lieber der Caritas.

Schweizer Modell mit Exportchancen

Eines der Ziele bei der Lancierung des Projekts war denn auch die sinnvolle Verwertung überschüssiger Lebensmittel. Allerdings sind in der Schweiz angesichts der ausgeklügelten

Lagerlogistik keine Riesenüberschüsse wie im EU-Raum vorhanden. Bei der Caritas ist man deshalb bestrebt, an das Potential in den grenznahen Regionen heranzukommen. Interessant wäre diese Quelle aber nur, wenn die Ware nicht verzollt werden müsste.

Die Tatsache, dass Lebensmittel vernichtet werden, während gleichzeitig Menschen darben, hat in anderen Ländern schon lange zu karitativen und auch ökologisch inspirierten Initiativen geführt. In den USA, in Frankreich, Belgien und Italien gibt es seit geraumer Zeit die sogenannten Food Banks, Banques Alimentaires oder Restaurants du Cœur. Die von Lieferanten oder Grossverteilern gratis zur Verfügung gestellten Waren werden jeweils an Bedürftige verteilt oder in Form von Mahlzeiten (Gassenküchen, Suppen-Anstalten) abgegeben.

Reguläre Lebensmittelgeschäfte mit nicht regulären Preisen sind jedoch eine schweizerische Erfindung. Diese stösst denn auch auf reges Interesse im benachbarten Ausland. Nachdem das deutsche Fernsehen und deutsche Zeitungen etwas übertrieben vom „Supermarkt für Arme im reichsten Land der Erde" berichtet hatten, gingen zahlreiche Anfragen namentlich aus Ostdeutschland ein. Der erste Laden nach Schweizer Modell soll 1997 im mecklenburgischen Rostock eröffnet werden.

Kanal für Sozialsponsoring

Bei der Lancierung des Projekts war man davon ausgegangen, dass die „Carisatt"-Läden mit der Zeit kostendeckend arbeiten sollten. Falls nicht auf günstigem Weg die Lebensmittel-Überschussquellen in Deutschland und Frankreich angezapft werden können, bleibt dies wohl blosser Wunsch. Die „Defizite" in der Grössenordnung von insgesamt 150'000 Franken werden zur Zeit aus zweckgebundenen Spenden und aus den allgemeinen Mitteln von Caritas Schweiz gedeckt. Yvo Graf ist überzeugt, dass auch noch einiges via Sozialsponsoring zu machen wäre. Interessierten Firmen böte sich etwa durch die Gestaltung eines „Carisatt"-Schaufensters Gelegenheit zur Profilierung.

Eines will der Projektleiter trotz aktueller Deregulierungsdebatten aber auf keinen Fall erreichen: dass sich die staatliche Sozialhilfe auf Kosten dieser Privatinitiative entlastet. Es gehe letztlich darum, ärmeren Leuten etwas Zusätzliches zu ermöglichen, und nicht etwa ums Sparen bei der Fürsorge. Sollte jemand auf die Idee kommen, Karteninhabern die Unterstützungsleistungen zu kürzen, wäre für Yvo Graf die Sache klar: „Dann wäre sofort Ladenschluss."

Marianne Boilève

„Das einzige Heilmittel für den Menschen ist der Mensch"

Kultur als Instrument im Kampf gegen Armut und Ausgrenzung

Ein grosses gelbes Transparent, das notdürftig oberhalb eines steinernen Drachens an einer Hausfassade angebracht ist, stört die Ruhe des bürgerlichen Wohnviertels. Der Drachen mit seinem weitaufgerissenen Maul schaut herab in die gleichnamige Rue du Dragon, mitten in Paris, im Herzen von Saint-Germain-des-Prés, in der Dutzende von Familien ohne Unterkunft, Obdachlose und Ausgegrenzte in einem leerstehenden Schulgebäude untergebracht sind, das die Organisation DAL „Droit au logement" (Recht auf Wohnung) im Dezember 1994 „beschlagnahmt" hatte. Längst ist hier ein eigenständiger Verein entstanden: „Droits devant!" (Vorwärts mit dem Recht!), der jeder Form der Ausgrenzung den Kampf angesagt hat. Der Verein hat die Kultur zu seinem Schlachtross erkoren, und zwar alle Arten von Kultur, insofern sie den Bürgerinnen und Bürgern die Möglichkeit bieten, eigene Gedanken zu artikulieren.

Wieder eines dieser Hirngespinste einer Handvoll Intellektueller? Zahlreiche internationale Organisationen wie „ATD Quart Monde" und Institutionen wie die Europäische Kommission sind gemeinsam der Überzeugung: Kultur ist kein „Luxus, mit dem man das Dasein bereichern kann, wenn erst die gesellschaftlichen Probleme gelöst sind. Im Gegenteil, es handelt sich hierbei vielmehr um ein zentrales Element der sozialen Ausgrenzung, denn gerade kulturelle Barrieren, Unwissenheit, Scham und die allgemeine Unsicherheit erschweren die politische und gesellschaftliche Partizipation und berühren die Grundwerte unseres Daseins".[1]

Kultur als Mittel im Kampf gegen die Ausgrenzung: „Droits devant!" hat in Paris sehr schnell eine Reihe von Kulturwerkstätten aufgebaut, in denen unter Anleitung von Künstlern, Intellektuellen und Obdachlosen Theater- und Video-Gruppen arbeiten, Kurse in bildender Kunst angeboten werden, jedoch auch Wissensvermittlung stattfindet (Mathematik, Philosophie, Soziologie der Ausgrenzung usw.).

Auch die Volksuniversitäten von „ATD Quart Monde" arbeiten auf der Grundlage des Gedankens „Wissen für alle!", doch hier nimmt die politische Botschaft zweifellos mehr Raum ein. Diese Einrichtungen, die über die ganze Welt verstreut arbeiten – auf Madagaskar, in Senegal, auf Haiti, in den USA wie in Europa – sind so konzipiert, dass Arme und weniger Arme lernen, gemeinsam nachzudenken und gemeinsam eine Strategie gegen die Armut zu entwickeln. Armut gilt ihnen als eine Menschenrechtsverletzung. Kultur und Politik gehören hier eng zusammen, wie folgender Ausspruch eines Aktivisten aus Senegal zeigt: „Bei uns gibt es ein Sprichwort: Das einzige Heilmittel für den Menschen ist der Mensch. […] Kultur, das bedeutet, gemeinsam nein sagen zu können, und gemeinsam ja sagen zu können."[2]

Begegnung zweier Welten

Das war auch die Erfahrung der Jugendlichen bei der Volksuniversität in Martigues im südfranzösischen Departement Bouches-du-Rhône, wo die Bewohner der Trabantenstadt zusammen mit Studenten und Professoren aktiv an der gesellschaftlichen Umgestaltung mitwirken. Während die Bewohnerinnen und Bewohner der Wohnsilos an der Universität Kurse abhalten, begeben sich Studenten und Professoren in die Aussenbezirke, um die Wirklichkeit dieser Stadtviertel kennenzulernen. „Wir wissen sehr genau, dass die Volksuniversität keine Arbeitsplätze schaffen wird", sagt Rachida Kaabeche, eine junge arbeitslose Erzieherin. „Wir geben uns keinen Illusionen hin. Worauf es ankommt, ist die Begegnung zweier Erfahrungswelten: der Hochhaussiedlung und der Universität. Die Beziehung zum anderen ermutigt zum Engagement, dazu, die Dinge zu verändern."

Der Ansatz der „Université du Citoyen" (Bürgeruniversität) von Marseille ist vergleichbar: Er besteht darin, bei den Hochhausbewohnern ein Bewusstsein über ihren Platz und ihre Rolle in der Gesellschaft zu wecken, um zwischen ihnen und den Entscheidungsträgern (gewählte Funktionäre, Partner, Vermieter) ein konstruktives Bündnis entstehen zu lassen. „Die Leute verfügen über ein eigenes Wissen, doch sie können es nicht ausdrücken", erklärt Jo Ross, sozialer Vermittler bei der Subpräfektur und „Erfinder" der 1992 entstandenen „Université du Citoyen".[3] „Unsere Universität hilft ihnen, ihre Fragen zu formulieren, sich an die entsprechenden Entscheidungsträger zu wenden, und erlaubt ihnen so, aus einer instinktiv reaktiven Haltung herauszukommen und selber aktiv zu werden. [...] Diese schweigende Mehrheit hat unendlich viel zu sagen, ist voller Ideen, aber sie weiss es derzeit nicht."

Einmal im Monat finden Plenarsitzungen statt, an denen – je nach Thema (Wohnraum, Gesundheit, Justiz) – zwischen dreissig und hundert Personen anwesend sind. Die „Bürger-Studenten" lernen, die richtigen Fragen zu stellen und die richtigen Gesprächspartner und Entscheidungsinstanzen herauszufinden, um selbständig zu sein. Der Weg dahin, als

Bürgerin, als Bürger die Stimme zu erheben, ist für Männer und Frauen, Alte und Junge, die sich nach dem Verlust ihres Selbstvertrauens ins Schweigen zurückgezogen haben, äusserst schwierig. „Ich habe dreissig Jahre gebraucht. Dreissig Jahre hat es gedauert, bis ich mich davon freimachen konnte, mich für meine Armut und Ausgeschlossenheit zu schämen", sagt ein belgischer Aktivist. „Erst über den Kontakt mit ‚ATD Quart Monde' habe ich gelernt zu sprechen, meinen Standpunkt zu verteidigen, habe ich begriffen, dass wir wie alle anderen sind."

All diesen „aus dem Leben Verbannten", die vergessen haben oder womöglich nie gewusst haben, dass sie „wie alle anderen sind", muss man als erstes vermitteln, dass es „eine Bedeutung hat, was sie sagen oder tun"[4], und ihnen zeigen, dass sie über ein Wissen, ja, einen inneren Reichtum verfügen, den mitzuteilen sich lohnt.

Der Rückgriff auf künstlerische Ausdrucksformen ist einer der Schlüssel zu dieser Selbstwertschätzung, denn dadurch erhalten die Menschen, die von der „Schande, arm zu sein", gezeichnet sind, nicht nur Zugang zu schönen Dingen, sondern sie können sie sogar selber erschaffen. In Guatemala, wo „ATD Quart Monde" das Programm „Kunst für alle" lanciert hat, sind Künstler in die Slums gefahren, um dort ihre Leidenschaft zu vermitteln. Einer von ihnen hatte sich mit Kindern auf eine öffentliche Müllhalde begeben: „Ich möchte bei ihnen Gefühle wecken, denn ich glaube, dass, wenn das Leben zu hart ist, die Menschen sich in Steine verwandeln müssen, sie verhärten sich, um ihre Lage ertragen zu können. [...] Durch die Kunst, dadurch, dass ein Kind ein Bild malt und seinen Namen darunter setzt, kann es sagen: ‚Ich bin ein menschliches Wesen, ich bin in der Lage, Gutes zu tun, ich bin in der Lage, etwas zu fühlen.'"

Tausende von Kilometern von dort entfernt, in einem verrufenen Stadtteil der irischen Hauptstadt Dublin mit einer Arbeitslosenquote von achtzig Prozent, hat Fiona Nolan, theaterbegeisterte Sozialarbeiterin, ein Dutzend Mütter ermutigt, ihre Lebensgeschichten zu inszenieren, auf die stolz zu sein sie bis dahin keinerlei Grund gehabt hatten. Seit zwölf Jahren schreiben und spielen die „Balcony Belles" aus der Sheriff Street Stücke, die die verschiedenen Aspekte ihrer Kultur und ihres Alltags beleuchten (Arbeitslosigkeit, Schwarzarbeit, Sozialversicherung etc.). Sie hatten einen schwierigen Start, aber mittlerweile sind sie so berühmt, dass sich das Image des gesamten Stadtteils verändert hat.

„Cardboard Citizens" heisst eine Londoner Truppe, die vor vier Jahren „von Obdachlosen für Obdachlose" gegründet wurde. Die Citizens schöpfen aus derselben Inspirationsquelle wie die „Balcony Belles", das heisst aus den eigenen Erfahrungen der Mitglieder. Doch sie haben eine wesentlich intensivere Beziehung zu ihrem Publikum geschaffen, denn sie arbeiten nach dem Prinzip des „Forum-Theaters" des brasilianischen Regisseurs Augusto Boal. Dieses Konzept bietet die Möglichkeit zu einem kritischen Austausch mit dem Publikum, ob mit oder ohne festen Wohnsitz.[5]

All diese Initiativen bringen Marginalisierte dazu, sich in einem gemeinsamen Projekt zu engagieren, zu Handelnden zu werden und Verantwortung zu übernehmen. All diese Projekte, anspruchsvolle wie bescheidene, entwickeln sich so rasant, dass die Institutionen, die versuchen, die soziale Kluft zu verringern, nicht länger über sie hinwegsehen können.

Allein in Europa leben zweiundfünfzig Millionen Arme, die einen Anspruch auf Verwirklichung der Grundrechte haben, die in den meisten europäischen Verfassungen garantiert sind. Dazu gehört auch das Recht auf Kultur. Sicherlich liegt darin der Grund dafür, dass die Generaldirektion für Information und Kultur der Europäischen Kommission eine Reihe von Aktionen plant. Pilotprogramme wie das Programm „Horizon" sind bereits angelaufen, mit dem klar formulierten Ziel, in den „heissen" Vierteln mehrerer europäischer Städte „durch kulturelle Aktivitäten soziale Beziehungen und gesellschaftliche Kohärenz wiederherzustellen". Ein globales Projekt mit einem reellen Budget und reellen Möglichkeiten lässt vorerst allerdings noch auf sich warten.

Anmerkungen

[1] „Une politique à partir des plus pauvres" (Eine Politik, die bei den Ärmsten ansetzt), ATD Quart Monde, Paris 1993. ATD Quart Monde ist eine in den fünfziger Jahren aus der christlichen Bewegung entstandene, von Pater Joseph Wresinski gegründete Organisation, die insgesamt in 23 Ländern mit den Ärmsten der Armen arbeitet.

[2] Senegalesischer Beitrag zur vierten Versammlung der Volksuniversitäten in Brüssel, Juni 1995

[3] Die „Université du Citoyen" funktioniert so gut, dass La Seyne, Toulon, Avignon und Créteil angekündigt haben, eine entsprechende Institution gründen zu wollen.

[4] Monique Janvier, ehrenamtliche Mitarbeiterin von „ATD Quart Monde" in Genf

[5] Auch in Frankreich werden ähnliche Experimente durchgeführt, so zum Beispiel in der Siedlung Minguettes in Vénissieux, wo die Truppe „Traction Avant" auf der Erfahrung der Bewohner aufbaut und Workshops für Jugendliche organisiert. Siehe auch Miguel Angel Estrella, „A quoi bon jouer Beethoven quand les gens ont faim?" („Was nützt es, Beethoven zu spielen, wenn die Menschen Hunger haben?"). „Le Monde diplomatique", Juni 1989

Klaus Honigschnabel

Ohne Stütze leben

*In Europa boomt das Geschäft
mit den Obdachlosenzeitungen*

Angetreten sind sie alle mit dem gleichen Ziel: Obdachlosen Menschen wieder zu ihrer Würde zu verhelfen – und zudem zu ein bisschen Geld. Die Strassenzeitungen in Europa gelten für viele als die grösste Innovation seit Erfindung der Sozialämter. Denn hier wird nicht über die Betroffenen hinweg etwas entschieden, wird nicht für sie etwas gemacht, bei den Strassenzeitungen mischen sie selber kräftig mit.

Als im Oktober 1993 in München mit „BISS" (Bürger in sozialen Schwierigkeiten) und wenige Wochen später in Hamburg mit „Hinz & Kunzt" die ersten Obdachlosenzeitungen der Bundesrepublik erschienen, war das eine kleine Sensation. Heute gibt es in Deutschland rund 35 Blätter, zahlreiche sind noch in Planung.

Sie alle funktionieren fast nach demselben Prinzip: Die Zeitung wird von – überwiegend – obdachlosen Menschen auf der Strasse verkauft. Einen Grossteil des Erlöses, zwischen fünfzig und sechzig Prozent, behalten die Verkäuferinnen und Verkäufer für sich und haben dadurch die Chance, vom Betteln oder „Sitzung machen", wie es im Jargon heisst, wegzukommen. Ihr hart erstandenes Geld gibt ihnen die Chance, den Teufelskreis „Keine Wohnung – keine Arbeit, keine Arbeit – keine Wohnung" zu durchbrechen. Durch die Zeitung schaffen die Verkäufer vielleicht einmal das, wovon sie schon gar nicht mehr zu träumen wagen: ohne Stütze zu leben.

Bei den meisten Projekten arbeiten die Obdachlosen zudem in der Redaktion mit, schreiben Beiträge über ihr Leben, machen Interviews oder Gedichte. Es ist nicht nur das Geld, das ihnen hilft, wieder auf die Füsse zu kommen. Es ist vor allem das Gefühl, wieder etwas wert zu sein.

Europaweit gibt es derzeit rund sechzig Blätter, die monatlich eine Millionenauflage im Strassenverkauf an den Mann und die Frau bringen. Doch so nah sich die Zeitungen von der Idee her sind, um so grösser fallen die Unterschiede von Land zu Land aus. Die jeweilige soziale Situation mit speziellen Gesetzen und Regelungen sowie die Konkurrenz mehrerer Blätter am selben Ort prägen das bunte Bild. Und es gibt bereits einige, die mit der guten Idee kräftig absahnen.

Am einfachsten haben es die Briten. Vor vier Jahren gründete der obdachlose Drucker John Bird in London „The Big Issue" (Das grosse Anliegen). Heute verkaufen rund 2000 Obdachlose 110'000 Exemplare – pro Woche. Die später gegründeten Schwesterblätter in Schottland und Irland sowie die Ausgaben für den Nordwesten der Insel und Wales bringen es insgesamt auf eine monatliche Auflage von etwa einer halben Million Exemplare. 180 Arbeitsplätze hat das gemeinnützige Unternehmen auf diese Weise geschaffen – ohne einen Pence Staatsgeld. „Der Schlüssel für unseren Erfolg ist", sagt John Bird, „dass wir an ein soziales Problem mit einer kommerziellen Idee herangegangen sind." Unterstützung gab's vom „Body Shop", von einer alternativ ausgerichteten Filmkette, nicht aber von den Wohlfahrtsorganisationen. „Für so ein Geschäft braucht man realistische Leute und keine Utopisten", sagt John Bird. Trotzdem sieht er auch in seinem Projekt nichts anderes als „einen Tropfen im Ozean, ein Experiment, wie man Business und Sozialarbeit miteinander verbinden kann".

Mit dem Geschäft läuft es auf der Insel ganz gut: Alle Blätter machen Gewinn, der aber ausschliesslich dazu verwendet wird, um die Verkäuferinnen und Verkäufer zu schulen, sie vom Alkohol wegzubekommen oder ihnen Unterkunft zu gewähren. Denn Obdachlose gibt es hier aufgrund einer maroden Wirtschaft und einer kaum funktionierenden sozialen Versorgung in rauhen Mengen. Margaret Thatcher lässt grüssen.

Mel Young, Chefredakteur des schottischen „Big Issue", hat deshalb auch ein Problem: In Glasgow und Edinburgh gebe es gar nicht so viele Strassenecken, wie er für sein Blatt brauche. Jede Woche kämen dreizehn neue Verkäufer dazu. „Die Leute stehen Schlange, um das Heft verkaufen zu können." Viele von ihnen seien noch ganz jung: „Die kommen gerade aus der Schule, kriegen keinen Job und landen dann auf der Strasse."

Ganz anders sieht der französische Markt aus. Von Paris aus werden derzeit landesweit fünf konkurrierende Strassenzeitungen vertrieben: Das ambitionierte Magazin „La Rue" mit einer monatlichen Auflage von 80'000 Exemplaren, das Hochglanzblatt „Faim de siècle", dazu noch „Le Lampadaire" mit Cartoons und Kreuzworträtseln, sowie „Le Reverbère" und „Macadam". „Macadam", benannt nach einem Strassenbelag, druckt und verkauft pro Monat etwa eine Million Exemplare. Das Blatt ist auch in Belgien, der Schweiz und in Kanada erhältlich. 1994 wurden damit fünf Millionen Francs (etwa 1,3 Millionen DM) Gewinn eingefahren. Einen Sozialfonds beispielsweise, der Verkäuferinnen und Verkäufer bei ihren Bemühungen, aus dem sozialen Elend herauszukommen, unterstützen würde, gibt es nicht. Wohin das Geld geht, weiss niemand. Kein Interesse besteht auch an einer internationalen Zusammenarbeit, wie sie ein Grossteil der anderen Blätter kürzlich bei einem Treffen in London beschlossen hat.

Die Konkurrenzsituation schlägt sich vor allem bei den Verkäufern nieder: Es gibt Streit um die besten Plätze, mit Unterverträgen werden diejenigen ausgebeutet, die kaum etwas haben. Anne Kunvare von „La Rue" nimmt deshalb auch kein Blatt vor den Mund, wenn sie auf die ungeliebte Konkurrenz zu sprechen kommt: Eine „kapitalistische und gewaltsame Logik" steckt für sie hinter „Macadam". Und: „Die gute Idee der Strassenzeitung ist durch diese Sache sehr geschwächt worden."

Der deutsche Markt erinnert dagegen an die Kleinstaaterei vergangener Jahrhunderte. Knapp 35 eigenständige Zeitungen gibt es derzeit zwischen Hamburg und München, Dortmund und Chemnitz. Typisch deutsch: Ein gemeinsames, bundesweites Blatt, ähnlich wie in England, wird es künftig nicht geben. Dazu sind die einzelnen Blätter zu stark auf ihre Region bezogen; auf die Herausgabe eines gemeinsamen Blattes konnten sich beispielsweise nicht einmal die Münchner und die Nürnberger verständigen.

Immerhin: Konkurrenz untereinander soll vermieden werden, das haben die Blattmacher bei einem ersten bundesweiten Treffen vor kurzem in der Evangelischen Akademie in Loccum beschlossen. Hier hat man sich auch geeinigt, künftig stärker zusammenzuarbeiten. Einen Artikelaustausch soll es geben, zudem gemeinsame Fortbildungen und einen bundesweiten Anzeigen-Pool. Das könnte ein Weg sein, um ein baldiges Sterben im deutschen Blätterwald zu verhindern; denn Gewinn machen nur die wenigsten Strassenzeitungen. Zweierlei könnten sie nämlich ausnahmslos alle gebrauchen: mehr Verkäufer und höhere Auflagen.

Ganz andere Probleme hat dagegen das Strassenblatt „Na Dnye" (Die Tiefen) aus St. Petersburg. 12'000 Stück werden pro Monat gedruckt; verkauft wird das einzige Strassenblatt, das es derzeit in einem Land der früheren Sowjetunion gibt, ausserdem noch in Moskau, Wolgograd und Wiborg. Anders als bei allen anderen Zeitungen bekommen die Verkäufer das Blatt umsonst, der Erlös geht ganz in ihre Tasche.

Die Situation in St. Petersburg ist für westliche Verhältnisse unvorstellbar: Der offiziellen Statistik zufolge sind 1994 von den mehr als 50'000 Menschen ohne festen Wohnsitz rund 3500 gestorben, achtzig Prozent der Gesamtbevölkerung leben unterhalb der Armutsgrenze. Von der Regierung oder Stadtverwaltung gibt es „absolut keine Unterstützung", berichtet die Chefredakteurin, Marina Dmitrijewa. Im Winter 1994/1995 beispielsweise waren alle Kliniken überfüllt, und da hat man der Redaktion einfach eine Ladung kranker Obdachloser vor die Tür gekippt. Die Begründung: „Helft ihr doch; die Stadt ist nicht verpflichtet, solche Leute zu behandeln."

Das Blatt hat über den Vorfall berichtet, die Verwaltung versprach daraufhin, dass dergleichen nicht wieder passieren werde. Marina Dmitrijewa: „Dann kippen sie sie beim nächsten Mal eben woanders hin."

Kaspar Meuli

Zahltag für „Ausgesteuerte"

*In Genf haben Langzeitarbeitslose Anrecht
auf ein Minimaleinkommen*

Am Boulevard Carl-Vogt 34, in der freundlichen Anlaufstelle des Genfer Sozialamtes, erhält die Arbeitslosigkeit ein neues Gesicht. Zum Beispiel für Yvonne Schneiter. Die ehemalige Sekretärin hatte sich zu Beginn der neunziger Jahre im Leasing-Geschäft versucht, aber ihre Karriere als Selbständigerwerbende endete mit der Rezession abrupt – in Konkurs und Arbeitslosigkeit. Seither bewegte sich die heute Vierundfünfzigjährige im Dschungel der sozialen Institutionen. Mit mässigem Erfolg. Denn hätte sie nicht Aufnahme ins Genfer Programm für Langzeitarbeitslose gefunden, sagt die elegante Dame im Deux-pièces, stünde sie heute mit Sicherheit mittellos auf der Strasse.

Seit Anfang 1995 kommt Yvonne Schneiter nun in den Genuss einer Premiere im helvetischen Sozialwesen: Als „ausgesteuerte" Arbeitslose hat sie Anrecht auf ein staatliches Minimaleinkommen. Als Einzelperson erhält sie pro Monat 1150 Franken plus Mietzuschuss. Damit bekommt Yvonne Schneiter ihre finanzielle Not langsam wieder in den Griff: Ihr Vermieter hat seine Kündigung zurückgezogen, und bei der Krankenkasse wachsen die Prämienschulden nicht mehr weiter.

Dank dieses Minimaleinkommens ist Yvonne Schneiter der Schuldenfalle entkommen, in die Langzeitarbeitslose oft geraten. Denn bis heute gilt in der Schweiz: Wer länger als rund drei Jahre ohne feste Arbeit bleibt, wird unausweichlich zum Fürsorgefall. Fürsorgeleistungen jedoch müssen als Schulden dem Staat zurückerstattet werden – womit sich für die „Ausgesteuerten" der Teufelskreis der Ausgrenzung schliesst. Genau dagegen setzt sich Genf mit seinem von Frankreich inspirierten Minimallohn-Modell zur Wehr: „Wir wollen verhindern", so Robert Cuénod, der zuständige kantonale Chefbeamte, „dass aus Menschen, die traditionellerweise nie auf Sozialhilfe angewiesen waren, Fürsorgeempfänger werden."

Kein Zufall übrigens, dass ausgerechnet Genf zuerst nach neuen Lösungen für Langzeitarbeitslose sucht. Mit über sechs Prozent hat der Kanton eine der höchsten Arbeitslosenraten der Schweiz. Generell ist die Arbeitslosigkeit in der Romandie und im Tessin mit durchschnittlich 6,2 Prozent rund doppelt so hoch wie in der Deutschschweiz. Bei den unter Fünfundzwanzigjährigen liegt sie sogar dreimal höher. Die konstant hohen Arbeitslosenzahlen machen moderne soziale Auffangnetze offensichtlich politisch akzeptabel, denn in allen welschen Kantonen ausser Freiburg bestehen Pläne, demnächst ein Minimaleinkommen für Langzeitarbeitslose einzuführen. Im Tessin läuft seit Juni 1995 sogar ein Versuch, der noch weiter geht als das Genfer Modell. Im Prinzip haben dort alle Sozialhilfeempfängerinnen und -empfänger Anrecht auf ein Minimaleinkommen; allerdings ist der Versuch vorläufig auf hundert Personen begrenzt. Auch in Genf wird bereits laut darüber nachgedacht, das Minimaleinkommen weiteren Fürsorgeempfängern zugänglich zu machen. Auch alleinerziehende Mütter oder Väter in finanzieller Notlage sollten möglichst nicht mehr auf Fürsorgegelder angewiesen sein.

Dies alles sind Versuche, ein Sozialsystem umzubauen, das in Zeiten wirtschaftlicher Blüte entstanden ist und einem Land nicht mehr gerecht wird, in dem Armut inzwischen Teil der gesellschaftlichen Realität ist. Je nach Definition gelten in der Schweiz zwischen 300'000 und 800'000 Menschen als arm. Immer mehr von ihnen sind auf öffentliche Hilfe angewiesen. In Genf beispielsweise bezogen Ende 1995 rund 6600 Menschen Fürsorgeleistungen – knapp sechzig Prozent mehr als vor vier Jahren. Und im Kanton Neuenburg sind die Ausgaben für die Sozialhilfe von 1991 bis 1995 förmlich explodiert, sie haben sich mehr als verdreifacht. Kurz, Armut und soziale Ausgrenzung, in der Schweiz bis Ende der achtziger Jahre kaum bekannt, sind heute eine Tatsache. „Die Sozialhilfe", sagt Claude Torracinta, Präsident des Hospice général, des Genfer Fürsorgeeamtes, „ist keine zufriedenstellende Antwort mehr, um gegen diese Ausgrenzung anzukämpfen." In einer Zeitungskolumne regte Torracinta, dem Westschweizer Publikum vor allem als Fernsehjournalist bekannt, ausgehend von den Genfer Erfahrungen kürzlich an, das staatliche Mindesteinkommen als allgemeines Bürgerrecht zu verankern.

Neu ist diese Forderung nicht, aber in der heutigen wirtschaftlichen Situation ist sie in der Schweiz aktueller denn je und wird gegenwärtig auf unterschiedlichster Ebene diskutiert. An der Universität Genf etwa arbeitet eine interdisziplinär zusammengesetzte Forschungsgruppe an Vorschlägen für ein allgemeines Mindesteinkommen. Die Kommission für soziale Sicherheit des Nationalrates ihrerseits möchte das Recht auf ein Existenzminimum sogar in der Bundesverfassung festschreiben, und bei den Kantonsregierungen ist bereits eine entsprechende Vernehmlassung im Gang. Das Bundesgericht schliesslich fällte im Herbst 1995 ein Urteil, dem hinsichtlich des Rechts auf ein Existenzminimum wegweisende Bedeutung zukommt. Die Richter hiessen nämlich die Beschwerde dreier Ausländer gut, denen die Wohngemeinde Fürsorgeleistungen schlicht verweigert hatte.

Als Denkmodell mag das allgemeine Minimaleinkommen heute in der Westschweiz breit debattiert werden, konkret jedoch bestehen zunächst erst die Projekte, Arbeitslosen ein Recht auf staatliches Einkommen zu garantieren. Im Kanton Waadt jedoch führte genau dieses Vorhaben zu erbitterten politischen Auseinandersetzungen. Im Vorschlag der Regierung, auf den Sommer 1996 ein „Revenu minimal de réinsertion" einzuführen, sehen linke Parteien und Gewerkschaften eine Mogelpackung, in der sich ein massiver Sozialabbau verbirgt. Gegenüber dem heutigen Auffangnetz für „Ausgesteuerte" über Fürsorgegelder würden die Bezüge bis zu vierzig Prozent gekürzt. Für die Regierung, so die Gegner des Gesetzesvorschlags, zähle nicht der humanere Umgang mit sozial Ausgegrenzten, sondern allein der möglichst geringe finanzielle Aufwand. Tatsächlich verspricht sich der Kanton Waadt von der Einführung eines Minimaleinkommens Einsparungen von fünfundzwanzig Millionen Franken oder fünfzehn Prozent der bis heute an „Ausgesteuerte" bezahlten Sozialhilfe.

In Genf allerdings ist das Minimaleinkommen politisch nach wie vor unbestritten. Schliesslich ist das Modell bislang auch vielversprechend angelaufen. So haben in den ersten neun Monaten des auf zwei Jahre angelegten Versuchs bereits über tausend „Ausgesteuerte" ihr neues Recht geltend gemacht: von der frischgebackenen Kunsthistorikerin über die ausländische Hausangestellte bis zum gescheiterten Unternehmer. Sie beziehen im Schnitt 2100 Franken im Monat und haben alle mit dem „Service du revenu minimum" einen Vertrag geschlossen, in dem sie sich als Mindestlohnempfänger verpflichten, pro Woche bis zu zwanzig Stunden gemeinnütziger Arbeit im „Sozial-, Kultur- oder Umweltbereich" zu leisten.

Diese „Gegenleistung" genannten Arbeitseinsätze sind entscheidender Bestandteil des Genfer Modells. Ziel dieser Engagements ist es, die Langzeitarbeitslosen wieder mit der Realität der Arbeitswelt vertraut zu machen. Aber erst für gut hundert Minimallohnempfängerinnen und -empfänger konnte auch wirklich eine Beschäftigung gefunden werden – meistens in der Betreuung von Betagten.

So wird denn klar, wo die grösste Herausforderung des Genfer Modells liegt: Die Verantwortlichen rechnen auch im nächsten Jahr mit einer deutlichen Zunahme der Bezieherinnen und Bezieher des Minimaleinkommens. Wie lassen sich für sie Einsatzmöglichkeiten finden, ohne festen Arbeitsplätzen und bestehenden Beschäftigungsprogrammen Konkurrenz zu machen? Und bringen diese Einsätze in Altersheimen, Quartierzentren und Bibliotheken die Langzeitarbeitslosen künftigen Jobs wirklich näher?

„Die Wiedereingliederung ins Erwerbsleben", so Robert Cuénod, Direktor des Sozialamtes, „bleibt nach wie vor das oberste Ziel." Zusätzliche Kosten, versichert Cuénod, würden dem Staat durch das neue Auffangnetz im übrigen kaum erwachsen. Viele Begünstigte bezögen schliesslich schon heute Fürsorgeleistungen oder wären demnächst dazu berechtigt.

So werden die fürs Genfer Minimaleinkommen 1995 budgetierten zwölf Millionen Franken also lediglich verwaltungsintern umverteilt, womit sich der neue Umgang mit der Langzeitarbeitslosigkeit für die Staatskasse als unerheblich erweist. Für die Betroffenen jedoch, sagt ein Mitarbeiter des Sozialamts am Boulevard Carl-Vogt, ist das neue Gesetz von grosser Bedeutung: „Von der Fürsorge zu leben ist noch immer demütigend. Bei uns hingegen können ausgesteuerte Arbeitslose als Bürgerinnen und Bürger ein Recht geltend machen. Das ist ein enormer Unterschied."

Analysen

Peter Niggli

Krise des Sozialstaats

Die Debatte um ein garantiertes Grundeinkommen

Bislang hatten die politischen Diskussionen über den Sozialstaat und dessen reale Entwicklung in den deutschsprachigen Ländern wenig miteinander zu tun. Unter dem Eindruck der erfolgreichen Demontage des Sozialstaats in Grossbritannien und den USA predigten Unternehmer und Parteien der Rechten ohne Unterlass, die Last des Sozialstaats müsse verringert und dafür die individuelle Vorsorgekapazität gestärkt werden. Umgekehrt warnten uns linke Parteien und Gewerkschaften gebetsmühlenartig vor dem drohenden „Sozialabbau". Finanziell ist der Sozialstaat jedoch trotz aller Abbauwünsche in den achtziger Jahren weiter ausgebaut worden. Er zahlt in der Schweiz inflationsbereinigt mehr Subventionen, Rentenleistungen und Armengelder als vor zwanzig Jahren und ist um eine weitere Institution, die obligatorischen betrieblichen Pensionskassen, gewachsen. In Deutschland löste die Vereinigung einen massiven Wachstumsschub des Sozialstaats aus, da die Zerstörung der ostdeutschen Wirtschaft milliardenschwere einkommensstützende Zahlungen nach sich zog.

Die Krise von 1991 bis 1993, die seither anhaltende Schwächung des Industriestandorts Westeuropa und die Zwänge des Währungsunionsprojekts der EU haben seither in einigen kontinental-westeuropäischen Staaten zu veritablen Einbrüchen in den Sozialstaat geführt, während die Finanzierung beziehungsweise „Reform" des Sozialstaats in den deutschsprachigen Ländern erneut die politischen Agenden beherrscht.

Vielleicht ist der Sozialversicherungsstaat, wie er sich seit 1945 nach dem Vorbild des amerikanischen New Deal in Westeuropa entwickelte, an sein Ende gelangt und steht ein „Systemwechsel" bevor. Einen solchen „Wechsel" – wenn auch nicht unbedingt denjenigen, der heute im Mittelpunkt der Diskussion steht – bildet das Konzept eines Bürgerrechts auf Existenz beziehungsweise eines garantierten Grundeinkommens für alle Bürgerinnen und Bürger. Die Idee dazu entstand in den USA Ende der sechziger Jahre und gewann in den achtziger Jahren in Deutschland und Westeuropa einige Popularität. Sie soll hier auf dem Hintergrund der Krise des Sozialstaats diskutiert werden.

Im schweizerischen und deutschen Sozialstaat überlagern sich zwei konkurrierende Systeme: Der aus dem 19. Jahrhundert stammenden „Armenfürsorge" der Gemeinden wurde die moderne, in der Regel nach 1945 eingeführte nationale Sozialversicherung aufgepfropft. Auf die Almosen der „Armenverwaltung" bestand anfänglich oft kein Rechtsanspruch, und ihre Struktur war von Gemeinde zu Gemeinde verschieden. Erst mit der Zeit hat ein ganzes Gerüst von Gesetzen und Verordnungen die Armenverwaltung verrechtlicht und Normen verallgemeinert, ohne aber einen automatischen Leistungsanspruch zu verankern. Immer noch müssen potentiell Bezugsberechtigte um das Almosen anfragen und der Verwaltung ihre Bezugsberechtigung beweisen.[1]

Demgegenüber garantieren die nach 1945 eingerichteten nationalen Sozialversicherungswerke den Versicherten für bestimmte Perioden ihres Lebens automatisch Ansprüche auf Leistungen und Renten. Den Hoffnungen entsprechend, die mit der Einführung der Sozialversicherungen verbunden waren, sollten alle Menschen von dieser „sozialen Sicherheit" profitieren und mit der Zeit nicht mehr auf das vormoderne

Almosenwesen der Armenverwaltung angewiesen sein. Diesem Aspekt gab insbesondere die Arbeiterbewegung Gewicht. Aber der Armenverwaltung geht es wie dem leninistischen Staat: sie starb – und stirbt nicht ab.

Der institutionelle und finanzielle Ausbau des Sozialstaats bis Ende der achtziger Jahre hat nämlich nicht verhindert, dass mehr und mehr Menschen teilweise oder ganz durch die Maschen der nationalen Sozialversicherungen fallen und durch die Sozialämter der Städte und Gemeinden über Wasser gehalten werden müssen. Eine Entwicklung, die der politischen Absicht nach gar nicht hätte eintreten dürfen.

Die normative Ordnung des Sozial(versicherungs)staats
Die Grundidee der Sozialversicherungen besteht darin, die willige und lebenslange Bereitschaft, die Arbeitskraft auf dem Markt anzubieten, durch Risikogarantien zu belohnen: Die Sozialwerke sollen die Existenz während Arbeitslosigkeit, Krankheit, Invalidität und altersbedingten Kräfteabbaus decken. Entsprechend sind sie als Lohnversicherung konstruiert und werden durch Lohnprozente finanziert – vorausgesetzt, dass der Versicherungsberechtigte „unverschuldeterweise" in die Risikolagen der Lohnarbeit gerät und sie nicht aktiv selber sucht. Deshalb garantiert nur das Alter einen automatischen Rentenanspruch, den „wohlverdienten Lebensabend", während Kontrollprozeduren und Bestrafungsmechanismen verhindern sollen, dass jemand freiwillig krank, invalid oder arbeitslos wird und so das soziale Netz „missbraucht".

Der Sozialversicherungsstaat verknüpft also die Lohnarbeit mit einem Recht auf Existenz. Entsprechend beruht er auf zwei Voraussetzungen.

Erstens muss er den Zugang zur Lohnarbeit für alle garantieren können, was zum Zeitpunkt seiner Einführung nach

1945 durchaus möglich schien. In der keynesianischen Wirtschaftspolitik, wie sie die westlichen Regierungen der Nachkriegszeit verfolgten, wurden Renteneinnahmen aus Sozialversicherungen als Stabilisatoren der Nachfrage begriffen und für so notwendig erachtet wie eine individuelle Einkommenssteuer, eine antizyklische Haushaltspolitik und Zinsbeeinflussungsinstrumente.[2] Heute gelten sie den liberalen Markttheologen als untragbare volkswirtschaftliche Last, die die Wettbewerbsfähigkeit des jeweiligen Landes massiv beeinträchtige.

Zweitens setzt der Sozialversicherungs- und Vollbeschäftigungsstaat eine bestimmte Sozial- und Arbeitskultur voraus und verfestigt sie. Dem Versicherungsstaat konform ist derjenige Mensch, der in der Familie lebt, die bis zum Tode beieinander bleibt. Er arbeitet gegen Lohn und ist männlich, von seinem Lohn und seiner Rente lebt die Frau. Dieser Wunschmann arbeitet von seiner Ausbildung bis zum Renten- beziehungsweise Pensionsalter ohne Unterbrechung und hundertprozentig gegen Lohn, während die Frau alle materiellen und sozialen Reproduktionsaufgaben unentgeltlich besorgt.

Parallel zum Ausbau des Sozialversicherungsstaats kämpfen deswegen die Gewerkschaften für eine Lohnhöhe, die eine sozialstaatskonforme Kleinfamilie zu finanzieren erlaubt. Und entsprechend werden die Sozialversicherungsansprüche konzipiert: Sie stehen hauptsächlich dem Mann zu, der sie ja finanziert, der Frau jedoch nur insofern, als sie ihm in einem rechtlich anerkannten Verhältnis verbunden ist.

Insofern die Sozialversicherungen an Arbeitsleistung gebunden und als individuelle Lohnversicherung konzipiert sind, ist es nur logisch, dass sich Lohnunterschiede in den Versicherungsleistungen widerspiegeln. So erhalten die Einkommensschwächsten am wenigsten, die Einkommensstärksten am meisten. Die armen Alten beziehen Sozialversicherungsbeiträge unter dem Existenzminimum und fallen für ihren zusätzlichen Existenzbedarf der Armenverwaltung anheim, während die reichen Alten Maximalrenten beziehen. Vergleichbare Überlegungen lassen sich zur Arbeitslosenversicherung anstellen. Tieflohngruppen erhalten einen Arbeitslosenbeitrag, der unter dem Existenzminimum liegt und stützende Massnahmen der Sozialämter verlangt.[3]

Die „weibliche" Armut
Das wichtigste Problem des Sozialversicherungsstaats ergibt sich jedoch daraus, dass nur Lohnarbeit und Familienstatus Zugang zur staatlich garantierten Wohlfahrt ermöglichen.

Im Grunde genommen sind damit sämtliche Frauen von den Sozialversicherungen ausgeschlossen beziehungsweise nur durch ihren männlichen „Ernährer" mit dem System verbunden. Ehepaarrenten, Witwen- und Hinterbliebenenrenten sind die Konstrukte, unter denen etwa die schweizerische AHV das weibliche Geschlecht berücksichtigen muss. In der Praxis gab es jedoch immer auch, und nicht erst in neuester Zeit, das Unaussprechliche: Familien, die vom männlichen Lohn allein nicht leben können, alleinstehende Frauen, sitzen gelassene Mütter, Lohnarbeiterinnen aller Art und natürlich alle noch unverheirateten jungen Frauen. Aber da die Löhne für Frauen, auch von den Gewerkschaften, nur als Zubrot zum männlichen Familienlohn verstanden wurden und oft noch verstanden werden, bleiben die Sozialversicherungsleistungen für Frauen prekär.

Am besten steht die Nichtfamilienfrau ohne Kinder da, die eine lückenlose Lohnarbeitskarriere durchläuft und nur noch die relative Einbusse in Kauf nehmen muss, dass sie in der Regel weniger verdient als ein Mann in vergleichbarer Position und dementsprechend weniger Rente erhält. Alle anderen drohen ganz oder teilweise aus dem Netz der Sozialversicherungen zu fallen und sogar geleistete Sozialversicherungsbeiträge ohne jeden Gegenwert zu verlieren, da sie zu wenig lange Lohnarbeit geleistet haben.

All dies führt zu der mittlerweile leidlich bekannten Tatsache, dass die Armenverwaltungen mehr Frauen als Männer zu betreuen haben, beziehungsweise dazu, dass Armut „weiblich" ist.

Es liegt nahe anzunehmen, dass die Familie als Grundvoraussetzung für den Sozialversicherungsstaat in den vergangenen zwei Jahrzehnten mehr und mehr zerfällt (höhere Scheidungsraten, mehr unvollständige Familien, Familien ohne staatliches Plazet etc.) und deshalb die „weibliche" Armut als „neues" Problem entstanden ist. Es fragt sich jedoch, ob das historisch nachweisbar ist. Als Indiz dafür, dass Armut in diesem Jahrhundert schon immer eher Frauen betraf, mag etwa die folgende Zahl aus Zürich gelten: Zwischen 1934 und 1940 zahlte die sozialdemokratisch regierte Stadt Zürich an rund 16'000 alte Menschen eine Überlebenshilfe. Davon waren 11'300 alleinstehende Frauen und 2700 Ehepaare. Wenn wir die grössere Zahl von alten Frauen im Verhältnis zu alten Männern anhand der Bevölkerungsstatistik korrigieren, ergibt sich, dass von den alleinstehenden Alten, die Armenhilfe erhielten, 78 Prozent Frauen waren.[4] Schon zur Zeit der Gründung der Sozialversicherungswerke schloss die Familie als Grundvoraussetzung zum Versicherungszugang einen nicht geringen Teil der (weiblichen) Armen aus, die nicht in Familien lebten.

Das politische Problem liegt deshalb weniger darin, dass die patriarchalisch verfasste Familie als Grundlage des Sozialversicherungsstaats real an Bedeutung eingebüsst hat, als darin, dass ihr staatsideologisches Modell heute entschieden in Frage gestellt wird. In diesem Sinne haben die neue Frauenbewegung und deren Auswirkungen auf das öffentliche Bewusstsein den Diskurs über die „Krise des Sozialstaats" ebenso mitausgelöst wie die Tatsache, dass die Armenverwaltung neben den Sozialversicherungen hartnäckig bestehen bleibt.[5]

Krise im Post-Vollbeschäftigungsstaat

Nach den goldenen zwei Jahrzehnten der Nachkriegszeit haben die Regierungen der westlichen Länder in den siebziger Jahren vom Vollbeschäftigungsstaat mehr oder minder bewusst Abschied genommen. Die OECD empfahl schon 1970 den Mitgliedsländern Preisstabilität statt Vollbeschäftigungspolitik und postulierte damit eine neue Prioritätenordnung der Wirtschaftspolitik. Diese Empfehlung verstand sich vor allem als Instrument gegen die Inflation, die die USA 1971 mit flottierenden Wechselkursen, die ihnen eine billigere Refinanzierung ihrer Vietnamkriegs-Schulden erlaubten, zusätzlich anheizten. Die europäischen Regierungen nutzten die Gunst des Erdölembargos 1973 für eine Anti-Wachstums- und Hochzinspolitik, die den Boom durch eine tiefe Krise brach. Zu den damals erklärten Zielen gehörte es, die „Lohnexplosion" zu bekämpfen. Die inszenierte Krise half, den heftigsten, international verbreitetsten und längsten Zyklus von gewerkschaftlichen und wilden Arbeiterstreiks der Nachkriegszeit zu brechen, der zwischen 1969 und 1973 einen drastischen Reallohnanstieg mit Umverteilungswirkungen zur Folge gehabt hatte.[6]

Die nachkeynesianische Wirtschaftspolitik fand in den achtziger Jahren neue dogmatische Grundlagen, in denen Vollbeschäftigung als staatlich-politisch herstellbares Ziel nicht mehr vorkam, während in der realen Wirtschaft Löhne und Sozialeinkommen, wenn überhaupt, viel weniger stark anstiegen als Unternehmensgewinne und Kapitaleinkommen. Mittlerweile sahen sich die meisten OECD-Staaten einer hartnäckigen, nicht mehr wegzukriegenden und deshalb als „strukturell" bezeichneten Arbeitslosigkeit konfrontiert.

Es ist in erster Linie dieser globale Zusammenhang, der die Dauerdebatte über Krise und Umgestaltung des Sozialstaats immer wieder anheizt. Ohne Vollbeschäftigung fällt eine Gruppe von Menschen aus dem Netz des Sozialversicherungsstaats, für die es explizit geschaffen worden ist: männliche Lohnarbeitsfähige, die als „Langzeitarbeitslose" von rechtlich geregelter Lohnarbeit ausgeschlossen sind.

Der klassische Sozialversicherungsstaat basierte auf der Idee einer regulierbaren und sozusagen nur transitorischen „Reservearmee", die sich je nach konjunktureller Lage kontrahiert oder ausweitet, deren Angehörige vom Arbeitsmarkt aber nie dauerhaft ausgeschlossen sind. Entsprechend ist die Arbeitslosenversicherung als Übergangsversicherung konzipiert, die ein paar Monate eines konjunkturellen Tiefgangs aufzufangen hat und lediglich während einer begrenzten Periode die notwendigen Existenzmittel bereitstellen muss.[7] Keine Antwort hat der Sozialversicherungsstaat hingegen auf Dauerarbeitslosigkeit. Diese hat eine neue Klasse von „Ausgesteuerten" hervorgebracht, die nach Ablauf sämtlicher Versicherungsansprüche bei der Armenverwaltung landen.

Das moderne Sozialversicherungswesen trat an, die herkömmliche Armenverwaltung zu ersetzen und alle Gesellschaftsmitglieder gegen die Risiken der Lohnarbeit zu schützen. Es beruht wirtschaftlich auf dem Vollbeschäftigungsstaat und kulturell auf der durch die Frau gehegten Kleinfamilie, deren Warenbedürfnisse der Lohn des voll arbeitenden Mannes deckt. Der moderne Sozialversicherungsstaat verbindet das Recht auf soziale Sicherheit mit der Pflicht zur Arbeit. Sein Credo lautet: Wer nicht lohnarbeitet oder lohngearbeitet hat, verdient keine soziale Sicherheit, wohl aber seine Armut.

Die ganze Konstruktion zementierte die männlich-weibliche Arbeitsteilung der Industriegesellschaft. Sie institutionalisierte von Anfang an zwei Arbeitsmärkte: einen staatstragenden Markt für voll arbeitende Männer und (wenige) Frauen mit sozialer Vollsicherung und einen prekären Markt für teilzeit- oder teilweise arbeitende Frauen mit rudimentärer sozialer Sicherung. In diesem Sinne ist der Zweiklassen-Sozialstaat – hier Sozialversicherung, dort Armenverwaltung – nicht erst das Resultat der „Zweidrittelgesellschaft" beziehungsweise der im System nicht vorgesehenen männlichen Dauerarbeitslosigkeit. Das gilt es im Auge zu behalten, wenn neue Strategien formuliert werden, die aus der „Krise des Sozialstaats" herausführen sollen.

Ein Vorschlag zur Lösung: das garantierte Grundeinkommen

In Deutschland hat der ökolibertäre Flügel der Grünen vorgeschlagen, die klassischen sozialstaatlichen Institutionen teilweise oder ganz durch ein garantiertes Grundeinkommen zu ersetzen.[8]

Die Idee des garantierten Grundeinkommens geht davon aus, dass die wirtschaftliche Kapazität der westlichen Gesellschaften ausser Frage stehe, allen ihren Angehörigen die Existenz materiell zu sichern. Statt die Existenz an ein fluktuierendes Angebot von Lohnarbeit und damit an einen Lohnarbeitszwang zu knüpfen, soll die Gesellschaft ein „Bürgerrecht auf Existenz" konstitutionell garantieren.[9] Alle Menschen erhielten das Recht auf ein garantiertes Grundeinkommen, ob sie nun lohnarbeiten oder nicht. Arbeit und Einkommen würden teilweise entkoppelt. Ein garantiertes Grundeinkommen für alle würde bestehende Zahlungen der Sozialversicherungen und der Armenverwaltung ganz oder teilweise aufheben. Es könnte gleich teuer, billiger oder teurer gestaltet werden als der Sozialstaat heute. Was als Grundeinkommen definiert würde, wäre weiterhin Gegenstand politischer Verteilungskämpfe.

Ein garantiertes Grundeinkommen kann man sich in verschiedenen Ausgestaltungen vorstellen. Es könnte allen Menschen bezahlt werden, ungeachtet dessen, ob sie über Lohn- oder Kapitaleinkommen verfügen. Oder es könnte als negative Einkommenssteuer berechnet werden. Bezugsberechtigt wären automatisch alle, die gar nichts oder nur ein marginales Einkommen zwischen Null und dem garantierten Grundeinkommen haben. Marginale Einkünfte würden nur zum Teil mit dem Grundeinkommen verrechnet, um den Einstieg in den Arbeitsmarkt nicht steuerlich zu bestrafen. Das Ganze würde nicht mehr wie die Sozialversicherungen über eine Lohnsteuer, sondern über eine Wertschöpfungssteuer, vielleicht in Kombination mit Ressourcensteuern, finanziert werden.

Arbeitszeitverkürzung für Vollbeschäftigung?

Der Vorschlag des garantierten Grundeinkommens ist von gewerkschaftlicher Seite in Deutschland heftig kritisiert worden. Bekanntlich reagierten die Gewerkschaften auf die Dauerarbeitslosigkeit zunächst mit der Forderung nach Arbeitszeitverkürzung bei vollem Lohnausgleich. Kürzere Arbeitszeiten, so die Logik, würden neue Arbeitsplätze schaffen und damit den Grund für die Krise des Sozialstaats, das Auftreten von massenhafter Männerarbeitslosigkeit, beseitigen.

Erstens überschätzen gewerkschaftliche Strategien, via Arbeitszeitverkürzung bei vollem Lohnausgleich den Vollbeschäftigungsstaat wiederherzustellen, die wirtschaftspolitische Steuerungsfähigkeit der einzelnen Staaten. Bei weitgehend deregulierten internationalen Finanzmärkten hat sich die Produktion von Gütern und Dienstleistungen globalisiert, um die immer gleichen, stagnierenden Märkte der reichen Länder zu versorgen. Solange nicht „rereguliert" wird, solange keine globale „keynesianische" Steuerung möglich wird und die inneren Märkte der armen Welt blockiert bleiben, wird Vollbeschäftigung nach klassischem Muster ausbleiben. Abgesehen davon, dass die Realisierung solcher Voraussetzungen politisch ziemlich schwierig scheint, ist es mehr als fraglich, ob die Globalisierung der formidablen Wachstumsmaschinen des Westens die ökologischen Grenzen dieses Planeten nicht bei weitem überstiege.

Zweitens fördern die real durchsetzbaren Arbeitszeitverkürzungen bei vollem Lohnausgleich, wie zum Beispiel die 35-Stunden-Woche in der deutschen Metallindustrie, Innovation und Rationalisierung, um Arbeit durch Kapital zu ersetzen und damit trotz höherer Arbeitskosten auf den Weltmärkten konkurrenzfähig zu bleiben. So mögen sie, volkswirtschaftlich gesehen, durchaus positive Effekte haben – die Hochlohnländer Deutschland und Schweiz sind ja wettbewerbsstarke Anbieter auf dem Weltmarkt –, ohne jedoch am Problem struktureller Arbeitslosigkeit und damit an der Krise des Sozialstaats etwas zu ändern.

Recht auf Arbeit und Recht auf Einkommen?
Linke Kritiker, die sich der Grenzen einer Arbeitszeitverkürzung bewusst waren, eröffneten eine andere Kritik am garantierten Grundeinkommen. Ihnen zufolge würde dies die Zweidrittelgesellschaft und damit eine ungerechte Teilung von Einkommen und wirtschaftlicher Macht zementieren helfen. Statt emanzipativ zu wirken – Thomas Schmid sprach von

„Befreiung von falscher Arbeit" –, werde das garantierte Grundeinkommen der politischen Ruhigstellung der von der Arbeitsgesellschaft Ausgegrenzten dienen. Im Grunde genommen sei das garantierte Grundeinkommen nichts anderes als das, was die gegenwärtige Armenverwaltung schon leiste: Um politischem Ärger vorzubeugen, würden die Ärmsten durchgefüttert, statt sich selber überlassen. Dieses Argument fand willkommene Stärkung darin, dass auch rechte Theoretiker wie Milton Friedman für ein garantiertes Grundeinkommen plädiert hatten. Der damalige SPD-Bundesgeschäftsführer, Peter Glotz, argumentierte deswegen 1986, ein Recht auf Arbeit sei unverzichtbar, und Arbeitszeitverkürzungen seien das Mittel zum Ziel.[10]

André Gorz geht wie Glotz davon aus, dass mit Keynes nicht mehr argumentiert werden könne. Durch die Mikroelektronik werde heute nicht nur Arbeit, sondern auch Kapital gespart. Staatliches Ankurbeln der Investitionsmaschinerie könne deshalb die Freisetzung von Arbeitskräften nicht mehr verhindern.[11] Gorz hält eine Reduktion der Arbeitszeit auf die Hälfte für notwendig; er schlägt vor, jedem Menschen ein lebenslanges Einkommen gegen eine bestimmte, drastisch verkürzte Lebensarbeitsmenge zu garantieren.[12]

Die Verknüpfung des Rechts auf Arbeit mit dem Recht auf Einkommen für alle stösst im Grunde auf ähnliche Probleme wie die Position der Gewerkschaften. Entweder wird die „drastische" Verkürzung der Arbeitszeit graduell vorgenommen, damit sich die Wirtschaft auf die neuen Zeiten einrichten kann; in diesem Falle würden Produktivitätsfortschritte die Arbeitsverteilungseffekte zum grossen Teil wieder aufheben. Oder sie wird voluntaristisch auf einmal oder in kurzer Zeit durchgesetzt, was – abgesehen vom massiven Problem der politischen Realisierbarkeit – die Frage aufwirft, zu welchen

Löhnen dies geschehen soll. Praktisch müsste ja die Teilzeitarbeit für alle oder für den grössten Teil der Erwerbstätigen mit entsprechend geringerem Lohnanspruch durchgesetzt werden. Es ist genau dieser Einkommensschwund, der in der Gewerkschaftsbewegung auf Proteste stösst, wie die Reaktionen auf entsprechende Anregungen von Oskar Lafontaine zeigten. Zudem bedingen die Vorschläge von Gorz eine zentrale Planung des Arbeitsmarkts, über deren institutionelle Ausgestaltung er sich allerdings ausschweigt.

Damit soll nicht grundsätzlich gegen Arbeitszeitverkürzungen argumentiert werden. Sie sind machbar. Und sie werden kommen. Sie werden aber nicht die Probleme des Sozialstaats, die strukturelle Ausgrenzung ganzer Bevölkerungsteile lösen helfen. Während Arbeitszeitverkürzungsstrategien an der konstitutiven Schwäche der Lohnarbeitsverkäufer nichts ändern (sie haben nicht die „Wahl", ihre Arbeitskraft zu verkaufen oder nicht) und den Arbeitsmarkt rigide halten, hilft das garantierte Grundeinkommen, genau diese Wahlfreiheit ein bisschen zu stärken. Seine Vorzüge gegenüber dem herkömmlichen Sozialversicherungsstaat sind evident. Erstens würde das Recht auf materielle Existenz nicht mehr über den Arbeitsmarkt geregelt. Die Ausgrenzung nicht arbeitender oder nur prekär beschäftigter Personen aus dem System sozialer Sicherheit fiele weg. Zweitens wäre soziale Sicherung nicht mehr an die Familie und deren männliches Oberhaupt gebunden. Frauen würden ins System mit gleichen Ansprüchen integriert wie Männer. Drittens würde sich die gesellschaftlich garantierte soziale Sicherheit darauf konzentrieren, die Grundansprüche aller zu befriedigen, während die materielle Besserstellung individuellen oder kollektiven Versicherungsbemühungen vorbehalten bliebe.

Die Kritik, das garantierte Grundeinkommen würde die Zweidrittelgesellschaft zementieren, geht zudem von der stillschweigenden Annahme aus, es würde lediglich den Ausgegrenzten aller Art dienen. Die Kritik müsste dann allerdings beweisen, dass Vollbeschäftigte keine anderen Träume haben, als ihr Leben zwischen zwanzig und fünfundsechzig zu hundert Prozent in Büros oder Werkstätten zu fristen. Das trifft schon auf die überwältigende Mehrheit der Frauen nicht zu, umfasst aber, wie doch fast alle Sozialforschung zeigt, auch mehr und mehr Männer. Ein garantiertes Grundeinkommen bedeutet „Abrüstung der Lohnarbeit" (Thomas Schmid) und eröffnet Möglichkeiten zu anderen, gebrochenen, abwechslungsreicheren Biographien. Die soziale und kulturelle Bedeutung der Lohnarbeit könnte gegenüber der informellen hegenden und pflegenden Frauenarbeit zurückgedrängt werden. Das garantierte Grundeinkommen würde schliesslich Druck auf jenes Segment des Arbeitsmarkts ausüben, das gesundheitlich und psychisch belastende Arbeiten anbietet. Kurz, es könnte ein Stück individueller Lebensgestaltungsfreiheit für alle fördern.

Eine neue Politik der Arbeit

An der deutschen Debatte wurde von feministischer Seite Kritik geübt.[13] Erstens werde einmal mehr aus der Debatte um die Arbeit die typische Frauenarbeit in der Familie und der Erziehung ausgeklammert. Zur Diskussion stehe lediglich das Interesse der Männer an verkürzter Lohnarbeit, um diese sich zu erhalten, nicht aber eine neue Teilung der Hausarbeit zwischen Frauen und Männern. Das Gleiche gelte für Männer mit garantiertem Grundeinkommen. Ihnen solle ein Reich freier Tätigkeit jenseits der Lohnarbeit offenstehen, niemand wünsche jedoch explizit, mit garantiertem Grundeinkommen die nicht ganz freie, aus sozialer Verantwortung und Fürsorge erfolgende Frauenarbeit zu übernehmen oder zumindest, sie mit den Frauen zu teilen.

Wenn, zweitens, Männer ein Recht auf Einkommen ohne Pflicht zur Lohnarbeit als ökonomisch rational und ethisch wünschenswert postulierten, dürften sich Frauen zu Recht fragen, wieso denn nicht in den siebziger Jahren die Vorschläge zur Entlohnung der weiblichen Hausarbeit tatkräftig unterstützt worden seien. Frauen, sagt Gisela Erler, seien, wie neuerdings auch Bauern, „an der Anerkennung ihrer subsistenznahen Tätigkeit in Form von Geld interessiert, nicht an einer inhaltslosen Alimentierung, die ihren spezifischen Beitrag zur Gesellschaft unsichtbar macht".

Drittens berühre die Diskussion um Arbeitszeitverkürzung und Grundeinkommen nicht die strukturelle Benachteiligung der Frauen auf dem Arbeitsmarkt. Das Problem sei ja nicht, bestehende Lohnarbeit anders unter Männern aufzuteilen, sondern eine Teilung zu ermöglichen, die auch Frauen eine Teilnahme am Arbeitsmarkt ermögliche.

Die feministische Kritik trifft zwei wunde Punkte der gegenwärtigen Arbeitsgesellschaft, die in der Debatte um das garantierte Grundeinkommen untergingen: erstens die ungleiche, nach Geschlechtern differenzierte Teilung gesellschaftlicher Arbeit in sozial anerkannte Lohnarbeit und „private" Frauenarbeit, zweitens die gesellschaftliche Verantwortlichkeit und Berechenbarkeit individueller Tätigkeit, die in der Wirtschaft (als „Männerveranstaltung", „Kapitalverwertungsmaschine", „symbolischer Krieg") keine Priorität geniesst. In diesem Sinne erfordere eine neue Sozialpolitik eine veränderte Politik der Arbeit.

Sie zu skizzieren, würde eine eigene Abhandlung beanspruchen. Hier deshalb nur einige Andeutungen:

1. Damit das garantierte Grundeinkommen die Grenze zwischen lohnabhängiger Arbeit und selbständiger Tätigkeit wirklich durchlässiger macht, sind die üblichen betrieblichen Normen der Arbeitszeiten und des „Personalrechts" zu ändern. Statt weiterhin in erster Linie die Vollzeitarbeit vertraglich zu regeln und die Teilzeitarrangements als Anhang zu behandeln, müssen erstens, gerade umgekehrt, gesamtarbeitsvertragliche Teilzeitregelungen jeglicher Art (Bruchteilstellen, Jahres-, Monats-, Wochenarbeitszeiten mit flexiblem, durch Lohnempfänger mitbestimmbaren Einsatz) Vorrang erhalten. Zweitens ist die vorherrschende, eher kulturell denn sachlogisch bestimmte Auffassung, berufliche Karriere bedeute Kontinuität und grösstmöglichen, lieber mehr als hundertprozentigen Arbeitsaufwand, entschieden zurückzudrängen. Auf der personalrechtlichen Ebene müssten deshalb Splitting-Modelle für qualifizierte Arbeit und Führungsstellen durchgesetzt werden, damit Teilzeitarbeit nicht ausschliesslich Sache der untersten Qualifikationen und Löhne bleibt.

2. Eine neue Politik der Arbeit wird nicht darum herumkommen, die gegenwärtige Differenzierung der Einkommen und die üblichen, oft vertraglich fixierten Mechanismen von Einkommenserhöhungen zu hinterfragen. Aus pragmatischen Gründen wird man kaum egalitäre Einkommen verlangen, aber die Schere zwischen höchsten und tiefsten Einkommen ist nicht hinzunehmen. Tieflohngruppen müssen systematisch erhöht, und das übliche gewerkschaftliche Vorgehen, bei Lohnverhandlungen die Äquidistanz zwischen den Lohngruppen aufrecht zu erhalten, verändert werden. Ebenso fördern die vielfach vertraglich festgelegten Lohnerhöhungen und Beförderungen aus Altersgründen unerwünschterweise das Festhalten an einer lebenslangen, hundertprozentigen Vollarbeit. Neue Formen der Belohnung von Erfahrung müs-

sen gefunden, die falsche Hierarchisierung, wie sie vor allem in den öffentlich-rechtlichen und in den „militärisch" geführten Privatunternehmungen in der Schweiz blüht, muss abgeschafft werden.

3. Schliesslich müsste eine solche Trendwende mit einem entschiedenen Interesse auch der Gewerkschaft an der „Requalifizierung der Arbeit" verbunden sein. Die vorherrschenden Systeme der Arbeitsorganisation sind nicht nur von seiten des Managements im Hinblick auf grössere Produktivität zu hinterfragen, sondern auch durch die Lohnabhängigen und ihre Organisationen im Hinblick auf grössere Befriedigung und Verantwortung zu bekämpfen. Politisch wäre es wichtig, ein konstitutionelles Recht auf Beruf zu verankern und Systeme beruflicher Bildung zu entwickeln, die systematisch nicht nur in der Jugendzeit, sondern auch im Erwachsenenleben wirksam sind.

4. Zu all dem gehört eine weitreichende Revision des Arbeitsrechts, das Schutz nicht mehr einfach unter der Voraussetzung klarer Abhängigkeitsverhältnisse gewährt, sondern arbeitnehmerähnliche, flexible Mischformen schützt und dabei Selbständigkeit nicht abbaut, sondern fördert. Desgleichen ist die Rechtsstellung der Lohnabhängigen in den Unternehmungen auszubauen. Meinungsfreiheit und Kritik sind vor Sanktionen (Entlassung) zu schützen, die Artikulation kollektiver und individueller Anliegen nicht nur in eigenen, sogenannten Personalangelegenheiten, sondern auch in Unternehmensangelegenheiten rechtlich zuzulassen und zu fördern.

5. Ohne solche konstitutiven Veränderungen des Betriebslebens ist nicht abzusehen, wie die Gesellschaft den Umgang mit ökologischen Risiken einigermassen verantwortungsvoll in den Griff bekommen soll. Die Preislenkung durch Öko-

steuern allein wird nicht ausreichen, am Ort der Produktion ökologischer Risiken Gefahren zu erkennen und zu verhindern. Auch mit Lenkungssteuern ist Tschernobyl wiederholbar, solange in den Unternehmungen eher die organisierte Verantwortungslosigkeit oder Verantwortungsabschiebung gefördert wird.[14]

6. Ohne solche Veränderungen ist auch nicht abzusehen, wie sich die Indifferenz der Mehrheit der Menschen gegenüber den selbstproduzierten ökologischen Risiken ändern soll. Solange die Kompensation für falsche Arbeit im Konsum liegt und Glück sich nur ausserhalb der Maloche erstreben lässt, wird ein verantwortlicher Umgang der Menschen untereinander und gegenüber der Zukunft der Gattung ein Fremdwort bleiben.

Anmerkungen

[1] Bis in die siebziger Jahre wurde der Haushalt der Fürsorgebehörde der Stadt Zürich durch eine speziell erhobene „Armensteuer" finanziert, die jährlich durch das Gemeindeparlament neu debattiert und festgelegt wurde.

[2] Gillman, Joseph M., Prosperität in der Krise, Frankfurt am Main 1968; Krätke, Michael, Sozialpolitik im Wohlfahrtsstaat, in: Argument, Nr. 183, 1990, S. 675–692

[3] Enderle, Georges, Sicherung des Existenzminimums im nationalen und internationalen Kontext, Bern/Stuttgart 1987. – Die Ungleichheit zwischen ärmeren und reicheren Sozialversicherungsbeziehern wird in der Schweiz durch die obligatorische Zweite Säule vervielfacht und zementiert. Eine ganze Klasse von Menschen, die weniger als den AHV-Koordinationsabzug verdient, wird nicht in die Zweite Säule aufgenommen. So stehen die Minimalbezieher von AHV-Renten meist ohne Pensionskassenrenten da, während alle Maximalbezieher zusätzlich im Rahmen der Zweiten Säule Rentenkapital

angespart haben. Die Sozialpolitik der Nachkriegsschweiz hat sich hauptsächlich mit diesem Problem beschäftigt. Vom Verfassungsauftrag her müsste die AHV nämlich die Existenz sichern, und nur aus technischen Gründen wurde anfänglich zusammen mit der AHV das System der Ergänzungsleistungen eingeführt, um für die sogenannte Übergangsgeneration die Differenz zwischen Renten und Existenzbedarf zu decken. Auf die Ergänzungsleistungen besteht ein Rechtsanspruch, der aber wie bei den sonstigen Zahlungen der Armenverwaltung individuell geltend gemacht werden muss.

In mehreren AHV-Revisionen wurde nach 1947 versucht, dieses Kernstück schweizerischer Sozialversicherung dem Verfassungsauftrag existenzsichernder Renten anzunähern. Eine politische Lösung wurde 1972 mit der Ablehnung der kommunistischen Volkspensionsinitiative und der Annahme des Gegenvorschlags, die „berufliche Vorsorge" auf alle Lohnbezieher obligatorisch auszuweiten, vertan. Die Pensionskassen haben die Lohnprozentbelastung annähernd verdoppelt und waren fortan ein gewichtiges politisches und finanzielles Argument, den AHV-Ausbau nur noch „kostenneutral" voranzutreiben. Heute erreichen die AHV-Maximalrenten das behördliche Existenzminimum, während die Minimalrenten nur halb so gross sind. Es sind die Bezieher von Minimalrenten, die in der Regel auch nicht pensionskassenberechtigt sind. Ergänzungsleistungen wiederum sind, gegen die deklarierte Absicht, ein dauerhafter Bestandteil der Armenverwaltung der Gemeinden geworden.

[4] Statistisches Jahrbuch der Stadt Zürich, 1991, S. 43, 322

[5] Dazu passt, dass der bisher einzige wirksame politische Wille zu einer strukturellen Reform in der Schweiz sich auf die Benachteiligung, wenn nicht den Ausschluss der Frauen, vor allem nicht erwerbstätiger Hausfrauen, aus den Sozialversicherungen konzentrierte, was in der 10. AHV-Revision 1995 teilweise korrigiert wurde.

[6] Jaeger, Carlo/Weber, Arnd, Lohndynamik und Arbeitslosigkeit, in: Kyklos, Vol. 41, Fasc. 3, 1988, S. 479–506

[7] Dieses Konzept musste nicht unbedingt der Realität entsprechen. In gewerkschaftsschwachen Staaten wie in den USA, wo keynesianische Wirtschaftssteuerung zuerst versucht worden war, gehörte eine

„Sockelarbeitslosigkeit" von zwei bis fünf Prozent zur „Vollbeschäftigung".

[8] Schmid, Thomas (Hg.), Befreiung von falscher Arbeit, 2 Aufl., Berlin 1986

[9] Dahrendorf, Ralf, Ein garantiertes Mindesteinkommen als konstitutionelles Anrecht, in: Schmid, Thomas a.a.O. De facto haben es sich die westeuropäischen Staaten schon seit langem nicht mehr erlaubt, ihre Marginalisierten massenhaft vor Hunger sterben zu lassen.

[10] Glotz, Peter, Freiwillige Arbeitslosigkeit?, in: Opielka, Michael/Vobruba Georg, Das garantierte Grundeinkommen, Frankfurt am Main 1986

[11] Gorz liefert damit auch ein Argument gegen die neoliberale Orthodoxie, derzufolge die Entlastung der Unternehmen und der Reichen von staatlichen Abgaben Investitionen ankurbeln und damit Arbeitsplätze schaffen würde.

[12] Gorz, André, Garantierte Grundversorgung aus rechter und linker Sicht, in: Opielka, Michael/Vobruba, Georg, a.a.O.

[13] Erler, Gisela Anna, Wenn's denn nicht anders geht – Zauderndes zum Mindesteinkommen für Frauen, in: Schmid, Thomas a.a.O.; Blickhäuser, Angelika/Molter, Monika, Garantierte Lebenssicherung für Frauen, in: Opielka, Michael/Vobruba, Georg, a.a.O.

[14] Ladeur, Karl-Heinz, Jenseits von Regulierung und Ökonomisierung der Umwelt: Bearbeitung von Ungewissheit durch (selbst-)organisierte Lernfähigkeit, in: Zeitschrift für Umweltpolitik & Umweltrecht, Vol. 10, Bd. 1, 1987, S. 1–22

Res Strehle

Der Phantomstaat

Lean Government oder Wie der Verteilungskampf über den Staat geführt wird

Es hat sich herumgesprochen, dass der Staat sparen soll. Um zu belegen, wie dramatisch die Lage ist, werden die Statistiken rücksichtslos gebogen. Nun ist die aufgelaufene Staatsverschuldung in einzelnen europäischen Staaten (etwa Belgien, Irland oder Italien) aufgrund von angehäuften Haushaltsdefiziten in der Vergangenheit tatsächlich nicht von Pappe und übersteigt bereits das Bruttoinlandprodukt. In diesen Ländern könnte eine Grenze der weiteren Staatsverschuldung in Bälde erreicht sein, konkret dann nämlich, wenn ihre Verzinsung aus den laufenden Einnahmen nicht mehr zu finanzieren ist. In anderen Ländern, beispielsweise der BRD oder der Schweiz, ist die Situation vergleichsweise weit weniger dramatisch. Die aufgelaufene Staatshaushaltsverschuldung am Kapitalmarkt bewegt sich hier etwa bei der Hälfte des Bruttoinlandprodukts (in der Schweiz noch deutlich darunter). Und trotzdem läuft die Sparpropaganda auf vollen Touren, werden „Solidarpakte" und Memoranden zur Haushaltssanierung geschnürt und Ausgabenbremsen beschlossen. Sparen scheint nun auch im kollektiven Bereich zu jener moralischen Kategorie zu werden, die sie individuell schon immer war. („Spare in der Zeit, dann hast du in der Not!")

Der Verdacht drängt sich auf, die hohe Staatsverschuldung anderenorts würde dazu benützt, auch bessergestellte Staaten trendig umzubauen: weg etwa vom traditionell sozialliberalen

Anspruch, das soziale Auffangnetz vergleichsweise eng zu weben, hin zum „Lean Government", dem „schlanken" Staat, Mager- und Sparstaat. Der schlanke Staat hat „abgespeckt", ist beweglicher, flexibler (schwindende Bedeutung des Beamtenstatus, einmalige statt periodisch wiederkehrende Ausgabenbeschlüsse); er erhöht die soziale Kontrolle über „parasitäres" Verhalten, erbringt nur „subsidiär", was andere nicht erbringen, füllt die „Giesskanne" weniger, tröpfelt vorab auf heisse Steine und zählt wieder verstärkt auf private Netze auf der Basis von Gratisarbeit. Der schlanke Staat bewegt sich insgesamt weniger in wettbewerbsgeschützten Nischen, setzt sich statt dessen vermehrt dem Markt aus und muss sich unter diesem Druck selber „para-marktwirtschaftlich" verhalten. Es ist dies eine formelle Unterordnung unter die Gesetze der Marktwirtschaft, ganz ähnlich, wie etwa auch Alternativbetriebe via Marktdruck formell unter kapitalistische Gesetze subsumiert werden. Diese Transformation wird mit einer begrifflichen Wendung umschrieben, die der Internationale Währungsfonds (IWF) im Rahmen einer anderen grossen „Verschuldungskrise", der aussenwirtschaftlichen Verschuldung von Trikontländern zu Beginn der achtziger Jahre, ultimativ in die Verhandlungen eingebracht hat: kein neues Geld, bevor „das Haus nicht in Ordnung gebracht ist"; keine neue Hose, bevor „der Gürtel nicht enger geschnallt ist".

Was meinte der IWF damit in bezug auf die Staatshaushaltsverschuldung? Es ging ihm darum, dass ein Staatshaushalt nicht dauerhaft mehr Geld ausgeben darf, als er einnimmt. Das ist ökonomisch gesehen weniger ein moralisches Problem als ein Problem schwer kalkulierbarer, häufig unerwünschter Umverteilungswirkungen. Die Differenz zwischen den Ausgaben und Einnahmen muss schliesslich irgendwie finanziert werden; das kann durch Anleihen am Kapitalmarkt, aber auch durch Inflation und damit Entwertung bestehender Geldvermögen erfolgen. Ein Staat, der möglichst alle gesellschaftlichen Sektoren einzubinden versucht, also eine Art „gesamtgesellschaftliches" Interesse vertritt (mit der Konkordanz als politischer Regierungsform), ist in dieser Situation nicht angesagt. Der Spardiskurs (Gürtel enger schnallen), eingebracht von den neoliberalen Erneuerern, übernommen von den politischen Exekutiven (weitgehend inklusive Sozialdemokraten), scheint nahezu unbestritten und soll jetzt von allen Opfer verlangen. Es gibt nur wenig Gegenstimmen. Ökonominnen und Ökonomen, die nicht sparen wollen, teilen das Schicksal der Kritikerinnen und Kritiker von US-Interventionen in der Neuen Weltordnung: Sie werden im besten Fall wohlwollend ignoriert.

Die Austeritätspolitik ist nicht Dummheit oder Nicht-Wissen; offensichtlich ist im Augenblick nicht mehr jenes Paradigma aktuell, das auf den englischen Ökonomen John M. Keynes zurückgeht. Keynes hatte sich vorab darum gesorgt, dass in Krisenzeiten die Konsumnachfrage allzu stark zurückgeht und folglich den Staat auf ein anti-zyklisches Verhalten verpflichtet: spendabel, wenn Private knausern – knauserig, wenn Private klotzen. Nachfolgeparadigma ist ein gesellschaftliches Modell, das nicht mehr alle gesellschaftlichen Sektoren einbindet, sondern ein- und ausgrenzt. Dazu dient nicht nur die Sparpolitik, sondern zugleich ein aktualisierter Rassismus, der die Anspruchsberechtigung gegenüber dem staatlichen Netz je nach kultureller Herkunft differenziert. Auch die seltsame Regulierung der Konsumgütermärkte mit einer medizinisch reichlich willkürlichen Abgrenzung zwischen legalem und illegalem Suchtmittelkonsum hat eine bereits sichtbare Grenze zwischen In- und Out-Konsumenten zur Folge: Prestigekonsum an der Cüplibar und pathologischer Konsum in Hinterhöfen, Pissoirs oder Arztpraxen. Der aktualisierte Sexismus mit neuen Brutalitätsphantasien und -realitäten gegenüber Frauen zementiert Ausgrenzungen entlang der Geschlechterhierarchie. Der „soziale" Rassismus gegenüber (noch nicht) leistungsfähigen Kindern und Jugendlichen oder (nicht mehr) leistungsfähigen alten Menschen und Behinderten verlängert die Ausgrenzung gesamtgesellschaftlich.

Das passiert in völlig unterschiedlicher Schärfe – in der Schweiz vergleichsweise milde – und ist weltweit nicht unbekannt, weil es an der Peripherie der Weltwirtschaft (Trikont, früher „Dritte Welt") nie anders war. Dort gab es nie Spielräume für gesamtgesellschaftliche Eingrenzungsmodelle, und wenn sie populistisch trotzdem ausgelotet wurden wie etwa im klassischen Peronismus Argentiniens, dann haben solche Programme stets zu Verschuldung und Zahlungsunfähigkeit geführt und früher oder später Gläubigerbanken oder den Internationalen Währungsfonds auf den Plan gerufen.

Wenn aber die Metropolengesellschaften kalkuliert umgebaut werden, eine Mehrheit eingegrenzt und Minderheiten ausgegrenzt werden, dann können wir auch in den Metropolen je länger je weniger von einem gesamtgesellschaftlichen Interesse (etwa gemäss traditionellem sozialdemokratischen Standpunkt) ausgehen und auch nicht auf beiden Seiten der Grenze zugleich stehen. Wir müssen den Blick gewinnen für den Verteilungskampf, der auch über den Staat stattfindet, wenn dem traditionellen Modell des „Sozialstaats" Mittel entzogen werden, damit Privatinvestitionen wieder lohnend werden. Um nichts anderes geht es bei den Diskussionen um die Senkung der Staatsquote – des Anteils der Staatsausgaben am Bruttoinlandprodukt.

Die Werte, die der Staat abschöpft, um etwa Bildung oder Rüstung zu finanzieren, kann er nicht aus dem Nichts schöpfen, sondern nur aus der produzierten Wertschöpfung, und folglich gehen sie durch Abschöpfung irgendwo verloren: bei den privaten verfügbaren Mitteln, sei es auf der Einkommensseite der Haushalte, sei es bei den Profiten der Unternehmungen. Und beides ist gegenwärtig für die Privatwirtschaft inakzeptabel, weil es in den Haushalten Lohnforderungen begründet und in den Unternehmungen die Profite direkt schmälert. Bliebe eine höhere indirekte Besteuerung von Warenhandel und Dienstleistungen, die aber auch nicht sonderlich beliebt ist, weil sie verteuernd wirkt und damit die Verwertung von Massenproduktion bremst.

Für die Schweiz lässt sich überschlagsmässig folgende Wertrechnung machen: Die Nettostaatsquote (Anteil der Staatsausgaben am Bruttoinlandprodukt ohne Ausgaben der öffentlich-rechtlichen Anstalten und Sozialversicherungen) ist in der ersten Hälfte der siebziger Jahre von 21 auf 28 Prozent (1976) gestiegen, blieb danach eineinhalb Jahrzehnte lang konstant und erhöhte sich erst wieder in der Rezession der frühen neunziger Jahre auf 30 Prozent. Der Staat beansprucht damit heute gut ein Viertel des gesamten Wertekuchens, oder klassisch formuliert: Durch Lohnarbeit während eines Achtstundentages wird in den ersten vier Stunden der Wert des eigenen Lohnes produziert, in den folgenden zwei Stunden für den Staat gearbeitet, und „erst" in den letzten zwei Stunden – kurz vor Feierabend gewissermassen – wird der Gewinn der Kapitalisten produziert. Der Wert der letzten zwei Stunden des Arbeitstages ist den Investoren als Profitrate offenbar zu knapp, denn daraus müssen via Zins auch die Geldgeber und via Grundrenten auch die Grundbesitzer entschädigt werden. Wenn irgendwo bei vergleichbarer Produktivität länger für sie gearbeitet wird, werden sie ihr Kapital (Geld und Produktionsanlagen, beim Boden ist das schwieriger) dort anlegen.

Deshalb das hiesige „Revitalisierungsprogramm" zur Wiederbelebung von Profiten: Die Investoren wollen die ersten vier Stunden der „Eigenarbeit" verkürzen; das geschah in den Lohnrunden ab 1993 durch eine Senkung der Reallöhne um rund ein Prozent jährlich oder umgerechnet etwa fünf Minuten pro Arbeitstag. Die mittleren zwei Stunden des Arbeitstages zugunsten des Staates drohten durch die Erhöhung der Staatsquote ab 1991 verlängert zu werden. Hier sollen nun die Ausgabenbremse und die Übernahme des Finanzministeriums durch einen stramm bürgerlichen Bundesrat ohne sozialdemokratische Flausen Abhilfe schaffen.

Wir können davon ausgehen, dass der Umbau des Staates in allen Metropolenländern erst am Anfang steht: Ziel ist eine moderne Auflage des Nachtwächterstaates aus dem 19. Jahrhundert, der sich auf seine „Kernaufgabe" (innere und äussere Sicherheit, Rechtsordnung sowie allenfalls Ökologie) beschränkt. Ökonomen des Kieler Weltwirtschaftsinstituts haben berechnet, dass ein solcher Umbau des Staates gut die Hälfte aller Beamten überflüssig machen wird. Unklar bleibt in solchen Modellrechnungen einzig, wie die überflüssige Beamtenschaft, traditionell ein staatstragender Sektor, finanziell abgefunden wird und wie die entlassenen Beamten danach beschäftigt werden sollen. Die Vorstellung, dass die aus dem Staatsdienst „Freigesetzten" mit der Abfindungssumme allesamt zu innovativen Kleinunternehmern werden, scheint jedenfalls reichlich abstrakt.

Der politische Konsens bis weit in die Sozialdemokratie, dass dem Staat Mittel zu entziehen seien, ist in der Schweiz besonders seltsam, liegt doch die totale steuerliche Belastung inklusive Sozialabgaben hier mit rund dreissig Prozent des Bruttoinlandprodukts deutlich unter dem Durchschnitt der Metropolenländer von gegen 40 Prozent. Tiefer ist die Belastung einzig in den USA, der Türkei, in Australien und Japan, während sie etwa in den skandinavischen Ländern weit höher liegt (bis 50 Prozent).

Auch technisch ist dieser „Ausweg" aus der Profitklemme keineswegs unbestritten. Allerheilmittel ist er jedenfalls nicht, sonst wäre es Ende der zwanziger Jahre, als es nur angebotsorientierte Wirtschaftspolitik gab, nicht zur grossen Wirtschaftskrise gekommen. Führende US-Ökonomen, wie etwa der einstige Kennedy-Berater John K. Galbraith als graue Eminenz, aber auch der Clinton-Berater und Harvard-Professor Robert Reich als Newcomer, halten jedenfalls wenig von der angebotsorientierten Wirtschaftspolitik, wie sie Kernstück der „Reaganomics" war. Es scheint denn auch, dass es im Wirtschaftsprogramm der USA immer wieder Korrektive zur angebotsorientierten Wirtschaftspolitik gibt: Schliesslich ist die Administration Clinton vor vier Jahren gleich mit einer 80-Milliarden-Dollar-Spritze angetreten, die der Staat in Infrastrukturprojekte investieren sollte. Damit ist die Staatshaushaltsverschuldung natürlich nicht kleiner geworden und hat Ende 1995 das gesetzlich zulässige Mass ausgeschöpft.

Angebotsorientierte Wirtschaftspolitik und nachfrageorientierter Keynesianismus werden künftig in den Metropolen abwechseln wie Modetrends, vielleicht sogar synthetisiert werden, weil beide beschränkt fähig sind, kapitalistische Krisen zu verhindern: Angebotsorientierte Wirtschaftspolitik verstärkt den Ausbeutungstrend und zieht damit Investoren an, nachfrageorientierter Keynesianismus verhindert ein Absinken der breiten Kaufkraft, schreckt aber Investoren ab. Keynes' anti-zyklische Ausgabenpolitik wird erst dann definitiv aus der Mode kommen, wenn die Zinsen wachsender Staatsverschuldung nicht mehr zu finanzieren sind. Dies hängt einerseits mit der Höhe der gesamten Staatsverschuldung zusammen, wo rund 100 Prozent des Bruttoinlandprodukts die „Schmerzgrenze" sind, andererseits mit der Höhe der Realzinssätze, die unmittelbar von Geldmenge und Spartätigkeit abhängt.

In Italien etwa dürfte die Schmerzgrenze demnächst erreicht sein, wenn bei einer Staatsverschuldung von umgerechnet 1000 Milliarden Dollar und einem Zinssatz von real fünf Prozent die Beschäftigten bei einem achtstündigen Arbeitstag eine halbe Stunde täglich für die Finanzierung der Zinsen aus der Staatsverschuldung arbeiten. Nichts als logisch, dass Italien aus dem Europäischen Währungssystem ausgeklinkt wurde und das volkswirtschaftliche Interesse, gegen die Mafia vorzugehen, sich in engen Grenzen hält. Die „Industria del crimine" akkumuliert schliesslich Gelder in Höhe von etwa 15 Prozent des Bruttosozialprodukts auf todsicherer Basis und hält damit die Zinssätze tief. Die Grenze der italienischen Staatshaushaltsverschuldung ist der ökonomische Hintergrund der verschiedenen Regierungswechsel ab 1994. In demselben Jahr hat auch Schweden die 100-Prozent-Marke der Staatsverschuldung erreicht – ein Grund für die Eile der Regierung, in der EU unterzuschlüpfen, um von aussen Sparvorgaben zu bekommen, damit sich die einheimische politische Klasse aus der direkten Sparverantwortung stehlen kann. Ist die Grenze einer finanzierbaren Staatsverschuldung einmal definitiv erreicht, muss Karl Marx neu aufgelegt werden, weil dem regulierten Kapitalismus dann ein wichtiges Krisenverhinderungsinstrument fehlen wird, ebenso Rosa Luxemburgs Imperialismusanalyse, weil dann auch der direkte (beispielsweise kriegerische) Wertraub an Bedeutung zunehmen wird.

Wenn es bei der aktuellen Spardebatte nicht um Sachzwänge, sondern um eine Neuverteilung des Wertekuchens geht, wird es Gewinner und Verlierer geben. Auf der Gewinnseite wurden die Investoren benannt, die die letzten zwei Stunden des Arbeitstages zu ihren Gunsten ausdehnen können. Verliererinnen und Verlierer sind vorab jene, die auf das staatliche Netz angewiesen sind wie Hausfrauen auf den „Ernährerlohn". Es sind die „Hausfrauen" im übertragenen Sinne, die aufgrund des vom Markt (teilweise oder gänzlich) verweigerten Einkommens darauf angewiesen sind, dass der Staat sie absichert: Erwerbslose, Teilzeitbeschäftigte und temporär Beschäftigte mit nicht existenzsicherndem Lohn, Alleinerziehende, nicht voll Erwerbsfähige, Bäuerinnen und Bauern mit geringem oder wenig produktivem Landbesitz. Die Parallelität zwischen Staatshaushalt und privatem Haushalt ist weit mehr als sprachliche Zufälligkeit: Hausfrauen und Sozialhilfeempfängerinnen und -empfänger haben gemeinsam, auf (männliches) Wohlwollen angewiesen zu sein, da ihnen eine eigene Einnahmequelle fehlt. Und umgekehrt teilen Interessengemeinschaften geschiedener Männer mit bürgerlichen Sparpolitikern das Bewusstsein um die Verteilungswirkungen von Staat und Patriarchat und den Wunsch nach Neuverteilung. Unfreiwillig schlank werden nach umgebautem Staat und Patriarchat jene sein, deren finanzielle Basis einzig die dürftigen Haushaltkassen von Staat und Ehe sind.

Für diesen Umbau ist das Terrain propagandistisch ausgiebig präpariert worden: Während in der Schweiz die Sozialausgaben von Bund, Kantonen und Gemeinden nach klassischer Zählweise maximal 30 Prozent aller Staatsausgaben ausmachen, sind es gemäss Zählweise der neoliberalen Erneuerer zwischen 60 und 70 Prozent. Eine ordnungspolitische Analyse im Auftrag der Schmidheiny-Stiftung an der Hochschule St. Gallen errechnete zu Beginn der neunziger Jahre gar eine reale Verachtfachung der Sozialausgaben in der Schweiz seit 1950! So sozial war einst die Schweiz – es ist ihr gar nicht anzusehen. Auf solche Werte kommt nur, wer den Sozialbegriff unkonventionell weit fasst und auch die Ausgaben für Forschung, Kultur, Justiz, Verwaltung und Landwirtschaft als „Sozialausgaben" deklariert, während einzig die Rüstungsausgaben zweifelsfrei nicht mitgezählt werden. Aus der Nähe besehen sind indessen nicht einmal die Ausgaben für die Landwirtschaft in erster Linie Sozialausgaben, sondern Abgeltung eines externen Nutzens für die Öffentlichkeit (Schutz vor Erosion und Verödung, Landschaftspflege).

Die ideologischen Offensiven, die die öffentlichen Sparprogramme begleiten, sind jedenfalls auch in der Schweiz längst angelaufen, und es ist zu befürchten, dass sie in den Köpfen der Menschen hier schon wirken: „Überalterung", „Alterslastquote", „Die Schweiz ein Altersheim?", „geriatrische Bombe", „graue Epidemie" und „Überstrapazierung des Generationenvertrages" heissen die Freundlichkeiten, die sich alte Menschen anzuhören haben, seit sie den Staat und die „aktive" Generation zuviel kosten. Andere Bilder sind nicht weniger gemütlich: Der Zuger Nationalrat Georg Stucky will den „Subventionswald abholzen". Stucky ist weder Pazifist noch Velofahrer, er will weder Kanonen noch Autobahnpfeiler fällen, sondern den „gefrässigen" Sozialstaat und die „Anspruchsgesellschaft" zurückschneiden. Wenn die Stadt Zürich in einem Moment, da die Neue Armut unübersehbar geworden ist, die Fürsorgeleistungen pro Person um 30 Franken monatlich kürzt und damit rund 230'000 Franken jährlich spart, wird dies kaum der Schlüssel zur Sanierung des städtischen Finanzhaushaltes sein: Es ist ein Signal, wo es langgehen soll.

Ähnlich wird auf der Einnahmeseite argumentiert, wenn behauptet wird, die direkte Steuerbelastung habe eine obere Grenze erreicht. Das ist zwar mit Zahlen nicht zu belegen –

die Schweiz hat etwa in bezug auf die Körperschaftssteuern unter den OECD-Ländern nach Finnland die niedrigste Belastung –, macht aber Stimmung gegen direkte Steuern. Nun sind indirekte Steuern sozial viel schlechter abstufbar als direkte und treffen auch bei einer Freiliste für Grundnahrungsmittel und Medikamente viel breiter und ungezielter, sind aber angeblich einkommensneutral, solange sie durch einen automatischen Teuerungsausgleich kompensiert werden. Nun ist gerade der automatische Teuerungsausgleich inzwischen aus allen Gesamtarbeitsverträgen herausgekippt worden; nicht einmal in der vorzüglich florierenden Schweizer Bankenbranche wird die volle Teuerung ausgeglichen. Und damit nicht genug: Nach dem Beschluss, die steuerliche Treibstoffbelastung zu erhöhen, wollen Unternehmerkreise die Gewichtung des Benzinpreises im Teuerungsindex anfechten, weil höhere Benzinpreise kaum jene treffen, die nicht Auto fahren. Wenn das so weitergeht, werden sich auch die Fleischpreise nicht mehr lange im Index halten können, weil sie Vegetarier nicht betreffen, Reisekosten nicht, weil sie Stubenhocker kalt lassen, und Weinpreise nicht, weil Weintrinken sinnlos und der Volksgesundheit abträglich ist.

Der Druck auf den Staat erfolgt mittels einer Scherenbewegung. Der Sparstaat hat weniger Geld zur Verfügung, muss sich aber zugleich trimmen und wird aus der windgeschützten Ecke herausgeholt, um selber dem Wettbewerb ausgesetzt zu werden. Rentables wird privatisiert, Unrentables bleibt sozialisiert, muss aber nach Effizienzkriterien und Methoden der „wirkungsorientierten Verwaltungsführung" neu gestrafft werden. Die Zauberformel heisst NPM – „New public Management". Dazu gehört ein von oben vorgegebener „Leistungsauftrag", der die Funktion des marktwirtschaftlichen Sanktionsmechanismus übernimmt: Zu geringe Effizienz wird zwar nicht mit Wettbewerbsnachteilen und letztlich Konkurs, aber mit den Straffungsstrategien der privatwirtschaftlichen „Sanierung" bestraft. Die Gemeinkosten-Wertanalyse, die in der Privatwirtschaft Umlagekriterien für dem einzelnen Produkt nicht direkt belastbare Kosten sucht, stellt dieselben Kosten in Betrieben der öffentlichen Hand den erbrachten Werten gegenüber. Spitalexterne Krankenpflege etwa, bislang Nische nicht rentabler staatlicher Tätigkeit, wird neuerdings zu Vollkosten kalkuliert und individuell weiterverrechnet. Der staatliche Umbau stärkt durch die Trennung zwischen (abstrakten) strategischen und (konkreten) operativen Kompetenzen die Verwaltung zu Lasten der parlamentarischen Kontrolle. Die wenig berechenbaren Parlamente mit periodisch wechselndem rotgrünen Einfluss werden so als Unsicherheitsfaktor ausgeschaltet.

Im Ergebnis hat der „schlanke Staat" dieselben Kennzeichen wie die schlanke Produktion in der Privatwirtschaft: hohe Flexibilität durch die Aufhebung von „Ausgabenautomatismen" und Anstellungsgarantien und Beschränkung auf „Kernaufgaben" als Folge der aufgabenkritischen Sparstrategie. Die Auslagerung vormaliger Staatstätigkeit auf private Institutionen führt zur Bildung vor- und nachgelagerter Puffer in Form von Kleinbetrieben, die als Wetterdach vor Grossbetrieben und Staat je nach Wirtschaftslage boomen oder darben. Und ganz ähnlich wie die schlanke Produktion mit dieser Strategie der Flexibilisierung und Ausgrenzung neben sich eine wachsende Schattenwirtschaft entstehen lässt, lässt der schlanke Staat neben sich eine Schattengesellschaft entstehen. Wer durch das staatliche Netz nicht mehr getragen wird, muss auf die Tragfähigkeit der privaten Netze hoffen oder selber eine – prekäre – Form des Überlebens suchen. Kirchen, Sekten, gemeinnützige Vereine des Grossbürgertums und eine generell wachsende Bedeutung der Freiwilligenarbeit, die – pro forma fortschrittlich – auch auf Männer ausgedehnt wird, sollen die vom Staat preisgegebene Aufgabe der sozialen Sicherung wahrnehmen.

Weil zur Begründung dieses Staatsumbaus häufig äussere Verpflichtungen („external bindings") herhalten – in Asien, Afrika, Lateinamerika und Osteuropa etwa die Auflagen des IWF, in Westeuropa die Aufnahmekriterien für die nächste Stufe des Europäischen Währungssystems ab 1999 (die jährliche Neuverschuldung des Staatshaushaltes darf drei Prozent des Bruttoinlandproduktes nicht übersteigen, die Gesamtverschuldung nicht 60 Prozent) –, wird der schlanke Staat mit der Zeit zum Phantomstaat. Ähnlich wie sich die transnationale Unternehmung nach der Globalisierung der Weltwirtschaft mit einem Verweis auf die Konkurrenzsituation am Weltmarkt gewerkschaftlichen Lohnforderungen entzieht, entzieht sich der Nationalstaat sozialen Forderungen. In einer globalisierten Weltwirtschaft konkurrieren auch nationalstaatliche Rahmenordnungen, und dazu gehört eben auch der Staatshaushalt. Und wie sich die schlanke Unternehmung mittels Division als Adressatin für Forderungen verflüchtigt, verflüchtigt sich der schlanke Staat über das Prinzip der Subsidiarität (der Staat erfüllt nur noch jene Aufgaben, die von Privaten nicht übernommen werden, und wenn, dann auf dem tiefstmöglichen Niveau des öffentlichen Gemeinwesens). Am Ende bleibt als Adressatin für soziale Forderungen nur noch die Gemeinde, deren Ausgabenspielraum so gross ist wie jener der Handkasse im Verein.

Maria Mies

Die Krise als Chance

Zum Ausstieg aus der Akkumulationslogik

Der Titel meines Beitrags suggeriert, dass ich zu denen gehöre, die auf den Zusammenbruch des derzeitigen Systems warten, damit sich dann aus dem Chaos etwas Neues entwickeln kann. Angesichts der Opfer, die diese Krise bereits gefordert hat, wäre eine solche Haltung jedoch zynisch. Andererseits können wir aber auch jetzt schon feststellen, dass das Umdenken gerade denen am schwersten fällt, die sich noch relativ gesichert wähnen in den Zentren der kapitalistischen Industriegesellschaft, und dass kreatives, neues Denken bei manchen von der Krise am stärksten Betroffenen zu finden ist. Dies sind nach meiner Beobachtung vor allem die Armen aus der „Dritten Welt" und unter ihnen vor allem die Frauen. Meine Formulierung, dass die Krise eine Chance sein kann, aus der Kapitallogik auszusteigen, macht sich an den Erfahrungen der Überlebenskämpfe solcher Gruppen fest. Da die Krise eine globale ist, finden solche Überlebenskämpfe inzwischen auch schon in den Zentren des reichen Nordens statt. Ich denke, dass es höchste Zeit ist, hier von den Überlebenskämpfen aus den sogenannten Drittweltländern zu lernen.

Was ist das für eine Krise?

Ehe ich mich den – hoffnungsvollen – Alternativen zuwende, ist es notwendig, über den Charakter der derzeitigen Krise nachzudenken. Worin besteht sie, welche Dimensionen unseres Lebens betrifft sie, wie weit reicht sie?

Zunächst ist festzustellen, dass es sich bei dem, was hier und heute Krise genannt wird, nicht nur um eine jener zyklischen wirtschaftlichen Talfahrten handelt, die nach der Lehre der neoklassischen Wirtschaftstheorie wieder durch einen Aufschwung abgelöst wird. Die Krise, von der hier die Rede ist, geht tiefer und reicht weiter.

Sie ist auch nicht erst jetzt hier aufgetaucht, sondern ist im Grunde genommen eine Dauerkrise, seit es den Kapitalismus gibt. Sie ist natürlich zunächst eine ökonomische Krise, die sich trotz eventuell steigenden Bruttosozialprodukts im Zusammenbruch von Firmen manifestiert, in der wachsenden Erwerbslosigkeit, in schrumpfenden Märkten für langlebige Wirtschaftsgüter und einer enorm gestiegenen Konkurrenz auf allen Märkten. Obwohl die Politiker und Ökonomen das Volk zu beruhigen versuchen, die Krise sei eine vorübergehende und werde durch Investitionen in „Zukunftstechnologien" wie etwa die Biotechnologie überwunden, glauben die Menschen das nicht mehr. Es wird immer deutlicher, dass das Paradigma des unbegrenzten Wachstums nicht nur ökologisch eine Katastrophe ist, sondern auch ökonomisch nicht „nachhaltig" ist, weder im Süden noch im Norden.

Die Armut ist allzu sichtbar in die Zentren des reichen Nordens zurückgekehrt. In Deutschland beispielsweise ist die Zahl der Obdachlosen im Jahre 1995 auf eine Million Menschen gestiegen. Im Winter 1992/1993 sind in Deutschland dreissig Menschen erfroren, und es gibt immer mehr Bettler. In London übernachten Menschen in Pappkartons. Die Zahl der Erwerbslosen ist in den letzten Jahren – besonders in Ostdeutschland – enorm angestiegen und steigt weiter, trotz angeblichen Konjunkturanstiegs. Gleichzeitig ist die Verschuldung der „Dritten Welt" ins Unermessliche gestiegen: 1992 wurde sie auf 134,3 Milliarden US-Dollar beziffert. In der Subsahara war die Verschuldung viermal so hoch wie das Bruttosozialprodukt aller Drittweltländer zusammen.

Natürlich sind Frauen von Erwerbslosigkeit und dieser „neuen" Armut in den Industrieländern stärker betroffen als Männer, und ältere stärker als junge. Vor allem viele alleinerziehende Mütter leben bereits unter der Armutsgrenze, das heisst, sie sind Sozialhilfeempfängerinnen – und wir gewöhnen uns daran, dass dies „normal" sei.

Die Prognosen für die Zukunft, wie sie beispielsweise das Prognos-Institut bis zum Jahr 2000 errechnet hat, sehen zwar ein Wirtschaftswachstum vor, aber auch die Fortdauer der Erwerbslosigkeit und Unterbeschäftigung. Es entsteht das, was die Ökonomen „jobless growth" nennen. Doch selbst diese Erwartungen bezeichnen Rudolf Hickel und Jan Priewe noch als zu optimistisch, da die Voraussagen von einer erfolgreichen Reindustrialisierung Ostdeutschlands ausgehen, die nach Meinung von Hickel und Priewe nicht stattfinden wird.[1] Die beiden Autoren erwarten vielmehr eine weitere Spaltung der Gesellschaft nach dem Muster der Zweidrittelgesellschaft mit etwa sechs Millionen Erwerbslosen.[2] Noch drastischere Formen hat die Rückkehr der Armut in die Industrieländer im reichsten Land der Welt angenommen, nämlich in den USA: Hier spricht man bereits von einer „Drittweltisierung" des Landes.

Erstaunlicher als diese Tatsache ist jedoch, dass den „Verantwortlichen" in Wirtschaft und Politik keine anderen Strategien einfallen als die, die sie bisher – ohne Erfolg – der „Dritten Welt" vorgeschlagen haben. Da nämlich Keynesianismus und Vollbeschäftigung endgültig am Ende zu sein scheinen, soll die „informelle Ökonomie" ausgeweitet werden. Der deutsche Wirtschaftsminister Rexrodt hat vor einiger Zeit die Bildung eines Billiglohnsektors innerhalb Deutschlands vorgeschlagen, wo die Löhne niedriger, die Arbeitszeiten länger und der Arbeitsschutz geringer wären als die Eckwerte, welche die Gewerkschaften für den formellen Sektor durchgesetzt haben. Dies entspricht dem sogenannten Deregulierungsmodell, das wir seit langem schon in der „Dritten Welt" beobachten können. Wie dort praktiziert, empfiehlt der deutsche Minister, dass vor allem Frauen in diesem Billiglohnsektor arbeiten sollen. Denn zugleich erfolgen die Kürzungen der staatlichen Ausgaben vor allem im Sozialbereich, in dem nicht nur viele Frauen tätig sind, sondern von dem sie auch abhängig sind: Gestrichen werden Gelder für Kindergärten, Frauenhäuser, Wohngeld u.a. Wie in den verschuldeten Ländern des Südens, die unter dem Regime der Strukturanpassungsprogramme des „Internationalen Währungsfonds" leiden, sind die Betroffenen dieser Strategie hauptsächlich ärmere Frauen.

Rexrodt schlägt nicht nur einen Billiglohnsektor in Deutschland vor, um so der Konkurrenz aus den Billiglohnländern des Fernen Ostens und des Südens – und neuerdings Osteuropas – und der Abwanderung des deutschen Kapitals in andere Billiglohnländer entgegenzuwirken, er propagiert nicht nur eine duale Ökonomie mit einem formellen und einem informellen Sektor, sondern schlägt – wie in der „Dritten Welt" üblich – den privaten Haushalt als Standort für die neuen Jobs vor, die vor allem im Dienstleistungsbereich angesiedelt werden sollen. Natürlich denkt er nicht an Männer als Arbeiter in diesem Bereich, sondern an Frauen, Hausfrauen. Der private Haushalt sei, so Rexrodt, „ein attraktiver Arbeitsplatz, besonders für Frauen mit kleinen Kindern, wo sie ihre Erfahrung voll nutzen können"[3].

Dieses Statement zeigt, dass Politik und Wirtschaft heute in den reichen Ländern keine andere Strategie verfolgen als die,

die wir (Veronika Bennhold-Thomsen, Claudia von Werlhof und ich) bereits 1983 in unserer Analyse der Kapitalakkumulation „Hausfrauisierung der Frauen"[4] genannt haben.

Als Günter Rexrodt 1993 den privaten Haushalt als attraktiven Arbeitsplatz entdeckte, galt der Standort Deutschland noch als ziemlich stabil. Als das Bundesarbeitsamt im Dezember 1995 die höchsten Arbeitslosenzahlen seit Kriegsende meldete und auch die Monate danach keine Verbesserung der Arbeitsmarktlage brachten, konnte die Illusion nicht mehr aufrechterhalten werden, dass 4,3 Millionen Arbeitslose – so die offizielle Zahl; der DGB schätzt, dass es real 8,5 Millionen sind – nur eine vorübergehende Erscheinung eines Konjunkturtiefs oder eine Folge des schlechten Wetters seien. Denn zeitgleich mit der steigenden Arbeitslosigkeit sind auch die Gewinne der Unternehmen gestiegen. 1995 wuchsen die Netto-Gewinne der Unternehmen um 12 Prozent, während die Realeinkommen der Erwerbstätigen um 1,5 Prozent fielen. Inzwischen hat es sich auch in Deutschland herumgesprochen, dass das Wachstum der Wirtschaft nicht automatisch zu mehr Arbeitsplätzen führt, sondern dass die jetzige Phase des globalen Kapitalismus durch „jobless growth" gekennzeichnet ist. Allerdings werden bei den Analysen der Ursachen der Arbeitslosigkeit kaum die Globalisierung der Wirtschaft, der Beitritt zum GATT/WTO, die neoliberale Freihandelspolitik genannt, sondern lediglich die hohen Lohnnebenkosten und der teure Sozialstaat Deutschland. Die Sparpolitik der Bundesrepublik Deutschland zielt darum auch vor allem auf den Abbau der Kosten dieses Sozialstaates.

Im Gegenzug dazu wird der Ausbau des Dienstleistungssektors propagiert. Bei genauerem Hinsehen entpuppt sich dieser Dienstleistungssektor aber als das, was wir aus der „Dritten Welt" kennen, der informelle Sektor, wo dereguliertte, flexibilisierte, hausfrauisierte, unstabile Beschäftigungsverhältnisse vorherrschen. Also auch hier wird die „Dritte Welt" zum Vorbild der Ersten. In England redet man auch schon unverblümt von der „Vierten Welt", womit die Armutsregionen innerhalb der reichen Industrieländer gemeint sind. Auch dort appelliert man an Selbsthilfe, Eigenarbeit, vor allem auch an Frauen, um den Staat zu entlasten.[5]

Frauen werden durch diese Strategie nicht nur aus dem formellen Sektor verdrängt, es wird auch sichergestellt, dass die notwendigen Sozialen Dienste für Kinder, Kranke, Alte usw. den Wohlfahrtsstaat nicht zu viel kosten. Allerdings ist zu erwarten, dass mit dem Andauern der Krise in Zukunft auch Männer zunehmend hausfrauisiert werden.

Claudia von Werlhof schrieb schon Anfang der achtziger Jahre in ihrem Aufsatz „Der Proletarier ist tot, es lebe die Hausfrau", dass „nicht die Verallgemeinerung der Lohnarbeit, sondern der Hausarbeit der Traum aller Kapitalisten" sei. „Es gibt keine billigere, produktivere, fruchtbarere menschliche Arbeit, und man kann sie auch ohne Peitsche erzwingen. Ich glaube, die Umstrukturierung der Ökonomie wird ein Versuch sein, das weibliche Arbeitsvermögen auch den Männern anzuerziehen. [...] Denn der Lohnarbeiter macht zu wenig und kann zu wenig. Er kann nur tun, was bezahlt wird und was vertraglich vereinbart wurde. Er tut nichts darüber hinaus, und er hat keine Ahnung von Menschenproduktion. Er funktioniert als Roboter, als Anhängsel der Maschine, entemotionalisiert. [...] Er arbeitet zu kurz und ist zu schnell erschöpft. Er hat keinen Grund, innovativ zu werden, und kein Motiv für die Arbeit, er ist nicht rundherum, als ganze Person, als ganzer Mensch mobilisierbar. Das männliche Arbeitsvermögen ist viel zu unflexibel und ‚unfruchtbar'."[6]

Was uns damals auf der Grundlage der Nicht-Lohnarbeit der Hausfrau und der Subsistenzproduzenten der „Dritten Welt" klar wurde, trifft heute voll auch für die reichen Länder des Nordens zu: die Hausfrauisierung der Arbeit.

Die heutige Krise ist jedoch nicht nur eine ökonomische. Sie ist vielmehr verknüpft mit einer Reihe weiterer Krisen. Oder anders ausgedrückt, die derzeitige Krise hat verschiedene, miteinander verbundene Dimensionen: neben der ökonomischen die ökologische, die soziale, die politische, die ethische und die psychologische Dimension. Nicht zuletzt sind wir einer enormen Krise des Denkens, einer Erosion des sogenannten gesunden Menschenverstandes, einer Konfusion des Erkennens und mit einem Mangel an Orientierung und Perspektiven konfrontiert.

Die ökologische Krise wurde in den letzten Jahren in den Vordergrund gerückt, und es wurde genug über ihre Ursachen geschrieben. Inzwischen wird weltweit auch zugegeben, dass diese Krise durch das wachstums- und technikorientierte Industriesystem, verbunden mit Ressourcenverbrauch, der Ausbeutung der „Dritten Welt" und einem verschwenderischen Lebensstil im Norden, verursacht wird. Doch anstatt das Dogma des permanenten Wachstums abzuschaffen und den Konsumstil drastisch zu ändern, setzen Wirtschaft und Politik unter dem Schlagwort „sustainable growth" auf weiteres Wachstum, auf mehr „quantitatives" Wachstum im Süden und mehr „qualitatives" Wachstum im Norden. Das ist natürlich die Quadratur des Kreises innerhalb eines begrenzten Planeten. Auch der Club of Rome vertritt dieses Wachstumsmodell in seinen aktuellen Positionen. Der Begriff „sustainable growth" wurde zudem von den multinationalen Konzernen sofort vereinnahmt, um den Anschein einer Lösung der ökologischen Krise zu vermitteln. Der deutsche Chemie-Multi

Hoechst etwa hat in der „Frankfurter Rundschau" ein ganzseitiges Inserat mit dem Titel „Sustainable growth – damit unsere Kinder noch eine Zukunft haben" publizieren lassen.

Dieser „grüne Kapitalismus", der auf umweltfreundliche Technologie setzt, soll der Wirtschaft neues Wachstum und den Erwerbslosen neue Arbeitsplätze bescheren. An den ausbeuterischen Verhältnissen zwischen Männern und Frauen, Klassen, reichen und armen Ländern soll nichts geändert werden: eine typische Strategie des weissen Mannes zur Lösung der Krise. Die ökonomische Krise verführt zudem dazu, die bescheidenen Anfänge einer ökologischen Umkehr vom traditionellen Wachstumsmodell wieder zu blockieren oder sogar rückgängig zu machen.

Die soziale und psychologische Dimension der Krise kann vor allem am Zusammenbruch des sozialen Friedens in den Metropolen der Industrieländer beobachtet werden. Dies wird meist mit Stichworten wie Zunahme der Kriminalität, der Gewalt, der Selbstmordraten, des Drogenkonsums u.a. belegt. Die sogenannte „civil society" ist heute Schauplatz einer enormen Brutalisierung des Alltagslebens, einer zunehmenden „Ramboisierung" der Männer, die vor allem Frauen und Mädchen trifft, und einer Abstumpfung gegenüber grundlegenden menschlichen Werten und Empfindungen. Die zwei Jungen, die in Liverpool ein zweijähriges Kind töteten, ahmten nach, was sie in Gewalt- und Horrorvideos gesehen hatten. Die Unterhaltungselektronik-Industrie hat in ihrer Konkurrenz um Märkte keine Bedenken, die Phantasie der Erwachsenen und Kinder zu vergiften und so ein Klima des Sozialdarwinismus zu schaffen, in welchem nur die Brutalsten überleben. Die Philosophie von Hobbes, Darwin und Adam Smith wird am Ende dieses Jahrhunderts nicht nur „draussen" in den Kolonien, sondern mitten in der „Zivilgesellschaft" praktiziert. Werte wie Solidarität, Achtung, Verantwortung, Mitgefühl oder Sorge um andere verschwinden aus dem Alltagsleben. Übrig bleibt der Kampf aller gegen alle – die Hobbessche Grundannahme.

Dieser Kampf muss nun zunehmend von atomisierten einzelnen geführt werden, denn die bisher noch funktionierenden Gemeinschaften – Familie, Nachbarschaft, Verwandtschaft, Gemeinde – sind zum grossen Teil zerfallen. Dem harten Konkurrenzkampf im Arbeitsleben steht nicht einmal mehr ein mehr oder weniger intaktes Rückzugsgebiet zur psychischen Reproduktion der Menschen zur Verfügung, wie es zum Beispiel die traditionelle Familie mit der Hausfrau für die Reproduktion der männlichen Arbeitskraft darstellte.

Die politische Dimension der Krise ist engstens verknüpft mit der ökonomischen und ökologischen. Sie ist vielfältig und vielschichtig. Besonders in den Industrieländern wird mehr und mehr deutlich, dass das „Volk", die Wählerschaft, immer weniger Macht hat, das politische Geschehen mitzugestalten, nicht nur wegen einer immer weniger durchschaubaren Bürokratie, sondern auch wegen der neuen ökonomisch-politischen Blockbildungen wie EU, NAFTA, APEC, welche die nationalen Demokratien quasi ausser Kraft setzen.

Die Krise und die Globalisierung der Wirtschaft

Wenn von Krise die Rede ist, dann denken die Leute meist nur an eine temporär begrenzte ökonomische Flaute in den Industrieländern des Nordens. Es ist nicht in ihrem Bewusstsein, dass die kapitalistische Wirtschaft seit ihren Anfängen dauernd irgendwelche Gebiete der Welt in solche Krisen stürzte, dass Krisen und die damit verbundenen Prozesse der Verarmung den „Untergrund" des kapitalistischen Akkumulationsmodells darstellen.

Unser System benötigt dauernd Kolonien, um zu funktionieren: fremde Völker, die Frauen, die Natur – was nicht offiziell zur Wirtschaft zählt, bildet den unsichtbaren „Untergrund" des gesellschaftlichen Systems.

Die Krisen sind lediglich exportiert und externalisiert worden, und zwar in die Kolonien, die genauso zum Kapitalismus gehören wie die Lohnarbeit in den reichen Zentren, in denen akkumuliert wird. Das bedeutet, dass dieses Wirtschaftssystem, das heute beschönigend Marktwirtschaft genannt wird, immer schon ein Weltsystem war und ist.[7] Ohne die Ausbeutung der Kolonien wäre der Kapitalismus nicht entstanden und hätte sich nicht erhalten. Daran hat auch die sogenannte Entkolonialisierung, die Erreichung der politischen Unabhängigkeit der meisten Länder des Südens, nichts geändert. Unsere These: Dieses Wirtschaftssystem könnte ohne fortgesetzte ursprüngliche Akkumulation nicht existieren, das heisst, es ist auf interne und externe Kolonien angewiesen, wo nicht in erster Linie die freie Lohnarbeit ausgebeutet wird, sondern die Nicht-Lohnarbeit, und wo nicht nur durch Vertrags-, sondern auch durch direkte Gewaltverhältnisse Mehrwert abgepresst wird, etwa durch Schuldknechtschaft – abgesehen von den billigen Rohstoffen, die diesen Ländern häufig geraubt werden. Diese Gebiete befinden sich also schon seit langem in einem Zustand der Krise.

Dennoch: Wenn wir jetzt von der Krise im Zusammenhang mit der Globalisierung der Wirtschaft reden, dann ist damit eine *weitere* Phase in diesem historischen Prozess der Kapitalakkumulation gemeint, nämlich die Verlagerung ganzer arbeitsintensiver Produktionsbereiche – wie zum Beispiel die Herstellung von Textilien und Kleidung, Elektronik, Spielwaren, Schuhen u.a. – in Billiglohnländer des Südens, vor allem nach Südostasien und nach Mexiko. Dort wurden sogenannte

freie Produktionszonen oder Weltmarktfabriken errichtet, in welchen meist junge, unverheiratete Frauen oft unter Zwangsverhältnissen Waren für den Weltmarkt herstellen. Diese Phase begann Anfang der siebziger Jahre und wurde auch als Neue Internationale Arbeitsteilung (NIAT) bezeichnet.[8]
Diese NIAT war eine Strategie der Multinationalen Konzerne (MNK) zur Senkung der Lohnkosten und zur Bekämpfung der Krise in der Wirtschaft, die teils durch den Ölschock, teils durch hohe Lohnforderungen der Gewerkschaften verursacht wurde.

Die Lösung war eine Restrukturierung der Weltwirtschaft durch die Schaffung von exportorientierten Industrie-Enklaven in den Billiglohnländern, in denen westliche und japanische Firmen zu produzieren begannen und die Löhne um ein Vielfaches niedriger waren als in den Industrieländern. Das Kapital entdeckte die Frauen in Südkorea, auf den Philippinen, in Mexiko, Tunesien und später in Sri Lanka, Bangladesch, Indien und Malaysia als optimale Arbeitskräfte. Vor allem junge, unverheiratete Frauen wurden rekrutiert. Bis zu achtzig Prozent der Arbeitskräfte in diesen Weltmarktfabriken waren und sind Frauen. Sie brachten alle Hausfrauenfähigkeiten mit, die für die Textil- und Elektronikindustrie gebraucht wurden: sie waren „docile" (gefügig), hatten „nimble fingers" (geschickte Finger)[9] und konnten gefeuert werden, wenn sie heirateten. Sie sahen als Hausfrauen ihre Lohnarbeit nur als eine temporäre an. Ausserdem verlangen die MNK von den Regierungen dieser Länder bestimmte Konzessionen, wie die Lockerung der Arbeitsgesetze, in vielen Fällen das Verbot von Gewerkschaften und Streiks, Steuererlass bis zu fünfzehn Jahren, eine Lockerung der Umweltauflagen, kostenlose Bereitstellung der nötigen Infrastruktur usw.

Das war das Erfolgsrezept von Ländern wie beispielsweise Südkorea. Inzwischen hat sich dieses Produktionsmodell auf den ganzen Raum der sogenannten Billiglohnländer ausgedehnt.

Die Konzerne waren vor allem an einer Senkung ihrer Lohnkosten interessiert. 1987 präsentierten sich die durchschnittlichen Lohnkosten pro Stunde im herstellenden Gewerbe in einer Auswahl verschiedener Länder[10] wie folgt: Mexiko 0,97 US-Dollar, Brasilien 1,10, Südkorea 1,43, Japan 9,92, Schweden 10,57, USA 10,82, Deutschland 13,16.

Die deutschen Arbeiter waren bisher die teuersten der Welt. Das hat sich bis heute nicht geändert. Nach einer Studie von Woodall betrugen 1994 die durchschnittlichen Lohnkosten pro Stunde[11] in Deutschland 25 US-Dollar, USA 16, Polen 1,40, Mexiko 2,40, Indien 0,50, China 0,50, Indonesien 0,50. Kein Wunder also, dass Minister Rexrodt einen Billiglohnsektor nach dem Muster der „Dritten Welt" in Deutschland errichten will.

Die Integration der Drittweltländer in den Weltmarkt beschränkte sich jedoch in dieser Phase der Restrukturierung nicht auf die Industrie, sondern erfasste auch die Landwirtschaft. Es war die Hochkonjunktur der „Grünen Revolution", die vor allem durch die Chemie-, Saatgut- und Lebensmittel-Multis gefördert wurde.

Millionen von Menschen wurden von ihrem Land vertrieben, der Boden ausgelaugt und versalzen, die Wasservorräte aufgebraucht und die Artenvielfalt von Flora und Fauna drastisch reduziert. Viele Kleinbauern verloren ihre Existenzgrundlage und fanden auch keine Arbeit in den Städten. Die „Grüne Revolution", die mit der Versprechung propagiert wurde, den Hunger zu beseitigen, entpuppte sich als permanente Krise, als Gewalt gegen Natur und Menschen.[12]

Den Verarmten und Verelendeten, die in die Städte flohen, blieb nichts als die Arbeit im informellen Sektor, in dem wiederum vor allem Frauen, in Heimarbeit oder sogenannten Sweatshops, für einen Hungerlohn Waren für den internationalen Markt herstellten: Handarbeiten, Krimskrams, Lebensmittelkonserven, Kleidung. Viele Frauen waren gezwungen, sich zu prostituieren, um zu überleben.[13]

Für die meisten Länder der „Dritten Welt", die sich auf die Strategie der exportorientierten und kreditgesteuerten Industrialisierung/Modernisierung eingelassen hatten, endete dies mit einer Dauerkrise, mit Verschuldung und dem Diktat des Internationalen Währungsfonds (IWF) und seinen Strukturanpassungsprogrammen.

Globalisierung ohne „menschliches Gesicht"

Die heutige Phase der globalen Umstrukturierung begann mit der Rezession um 1990. Sie ist einerseits gekennzeichnet durch die Fortsetzung und Expansion der schon vorher praktizierten Politik der exportorientierten Produktion in Industrie, Landwirtschaft und informellem Sektor, andererseits gibt es aber auch quantitative und qualitative Unterschiede zu den vorangegangenen Restrukturierungsphasen. Die Verlagerung der Produktionsstätten in Billiglohnländer bezieht sich heute nicht mehr nur auf die „Dritte Welt", sondern auch auf die deindustrialisierten Länder Osteuropas und auf China. Während die erste Phase der Verlagerung sich vor allem in den arbeitsintensiven Bereichen der Leichtindustrie vollzog, wird mittlerweile auch die Schwerindustrie in den Bereichen Kohle-, Stahl-, Autoindustrie und Schiffsbau ausgelagert.

Heute sind vor allem Männer in Europa und in den USA von Firmenschliessungen betroffen. Es sind ausserdem nicht mehr allein die hohen Lohnkosten, die die Multinationalen Konzerne in die Billiglohnländer treiben, sondern ebenso deren laxe Umweltgesetze. Darum sprechen die Gewerkschaften in den nördlichen Industrieländern von „social and environmental dumping". Wie schon in der ersten Phase wird der heutige Prozess der Umstrukturierung der Weltwirtschaft zu immer mehr exportorientierter Warenproduktion, auch im sogenannten Süden und Osten, von den grossen MNK vorangetrieben. Immer mehr Kapital konzentriert sich in ihren Händen. Die fünfzehn grossen MNK, einschliesslich General Motors, Exxon, IBM, Royal Dutch Shell, haben ein Bruttoeinkommen, das grösser ist als die Bruttosozialprodukte von über 120 Ländern zusammen, einschliesslich aller Drittweltländer.[14] Die MNK beherrschen den Weltmarkt für Konsumgüter wie Computer, Autos, Haushaltgeräte, Textilien usw., aber auch denjenigen für Nahrungsmittel. Cargill, einer der grössten MNK, kontrolliert 60 Prozent des Welthandels von Getreide. Eine ähnliche Kapitalkonzentration gibt es auch im Bereich der Telekommunikation. Die Hälfte der MNK befindet sich in den USA, die andere Hälfte in Europa und Japan. Die „Dritte Welt" ist von dieser Konzentration von Geld und Macht ausgeschlossen und wird von dem kapitalistischen Machtblock ausgebeutet.

Diese neokoloniale Struktur der globalen Ökonomie wird ideologisch und politisch von einigen globalen Institutionen wie der Weltbank, dem IWF und seit 1993 vom General Agreement on Trade and Tariffs (GATT) – heute der World Trade Organization (WTO) – aufrechterhalten. Die jetzige Phase der Umstrukturierung der Weltwirtschaft wird vor allem von diesen Institutionen bestimmt. Darüber hinaus sind es die grossen neuen Wirtschaftsblöcke – EU, NAFTA und APEC –, die die günstigen Rahmenbedingungen für die Multinationalen Konzerne herstellen. Diese Blöcke werden mit dem Schlagwort der Beseitigung der Arbeitslosigkeit propagiert, und viele Menschen fallen auf diese Propaganda herein.

Vor allem das GATT ist erfunden worden, um die Freihandelsphilosophie des 19. Jahrhunderts noch einmal aufleben zu lassen. Das heisst zunächst, dass alle Handelsschranken, die die Staaten errichtet hatten (Zölle, Einfuhrbeschränkungen etc.), um bestimmte Sektoren ihrer Wirtschaft zu schützen, beseitigt werden, dass die Länder ihre Märkte für den Import von Gütern aus der ganzen Welt öffnen müssen und die Multis sich niederlassen können, wo immer sie es wünschen. Während sie sich in der ersten Phase noch auf Enklaven beschränken mussten, gehört ihnen jetzt praktisch die ganze Welt. Die nationale Souveränität der einzelnen Staaten ist an ihr Ende gekommen.

Die Freihandelspolitik geht davon aus, dass erstens der Handel die Grundlage des Lebens ist, zweitens alle Handelspartner gleich sind, drittens durch das Prinzip der „comparative advantages" alle am meisten von diesem „freien" Handel profitieren würden.

In der Praxis werden jedoch die schwächeren Partner, zum Beispiel die Länder der „Dritten Welt", gezwungen, Bestimmungen zu akzeptieren, die nicht nur ihre Souveränität erodieren, sondern auch ihre Landwirtschaft den Multis öffnen. Als Folge davon müssen diese Staaten ihre Politik der Selbstversorgung, vor allem im Nahrungsmittelsektor, aufgeben und zugleich zulassen, dass toxischer Industrieabfall aus dem Norden auf ihrem Territorium „entsorgt" wird und dass „schmutzige" Industrien aus dem Norden in ihre Länder verlagert werden. Ausserdem müssen sie dulden, dass Banken und Versicherungen des Nordens sich auf ihrem Hoheitsgebiet breitmachen. Am gefährlichsten am Paket des Freihandels sind jedoch die Trade Related Intellectual Property Rights (TRIPs), die ausländischen Firmen und Wissenschaftlern erlauben, die biologische Vielfalt und das kulturelle Erbe der Länder der „Dritten Welt" zu patentieren, zu monopolisieren und zu kommerzialisieren.

GATT und TRIPs sind natürlich auch tödlich für die Kleinbauern und die Konsumenten im Norden, aber hier scheinen sich die Menschen dieser Gefahren, die die Liberalisierung vor allem des Agrarmarktes bedeutet, kaum bewusst zu sein. Wen kümmert zum Beispiel schon das Bauernsterben? Wen interessiert es, dass nur noch drei Prozent der Bevölkerung in der Landwirtschaft arbeiten und unsere Nahrung von den Multis gentechnisch zusammengebraut wird?

Das ist in der „Dritten Welt" anders, wo GATT, TRIPs und Structural Adjustment Programmes (SAPs) die unmittelbaren Lebensgrundlagen der Menschen zerstören. Vandana Shiva hat die Konsequenzen von GATT und TRIPs für die indische Landwirtschaft, vor allem im Zusammenhang mit der Biotechnik, aufgezeigt. Chemie- und Nahrungsmittel-Multis wie Cargill, Monsanto, W.R. Grace und andere sind in grossem Stil in die Biotechnologie eingestiegen und versuchen, mit Hilfe von TRIPs und des Patentrechts, die Kontrolle über alle Lebensformen, Pflanzen, Tiere und schliesslich über die Menschen und ihre Gene zu erreichen – besonders im tropischen Süden, wo die Artenvielfalt noch nicht so zerstört ist wie im entwickelten Norden. Das heisst, dass zum Beispiel die Bauern in Indien ihres traditionellen Wissens über Saatgut und Pflanzenzucht durch die Patentinhaber beraubt und von multinationalen Saatgutfirmen abhängig gemacht werden. Jeder Bauer, der so patentiertes Saatgut benutzt und weiterverwendet, muss dann Lizenzgebühren an die Patentinhaber zahlen. Was also für Tausende von Jahren kollektives kulturelles

Eigentum des Volkes war, vor allem von Frauen – nämlich das Wissen um die Regenerierung und Züchtung von Pflanzen –, wird nun wie zur Zeit des Frühkolonialismus geraubt, patentiert, privatisiert, kommerzialisiert. Die Multis drängen darauf, dass die Patentgesetze aller Staaten „harmonisiert", das heisst dem amerikanischen Patentrecht angeglichen werden.[15]

Auch im Norden hat die Biotechnologie, die von den Politikern und vor allem von den Chemie-Multis als Zukunftstechnologie propagiert wird – zum Beispiel als Arbeitsplatzbeschaffer –, verheerende Konsequenzen, die allerdings erst von wenigen wahrgenommen werden. In der EU, wo Verhandlungen über eine „Novel Food"-Bestimmung im Gange sind, wird zentral von der Brüsseler EU-Kommission die Tür geöffnet für alle möglichen biotechnisch oder gentechnisch manipulierten Nahrungsmittel. Da die meisten Menschen in den Industrieländern bereits total vom Kauf der Waren aus dem Supermarkt abhängen, werden sie praktisch zu Zwangskonsumenten von Gen-Tech-Food gemacht. Sie verlieren die Freiheit zu wählen, was sie essen wollen.

Was für den Nahrungsmittel- und Gesundheitssektor gilt, trifft im selben Masse für den Bereich der Reproduktion zu. Die neuen Reproduktionstechnologien werden propagiert als Hilfsmittel für einzelne Frauen, ein Kind zu bekommen oder nicht zu bekommen, als pränatale Diagnostik, als Gentherapie an Föten, als Sex-Selektion oder als Mittel, um ein behindertes Kind zu verhindern.

Diese Technologien öffnen nicht nur Tür und Tor für rassistische, eugenische, sexistische Selektion, sondern behindern auch ein unverkrampftes Verhalten der Frauen zu etwas so Natürlichem wie einer Schwangerschaft und Geburt. Alle diese Lebensprozesse werden medikalisiert und damit industrialisiert.[16] Darüber hinaus werden Frauen weltweit zunehmend als Produzentinnen von biologischem Rohmaterial instrumentalisiert, zum Beispiel von „fötalem Material" für Forschungszwecke und Organtransplantationen.[17]

Den Zugriff der Multis auf die ganze Welt zum Zweck der Kapitalakkumulation ergänzt der Zugriff auf alles Lebendige. Beides entspricht dem totalitären Anspruch der kapitalistischen Wirtschaftsweise, die alles in Ware verwandeln will.

Eines der grössten Probleme solchen Wirtschaftens ist das Dilemma, dass diejenigen, die entsprechend dem Gesetz der fortgesetzten ursprünglichen Akkumulation ausgebeutet, hausfrauisiert, marginalisiert und pauperisiert werden, eben keine potenten Käufer für all die Waren sind, die global produziert werden; die Märkte in den reichen Ländern expandieren nicht ausreichend, wenigstens nicht für die konventionellen Waren. Für die ausgelaugten, verschuldeten Gebiete hat der IWF das Disziplinierungsinstrument der Structural Adjustment Programmes geschaffen. Diese Programme sollen die verschuldeten Länder wieder unter das Regime des „freien Marktes" bringen, und zwar durch den Abbau aller Massnahmen, die noch an Verteilungsgerechtigkeit und Keynesianismus erinnern. Alle staatlichen Subventionen für Bauern, Frauen, für Gesundheit, Bildung, Soziales, Nahrung für Arme werden gestrichen. Herrschen soll der Sozial-Darwinismus, „the survival of the most brutal".

Während der zweiten Periode der Globalisierung konnten die Armen sich noch an der Illusion wärmen, dass ihr Staat sich in Richtung Schweden, Deutschland oder anderer Wohlfahrtsstaaten entwickeln würde. Diese Illusion ist nach den SAPs, kombiniert mit GATT, TRIPs und den neuen Wirtschaftsblöcken, endgültig vorbei. Weil aber diejenigen, die für niedrige Löhne in den Billiglohnländern produzieren sollen, nicht zugleich die Käuferschaft für diese Produkte sein können – von dieser Entwicklung sind vor allem Frauen betroffen –, müssen sie, wenn sie überleben wollen, neue/alte Wege der Subsistenz finden. Für das Kapital sind sie überflüssig, als Produzentinnen wie als Konsumentinnen.

Die jetzige Globalisierung führt aber, trotz der Rhetorik über „eine Welt" oder „one global village", nicht nur zu einer weiteren Polarisierung zwischen reichen und armen Ländern, sondern auch zu einer grösseren Kluft zwischen Reich und Arm innerhalb dieser Länder, sowohl im Norden als auch im Süden. Der Lebensstil der Eliten im Süden hat sich mehr und mehr dem der Eliten im Norden angeglichen.[18] Diese bilden zusammengenommen einen riesigen Markt für Konsumgüter. In der Tat: Die Ökonomen erwarten von diesen Eliten oder Mittelklassen in Südkorea, Thailand, Indonesien und vor allem in China und Indien die notwendigen Wachstumsimpulse für eine weitere Runde der Kapitalakkumulation. Sie sollen, wie Pam Woodall im „Economist" schreibt, „die reiche Welt aus der Rezession der frühen neunziger Jahre ziehen". Nach einer Schätzung der OECD wird es in Indien, China und Indonesien im Jahre 2010 rund 700 Millionen Konsumentinnen und Konsumenten für moderne Konsumgüter geben. Dieser „nachholende Konsum" wird allerdings nicht für die Mehrheit der Bevölkerung dieser Länder gelten. Diese wird weiter verarmen und lediglich im informellen Sektor als „hausfrauisierte" Arbeiter- und Bauernschaft dafür sorgen, dass die Waren für den täglichen Bedarf, wie Nahrung und Kleidung, nicht allzu teuer werden.

Die Polarisierung zwischen Reich und Arm wird aber auch im Norden zunehmen, nicht nur, weil die Verlagerung ganzer Industriebereiche in die Billiglohnländer die Arbeitslosigkeit weiter steigern und die Reallöhne senken wird, sondern auch, weil die Strategien der Krisenbekämpfung dieselben sind wie die in der „Dritten Welt": Deregulierung, Hausfrauisierung, Informalisierung von Arbeitsverhältnissen; Schaffung von Billiglohnsektoren à la Rexrodt inmitten der reichen Länder, in welchen hauptsächlich Frauen arbeiten; gradueller Abbau des Sozialstaates; Eliminierung der Bauern; Industrialisierung der Landwirtschaft und des Lebens.

Die „Drittweltisierung" der „Ersten Welt" zeigt, dass die Globalisierung der Wirtschaft die Krise für das Kapital zeitweilig zu lösen scheint, aber keineswegs Wohlstand für alle bringt. Denn die fortgesetzte Kapitalakkumulation ist nur möglich, solange es externe und interne Kolonien gibt, Gebiete und Menschen, die als Nichtgleiche behandelt und ausgeraubt werden können. Pam Woodall hat unmissverständlich betont, dass der komparative Kostenvorteil der armen Länder eben ihre billigen Arbeitskräfte und ihre laxe Umweltgesetzgebung sind und dass die Wirtschaft kein Interesse an Gleichheit hat: „Die Vorteile des internationalen Handels bestehen darin, dass man den Ländern [des Südens, M.M.] erlaubt, ihre komparativen Kostenvorteile auszunutzen, nicht aber darin, dass man verlangt, dass sie [den reichen Ländern, M.M.] gleich werden. Und vieles der komparativen Vorteile der Dritten Welt liegt, in der einen oder anderen Weise, in der Tatsache ihrer Armut: vor allem in ihrer billigen Arbeitskraft und ihrer grösseren Toleranz gegenüber Umweltverschmutzung."[19]

Was bedeutet diese Analyse für die von der Krise Betroffenen?

1. Die Illusion der Vollbeschäftigung im Norden ist zu Ende – im Süden gab es sie sowieso nie.

2. Der Sozialstaat im Norden wird abgebaut – im Süden wurde er nie geschaffen.

3. Der „Traum" von der Entwicklung für alle in der „Dritten Welt" ist ausgeträumt.

4. Der „freie Lohnarbeiter", die „freie Lohnarbeiterin" werden zu Randerscheinungen, die weltweit in Konkurrenz zu den nichtfreien Nichtlohnarbeiterinnen und -arbeitern stehen (These Claudia von Werlhof).

5. Das bedeutet auch das Ende einer an blossem Selbstinteresse festgemachten internationalen Solidarität des Proletariats. Die Arbeiterinnen und Arbeiter des Nordens stehen faktisch in einem antagonistischen Verhältnis zu den Arbeiterinnen und Arbeitern des Südens – auch des „Südens" in ihrem eigenen Land.

6. Es geht ums Überleben. Das Kapital kann kein Leben schaffen, es kann nur Leben in Geld verwandeln. Es ist heute notwendigerweise totalitär. Die von der Krise am meisten Betroffenen müssen ihr Überleben selbst organisieren, es gibt für sie kein „soziales Netz" (mehr). Dabei sind sie quasi gezwungen, sich wieder auf die eigentlichen Grundlagen des Lebens zu beziehen: auf die unmittelbare Subsistenzproduktion.

Warum sind diese Erkenntnisse „Chancen"?

1. Sie zerstören Illusionen und falsche Analysen über das, was Kapitalismus oder Marktwirtschaft genannt wird, einschliesslich des Glaubens an die „Produktivitätsfortschritte" und die Allmacht der Wissenschaft und Technik, die angeblich alle Probleme lösen sollen.

2. Sie führen zurück zu der Erkenntnis, dass wir die Definition des „guten Lebens" nicht den Multis, dem Kapital und der Warenproduktion überlassen dürfen, dass das „gute Leben" vielmehr in der Interaktion unter den Menschen und mit der Natur besteht. Kein Glück, keine Freiheit wird durch die

Überwindung des „Reichs der Notwendigkeit" erreicht, wie die Aufklärer und auch Marx glaubten, sondern nur innerhalb dieses Reiches. Das nennen wir die Subsistenzperspektive.

3. Diese Perspektive, die die Akkumulationslogik überschreitet, wurde zuerst von denen entdeckt und praktiziert, die bisher immer nur die Kosten für das Fortschritts- und Akkumulationsmodell tragen mussten, vor allem von Frauen in der „Dritten Welt". Sie wissen, dass sie nie zur Gewinnerseite gehören werden, und sie wollen das auch nicht. Sie wollen die Kontrolle über ihre Ressourcen: Erde, Wasser, Wälder. In Indien wehrt sich eine starke Bauernbewegung mit Erfolg gegen GATT und die Öffnung des Agrarsektors für die Multinationalen Konzerne.

4. Auch in den reichen Ländern wächst die Erkenntnis, dass der real existierende Kapitalismus nicht die beste aller Welten ist, nicht nur, weil die Herrschenden nicht mehr weiter wissen, sondern weil sich die Lebensqualität von Tag zu Tag verschlechtert. Innerhalb der Warenfülle des globalen Supermarkts leiden wir Mangel am Lebensnotwendigen. „Das kann doch nicht alles gewesen sein – das bisschen Auto und Führerschein, da muss doch noch Leben ins Leben." (Wolf Biermann)

5. Die Erfahrung und die Erkenntnis des gigantischen Betrugs und der Beraubung (der Natur, der Menschen, des Lebens, der Zukunft), die mit der Globalisierung der kapitalistischen Wirtschaft einhergehen, ist eine Chance, wieder lokale und regionale Wirtschaftsräume und -strukturen aufzubauen. Denn nur innerhalb solcher „Wirtschaften von unten", solcher „local economies", kann sichergestellt werden, dass die Natur nicht übernutzt, die Versorgung von allen mit dem Lebensnotwendigen gewährleistet, die Menschen nicht ausgebeutet und der Militarismus eingedämmt werden. Erst innerhalb solcher

überschaubarer Öko-Regionen ist auch Gleichheit wieder möglich, allerdings nicht auf dem Niveau des Luxus- und Verschwendungskonsums der Industrieländer, sondern auf dem der wirklichen Grundbedürfnisbefriedigung. Innerhalb solcher begrenzter Lokal- und Regionalökonomien werden die Menschen nicht nur sorgfältig und respektvoll mit der Natur, sondern auch miteinander umgehen müssen, wenn sie überleben wollen.

6. Diese Situation birgt die Chance, dass die uralten Ausbeutungs- und Unterdrückungsverhältnisse – zwischen Männern und Frauen, zwischen Stadt und Land, zwischen den Klassen, zwischen Kopf- und Handarbeit – aufgehoben werden, zumindest, dass um ihre Aufhebung gerungen werden muss.

Keine solche „Wirtschaft von unten" kann sich auf Dauer patriarchalische, feudale oder kapitalistische Verhältnisse erlauben, denn sonst könnte sie in einer begrenzten Region nicht überleben. Ausserdem ist inzwischen das Bewusstsein über diese Ausbeutungsformen ein anderes als vor dem Kapitalismus.

Allerdings sind dies nur *Chancen*. Ob sie genutzt werden, wird von uns allen abhängen, die diese Epoche durchleben. Es gibt keine Garantie dafür, dass sie genutzt werden, denn es gibt keinen Automatismus der Geschichte, der die Dinge notwendigerweise in eine bestimmte Richtung bewegt. Wir selbst bewegen uns und damit die Dinge, oder wir bewegen uns nicht. Alles ist offen. Wer sich jedoch in der Welt umschaut, stellt fest, dass Menschen überall – in der „Dritten" und in der „Ersten Welt" – die Krise nutzen, um neue Arbeits- und Lebensformen aufzubauen. In den meisten Fällen sind dies Überlebensstrategien. Doch oft enthalten sie Keime einer anderen Wirtschaft und Gesellschaft, die über die Kapitallogik hinausweisen.

Anmerkungen

[1] Hickel, Rudolf/Priewe, Jan, Der gespaltene Arbeitsmarkt der Zweidrittelgesellschaft, in: Frankfurter Rundschau, 18. August 1994

[2] Ebd.

[3] Wirtschaftsminister Günter Rexrodt in: Frankfurter Rundschau, 29. November 1993

[4] Bennhold-Thomsen, Veronika/Mies, Maria/von Werlhof, Claudia, Frauen, die letzte Kolonie, Reinbek 1983, Wiederauflage Zürich 1992

[5] Vgl. den Bericht von Peter Bach über den Liverpooler Kongress für ökonomische Selbsthilfe und lokale Ökonomie, in: Lokalberichte Köln, Nr. 11, 1996, S. 4

[6] von Werlhof, Claudia, Der Proletarier ist tot, es lebe die Hausfrau, Wiederauflage Zürich 1992, S. 129

[7] Wallerstein, Immanuel, The Modern World System: Capitalist Agriculture and the Origin of the European World Economy in the Sixteenth Century, New York 1974

[8] Fröbel, F./Kreye, O./Heinrichs, J., Die Neue internationale Arbeitsteilung. Strukturelle Arbeitslosigkeit in den Industrieländern und die Industrialisierung der Entwicklungsländer, Reinbek 1977

[9] Grossmann, Rachel, Women's Place in the Integrated Circuit, in: South East Asian Chronicle, No. 66, 1979

[10] Labour Research Review, zit. in: Kamel, Rachel, The Global Factory, published by the American Friends Service Committee, 1990

[11] Woodall, Pam, The Global Economy, in: The Economist, 1. Oktober 1994

[12] Shiva, Vandana, The Violence of the Green Revolution, London 1991

[13] Mies, Maria, Patriarchat und Kapital. Frauen in der Internationalen Arbeitsteilung, Zürich 1992; von Werlhof, Claudia, Was haben die Hühner mit dem Dollar zu tun?, München 1993

[14] Lang, Tim/Hines, Colin, The New Protectionism: Protecting the Future against Free Trade, London 1994

[15] Shiva, Vandana, Monocultures of the Mind: Biodiversity, Biotechnology and the Third World, Third World Network, Penang 1993

[16] Mies, Maria, Wider die Industrialisierung des Lebens, Pfaffenweiler 1990

[17] Vgl. das Symposium über Neurotransplantation zur Therapie der Parkinsonschen Krankheit, Hannover 28./29. Januar 1995. Bei der Neurotransplantation wird Patienten fötales Material von bis zu zehn Embryonen ins Gehirn gespritzt.

[18] Mies,Maria/Shiva, Vandana, Ecofeminism, London. Kali for Women, Delhi, Spinifex, Melbourne 1993; deutsch: Ökofeminismus, Zürich 1995. Sklair, Leslie, Capitalism and Development in Global Capitalism, in: Sklair, Leslie (Hg.), Capitalism and Development, London 1994

[19] Woodall, Pam, The Global Economy, in: The Economist, 1. Oktober 1994

Anhang

Autorinnen und Autoren

Maria Biel, PhD, freie Journalistin in Seattle/USA; schreibt für das Magazin der „Süddeutschen Zeitung", für „GEO" sowie verschiedene Frauenmagazine.

Elisabeth Blum, seit 1985 eigenes Architekurbüro (Blum & Blum) in Zürich. Von 1991 bis 1996 zuerst Gastdozentin, dann Assistenzprofessorin für Architektur und Entwurf an der Architekturabteilung der ETH Zürich. Veröffentlichungen: *Le Corbusiers Wege* (Bauwelt Fundamente, Bd. 73), „Kunstrichterliche Allüren. Eine Kritik und ein anderer Blick auf die Moderne", in: *Einfach schwierig,* hg. von G. Kähler (Bauwelt Fundamente, Bd. 104)

Marianne Boilève, geb. 1968. Freischaffende Journalistin in Paris

Jean-Martin Büttner, geb. 1959. Westschweiz-Korrespondent des „Tages-Anzeigers"

Michaela Haas, Diplom-Journalistin, arbeitet als Reporterin für die Seite 3 der „Süddeutschen Zeitung" und als Fernsehmoderatorin in München.

Klaus Honigschnabel, geb. 1958. Studium der evangelischen Theologie. Pressesprecher der Evangelischen Akademie Tutzing. Seit 1991 Seminarleiter an der Akademie der Bayerischen Presse (Journalistenausbildung). Chefredaktor von „BISS" und freier Journalist

Bettina Kaps, geb. 1960. Lebt seit 1990 in Paris. War Korrespondentin der „tageszeitung" (taz). Freie Journalistin, u.a. für „Die Zeit", „Deutschlandradio" und „Facts"

Ina Krauss, geb. 1959. Diplom-Modedesignerin. Redaktorin bei der Tageszeitung „Junge Welt" in verschiedenen Ressorts. Seit 1996 freie Journalistin u.a. für „Junge Welt", „Berliner Zeitung", „Capital", „WochenZeitung" und „Radio Brandenburg"

Robert Lopez, Journalist bei der „Los Angeles Times"

Bernhard Matuschak, geb. 1960. Diplom-Biologe mit Wohnsitz in Konstanz. Arbeitet seit 1992 beim Pressebüro „Seegrund" in Romanshorn mit Schwerpunkt auf sozialen und wissenschaftlichen Themen.

Kaspar Meuli, geb. 1960. Arbeitete mehrere Jahre als freier Journalist („Weltwoche", „Bilanz", „WochenZeitung" u.a.) und ist heute Westschweizer Korrespondent des Nachrichtenmagazins „Facts".

Maria Mies, Prof. Dr., lehrte bis 1993 Soziologie an der Fachhochschule Köln. Mitbegründerin mehrerer feministischer Initiativen und Organisationen, u.a. der Zeitschrift „Beiträge zur feministischen Theorie und Praxis". Veröffentlichungen: *Indische Frauen zwischen Unterdrückung und Befreiung* (1986), *Patriarchat und Kapital* (1988), *Frauen, die letzte Kolonie* (1983, 1992), *Ökofeminismus* (1995), zusammen mit Vandana Shiva. Lebt in Köln.

Peter Niggli, freier Journalist und Gemeinderat der Grünen Partei in Zürich

Monika Rosenberg, Inlandkorrespondentin der „Neuen Zürcher Zeitung". Lebt in Bern.

Marcel Schwander, geb. 1929. Publizist und literarischer Übersetzer. Drei Jahrzehnte Westschweiz-Korrespondent des „Tages-Anzeigers"; zuvor Redaktor in Biel. Autor zahlreicher Übersetzungen und von über zwei Dutzend eigenen Werken, u.a. *Deutsch & Welsch* (Bern 1991), *Aktuelle Landeskunde Schweiz* (München 1991). Lebt in Lausanne.

David Graham Shane, PhD, geb. 1945. Architekturstudium an der Architectural Association (AA), London, und an der Cornell University. Lehrte u.a. an der AA, am Bennington College, Vermont, in Cornell. Seit 1986 an der Columbia University, New York, an der

University of Pennsylvania und an der Cooper Union, New York. In den achtziger Jahren New-York-Korrespondent von „Archithese", Zürich. Seit 1992 Direktor des „Urban Design Studio" an der Columbia University. Zahlreiche Veröffentlichungen in amerikanischen und europäischen Zeitschriften

Hans Spindler, geb. 1945. Studium der Architektur, danach Philosophie und Kunstgeschichte. *Interkolumnien* (1983), architekturkritische Veröffentlichungen in Zeitungen und Zeitschriften

Res Strehle, geb. 1951. Journalist und Ökonom. Journalistische Mitarbeit bei „Facts", „Das Magazin", „WochenZeitung" u.a. Aussendozent an der Zürcher Schule für Soziale Arbeit. Diverse Buchpublikationen, u.a. *Kapital und Krise* (Berlin 1991), *Verschlüsselt. Der Fall Hans Bühler* (Zürich 1994), *Wenn die Netze reissen. Marktwirtschaft auf freier Wildbahn* (Zürich 1994)

Gertrud Vogler, Fotografin und Bildredaktorin bei der „WochenZeitung". Lebt in Zürich.

Paul L. Walser, geb. 1936. Besuch der Akademie für angewandte Kunst in Wien; seit 1963 journalistisch tätig: 1963 bis 1966 Auslandkorrespondent in Athen (für verschiedene Schweizer Blätter) und Amsterdam (für die „Weltwoche"); Chefredaktor der „Zürcher AZ"; seit 1975 beim „Tages-Anzeiger": Italien-Korrespondent in Rom (1975 bis 1982), Auslandredaktor in Zürich, Frankreich-Korrespondent in Paris (1993 bis 1996). Diverse Buchpublikationen, u.a. *Mit der Akropolis im Rücken* (Zürich 1969)

Nachweise

Elisabeth Blum, Wem gehört die Stadt?
Originalbeitrag

Robert Lopez, Neue soziale Apartheid
„Le Monde diplomatique". Monatliche Beilage der „WochenZeitung" Nr. 3, März 1996

David Graham Shane, 1988: Homeless-Vehicle-Projekt I
„archithese". Zeitschrift und Schriftenreihe für Architektur, Zürich, 1/1990

David Graham Shane, 1995: Homeless-Vehicle-Projekt II
Originalbeitrag

Bettina Kaps, Bojen für Obdachlose
„WochenZeitung" Nr. 16, April 1994

Hans Spindler, City Sleepers
Originalbeitrag

Marcel Schwander, Zwei Eisenbahnwagen für Genfer Obdachlose
„Tages-Anzeiger", 23. November 1993, ergänzt November 1995

Maria Biel, Obdachlos in Glanz und Glamour
„Cosmopolitan" 10/1994

Ina Krauss, Wer im Schrott lebt, ist auch Schrott
„WochenZeitung" Nr. 6, 9. Februar 1996

Michaela Haas, Die Käfigmenschen von der Shun Tak Street
„Süddeutsche Zeitung", 10. Juli 1995

Bernhard Matuschak, „Oben bedrohen dich die Menschen …"
„Hangar 21", Heft 23, März 1996

Paul L. Walser, Die Clochard-Romantik ist Vergangenheit
Originalbeitrag

Jean Martin Büttner, Häuser und Köpfe renovieren
„Tages-Anzeiger", 28. August 1995

Bernhard Matuschak, Hunger in New York City
Originalbeitrag

Bernhard Matuschak, 3000 belegte Brötchen von der Lufthansa
Originalbeitrag

Monika Rosenberg, In den Hinterhöfen des Konsums
„Neue Zürcher Zeitung", 23./24. Dezember 1995

Marianne Boilève, „Das einzige Hilfsmittel für den Menschen ist der Mensch"
„Le Monde diplomatique". Monatliche Beilage der „WochenZeitung", Nr. 6, Oktober 1995

Klaus Honigschnabel, Ohne Stütze leben
„Deutsches Sonntagsblatt", 22. Dezember 1995

Kaspar Meuli, Zahltag für „Ausgesteuerte"
Überarbeitete Fassung des in „Facts" 38/1995 erschienenen Beitrags

Peter Niggli, Die Krise des Sozialstaats
„Widerspruch". Beiträge zur sozialistischen Politik, Heft 23, Juli 1992

Res Strehle, Der Phantomstaat
Überarbeitete und aktualisierte Fassung des Kapitels „Der Magerstaat. Warum sich der Staat lumpen lässt", aus: *Wenn die Netze reissen,* WoZ im Rotpunktverlag, Zürich 1994

Maria Mies, Die Krise als Chance
Überarbeitete Fassung aus: *Krise – welche Krise?,* hg. IG-Rote Fabrik, Zürich, Edition ID-Archiv, Berlin/Amsterdam 1995

Fotos S. 62, 73, 79, 80 und 96 mit freundlicher Genehmigung der Lelong Gallery, New York.

Fotos S. 184: Bernhard Matuschak (oben), Samuel Zuder (unten)